D1697268

Norbert Schrüfer

Saldenburg
Geschichte und Geschichten

Norbert Schrüfer

Saldenburg
Geschichte und Geschichten

Verlag Senging

Bibliografische Information der Deutschen Bibliothek:
Die Deutsche Bibliothek verzeichnet diese Publikation in der Deutschen
Nationalbibliografie; detaillierte bibliografische Daten sind im Internet abrufbar.

© Verlag Senging e. K., Senging 11, 94163 Saldenburg
Saldenburg 2005

ISBN 3-9810161-1-4

Satz und Graphik: Günther Dachs
Bilder: Norbert Schrüfer
Druck: Ostler, Passau

Inhaltsverzeichnis

Vorwort des Bürgermeisters

Im Jahre 1368 wurde von Ritter Heinrich Tuschl die Saldenburg erbaut. Seit diesem geschichtlich bedeutenden Ereignis gibt es über die Burg und den heutigen Gemeindebereich Saldenburg viele Aufzeichnungen und Berichte, die an verschiedenen Orten und in Archiven aufbewahrt werden.

Es war schon immer unser Wunsch, diese Aufzeichnungen und Berichte in Buchform zusammenzufassen und der breiten Öffentlichkeit zugänglich zu machen. Ich bin überzeugt, dass die fast 650-jährige Geschichte unsere Bürgerinnen und Bürger und auch die Menschen in dieser Region interessieren wird.

Es ist für uns ein Glücksfall, dass der Autor, Herr Norbert Schrüfer, ein leidenschaftlicher Hobbyarchäologe, der sich auch mit der Geschichte des Gemeindebereichs Saldenburg jahrzehntelang intensiv und erfolgreich beschäftigt, seit 1962 in unserer Gemeinde beheimatet ist.

In seinem vorliegenden Buch Saldenburg – Geschichte und Geschichten - *stehen die Menschen im Mittelpunkt, die hier gelebt, gewohnt und unter schwierigen Bedingungen ihren Lebensunterhalt verdient haben.*

Der wechselhafte geschichtliche Ablauf der Ereignisse hat die Menschen und das Erscheinungsbild unserer Gemeinde entscheidend geprägt. Es ist für die Gemeinde und für die gesamte Bevölkerung – heute und zukünftig – wichtig und von Nutzen, dass unsere Geschichte in diesem Buch aufgezeichnet wird, denn so kann beim Lesen das Geschehen vergangener Jahrhunderte wieder lebendig werden. Mit dem Wissen um unsere Vergangenheit können wir die Gegenwart und vor allem unsere Zukunft besser gestalten.

Ich möchte mich bei allen bedanken, die dazu beigetragen haben, dieses anspruchsvolle Werk zu schaffen. Möge dieses Buch die verdiente Aufmerksamkeit bei den Leserinnen und Lesern, insbesondere bei den Bürgerinnen und Bürgern in unserer Gemeinde, finden.

Herbert Gebert
1. Bürgermeister

Einleitung

Saldenburg - obwohl ein relativ junger Ort - beschäftigt schon seit vielen Jahrhunderten Geschichtsschreiber und Heimatforscher. Viele interessante und aufschlussreiche Arbeiten sind bereits verfasst, und in den Archiven ist wohl immer wieder neues Material zu finden.

Ein Buch über die Geschichte Saldenburgs ist ohne geschichtliche Daten nicht möglich, denn sie bilden erst Geschichte, ordnen sie zeitlich und sachlich. Als einzelne Fakten lassen sie Geschichte kaum verstehen und wirken zudem oft langweilig und trocken. Interessant wird Geschichte erst, wenn in ihr die handelnden Menschen mit ihren Beweggründen und Zielen lebendig werden, wenn Geschichte in Form von Geschichten erzählt wird. Dann kommt nämlich auch der Alltag der Menschen in den Blick, und wir erfahren, wie sie konkret lebten und arbeiteten, welche Probleme sie hatten und wie sie ihnen begegneten.

Reine Geschichtsforschung und nüchternes Zahlenwerk möchte ich daher auf ein Minimum reduzieren. Es soll ein kleines Lesebuch entstehen, in welchem Sie immer wieder gerne blättern mögen. Wer sich näher mit den Themen der einzelnen Kapitel auseinandersetzen möchte, sei auf die angeführte Literatur verwiesen.

Norbert Schrüfer

Das Wappen der Gemeinde Saldenburg

Am 19. April 1968 hat der Gemeinderat von Saldenburg die Annahme eines eigenen Wappens beschlossen. Die hierzu erforderliche amtliche Genehmigung erfolgte ohne Einwände der zuständigen Fachstellen. Das Wappen wurde von einem Graphiker aus Grafenau, Herrn Josef Jocham, entworfen und von der Generaldirektion der staatlichen Archive Bayerns in München dem Bayerischen Staatsministerium des Innern zur Zustimmung empfohlen.

Da die Gemeinde Lembach 1968 noch nicht in die Gemeinde Saldenburg eingegliedert war, zeigt dieses jetzt auch für sie gültige Wappen nur Elemente aus der Vergangenheit des Ortes und der

Herrschaft Saldenburg. Die Gemeinde Lembach hätte mit der alten Pflege Dießenstein und der gotischen Pfarrkirche St. Brigida ebenso geschichtsträchtige Embleme für ein Wappen vorzuweisen gehabt. Die Beschreibung des Wappens lautet:

> Unter von Rot und Silber in Zinnenschnitt geteiltem Schildhaupt in Schwarz ein breiter goldener Balken, darin eine blaue Krone.
> Der Inhalt des Hoheitszeichens ist wie folgt zu begründen: Das Wappen erinnert an die bedeutende Geschichte der Gemeinde, deren Mittelpunkt früher die heute noch bestehende Saldenburg war. Erbauer und langjährige Inhaber der Burg waren die berühmten niederbayerischen Adeligen aus der Familie Tuschl von Söldenau. Unter den späteren Besitzern der Saldenburg sind besonders die Grafen von Preysing-Moos erwähnenswert, die von 1677 bis 1826 Burgherren waren. Die Schlosskapelle, eine Nebenkirche der Pfarrei Thurmansbang, hat das Patrozinium Hl.-Drei-König. Zur Darstellung dieser geschichtlichen Beziehungen wurden die Bilder des Tuschl-Wappens (Balken) und des Wappens der Grafen Preysing (Zinnenschnittteilung) sowie die Krone als Hinweis auf das Drei-Königs-Patrozinium gewählt.
> Die heraldische Gestaltung und die künstlerische Ausführung des Wappens entsprechen allen Voraussetzungen. Es unterscheidet sich auch hinreichend von bereits bestehenden Gemeindewappen in Bayern.[1]

Erwähnt sei noch, dass die Gemeinde „auch eine eigene Fahne annehmen [kann], für deren Ausführung die Wappenfarben maßgebend sind. … Die Figurenfarben gehen den Feldfarben vor; eine Fahne mit drei Streifen ist daher in der Farbenfolge Weiß-Blau-Gelb auszuführen. Der Fahne kann das Wappen aufgelegt werden ….."[2]

Die Wappenbeschreibung verweist auf die Anfänge des Ortes Saldenburg und seine Burg, die Ritter Heinrich Tuschl erbauen ließ. Bevor wir uns ihm und seinem Geschlecht zuwenden, soll aber noch erwähnt werden, dass es im Bereich des heutigen Ortes Saldenburg bereits früher menschliches Leben gab.

Steinzeitliche Funde in Saldenburg

Nur wenigen Fachleuten bekannt, - wissenschaftliche Veröffentlichungen sind hierüber noch in Bearbeitung -, ist die Tatsache, dass in Saldenburg die ältesten Hinweise auf menschliches Lebens im gesamten Ostbayerischen Raum nördlich der Donau gefunden wurden.

Im Jahre 1983/84 wurden von mir im damaligen Baugebiet „Saldenburg-Süd" mehrere Steinzeitwerkzeuge (Faustkeile, Schaber usw.) entdeckt. Dieser Fund war so sensationell, dass selbst die zuständigen Wissenschaftler Jahre brauchten, um ihn als echt zu bezeichnen. Es durfte wohl nicht wahr sein, dass nördlich der Donau, im Bayerischen Wald, schon Steinzeitmenschen jagten.

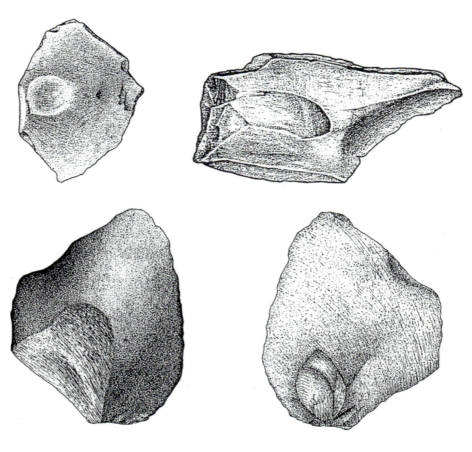

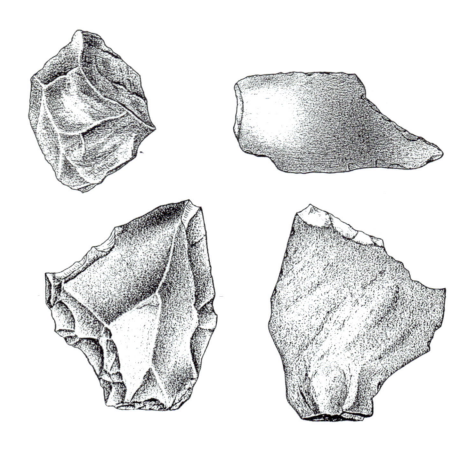

Die Bilder geben die Fundstücke um etwa ein Drittel verkleinert wieder.

Die hier gefundenen Artefakte sind inzwischen vom Landesamt für Denkmalpflege in Landshut offiziell als echt bestätigt, katalogisiert und penibel gezeichnet. Von diesem Landesamt wurden die Belegstücke dem Mittelpaläolitikum (200.000-40.000 v. Chr.), also noch der Zeit des Neandertalers, zugeordnet. Bei einer späteren, noch nicht abgeschlossenen neuen Untersuchung durch Spezialisten der Universität Erlangen wurden im Jahr 2000 diese Werkzeuge dem Jungpaläolitikum (40.000-11.000 v. Chr.) zugerechnet, einer Zeit, in welcher der legendäre Neandertaler (homo sapiens neanderthalensis) bereits als ausgestorben gilt und unsere heutige Menschenrasse (homo sapiens sapiens) wohl schon gelebt hat.

Ob nun letztendlich der Neandertaler oder der jetzige Mensch mit den Saldenburger Werkzeugen gearbeitet oder gejagt hat, mögen die Wissenschaftler klären. Sagen lässt sich, dass nach den neuesten Forschungsergebnissen der Universität Erlangen die Funde in Saldenburg eine bislang große Lücke im Wissen über das Rohmaterial der bereits näher erforschten Steinzeitwerkzeuge im Donauraum schließen lassen. Die in Saldenburg im Gelände von mir entdeckten geologischen Aplit- oder auch Keratophyrgänge, aus deren Gestein - im Dünnschliff untersucht - unsere Artefakte hergestellt wurden, lieferten mit höchster Wahrscheinlichkeit auch das Rohmaterial der schon bekannten Werkzeuge aus dem Donauraum um Vilshofen: Damit wäre also das Zentrum des Steinzeitlichen Lebens im gesamten Ostbayerischen Raum Saldenburg. Wissenschaftler aus Tschechien schließen sich dieser Erkenntnis an.

Erwähnt sei noch, dass die bei uns im Granit überall zu findenden Felsüberhänge (die „arbris", frz. Obdach) den Steinzeitmenschen Aufenthaltsorte boten; die Steinzeitmenschen lebten ja nicht in den Höhlen, sondern unter den einer Höhle vorgelagerten Felsdächern. Wenn wir vorerst auch noch nicht von ganzen Steinzeitsiedlungen reden können, die Funde lassen den Schluss zu, der Raum des heutigen Saldenburg wurde von Steinzeitmenschen, vermutlich sogar vom Neandertaler, durchstreift, wenn nicht gar bewohnt. Auch für Jagd-Streifzüge aus dem Donauraum war unser Gebiet bestens geeignet.

Unbestritten und wissenschaftlich abgesichert ist: Der bislang älteste Nachweis jeglichen menschlichen Lebens im gesamten Ostbayerischen Raum wurde in Saldenburg erbracht. Aber nicht nur diese Funde verweisen auf eine frühe Besiedelung.

Im heutigen Gemeindebereich finden sich fünf, zeitlich bislang nicht einzuordnende Erdställe, und zwar in Lembach, Hundsruck, Trautmannsdorf, im Walde bei Rettenbach und mitten im Ortsbereich des heutigen Saldenburg.[3]

Erdställe

Im ländlichen Raum ist die Bezeichnung „Schrazelgang" noch geläufiger als „Erdstall", die wissenschaftliche. Was verbirgt sich dahinter? Das Wort „Schrazelgang" – verweist auf „Schrazeln", auf hutzlige, zottige Waldgeister und Zwerge, auf kleine Wesen, die sich in solchen Gängen frei bewegen hätten könnten. Aber wo sind Zwerge wissenschaftlich nachgewiesen? Zwerge oder Schrazeln finden wir nur in der Welt der Märchen. Da aber diese Gänge wirklich sind, kommen für ihre Erklärung Zwerge nicht in Frage.

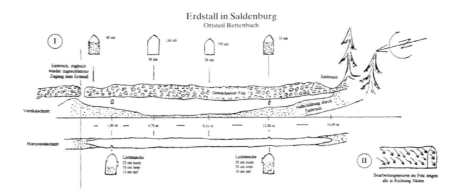

Der genaue Zweck dieser Anlagen - es sind meist schmale, niedrige und teilweise auch weit verzweigte röhrenartige unterirdische Gänge - gibt der Wissenschaft auch heute noch viele Rätsel auf, die „Erdställe sind nach wie vor ein ungelöstes Rätsel".[4] Als kellerartige Vorrats- räume scheiden sie wegen ihrer Enge schlichtweg aus, als Transport- wege und für die Lagerung von Gütern waren sie deshalb auch nicht brauchbar, - soweit mir bekannt ist, wurden auch keine entsprechen- den Funde gemacht.

In der Literatur wird das Für und Wider der Annahme, die Gänge dienten als Zufluchtsorte, diskutiert und von einem Überlebensversuch in dem Erdstall von Bad Zell berichtet.[5] Danach sei ein zweitägiger Aufenthalt zwar „reichlich unbequem und durch die Feuchtigkeit und ständige niedrige Temperaturen äußerst unangenehm, ansonsten je- doch im großen und ganzen problemlos." Der Folgerung, dass viele

Erdställe im Hochmittelalter sehr zweckmäßige Zufluchtsanlagen waren, kann ich mich aber nicht anschließen. Zwar konnte man bei plötzlichen Überfällen „wie vom Erdboden verschluckt" [6] verschwinden, sofern der Zugang aber im Keller eines Hauses war und nicht in einem unwegsamen Gelände, ließ er sich leicht aufspüren, - wie sollte er von den in den Gängen Flüchtenden noch so getarnt werden, dass er von außen nicht zu sehen war? Die Einstiegsöffnung müsste also von außen, von Zurückbleibenden verschlossen und unkenntlich gemacht werden. [7] War das Versteck verschlossen, fehlte zumindest für einen längeren Aufenthalt die nötige Belüftung, und bei Entdeckung eines solchen Versteckes, hätten die Schutzsuchenden jederzeit leicht ausgeräuchert werden können. [8] Auch die Deutung als Fluchtwege scheidet aus, da diese Gänge durchwegs nicht im freien Gelände enden, keinen Ausgang haben und auch viel zu kurz sind. Gegen die Theorie von versuchtem Bergbau – was sollte hier abgebaut werden? – sprechen auch ökonomische Gründe. Die Erdställe verlaufen ja fast ausnahmslos in geringer Tiefe unter der Erdoberfläche, jede Art von Tagabbau wäre weit günstiger und billiger gewesen. Hartnäckig halten sich religiös-kultische Deutungen, so u. a. die von Initial-Ritualen, Durchschlupfriten, Leergräbern. Die Entstehungszeit der Erdställe ist ebenfalls umstritten, die Datierung in die Völkerwanderungszeit findet immer mehr Verfechter. (Keramikfunde lassen noch keine zeitliche Einordnung zu, da sie fast ausschließlich Teil der Verfüllmassen der ursprünglichen Zugänge sind. [9]) Dass Erdställe gerne an ältesten Siedlungspunkten einer Gegend anzutreffen sind, stützt diese Theorien. Hatte eine Familie oder ein Stamm die bisherige Heimat zu verlassen und siedelte sich irgendwo in der Ferne neu an, so musste erst einmal eine würdige, sichere und ruhige Stelle für das Angedenken an die Ahnen gefunden bzw. geschaffen werden. Erdställe werden einem solchen Zweck weitgehend gerecht. Wohlgemerkt, auch dies ist derzeit nur eine von vielen Theorien, die in der Literatur diskutiert werden. [10]

Bleiben wir aber noch etwas bei den religiös-kultischen oder mystischen Erklärungen. Bei Rettenbach - ein Ortsteil von Saldenburg - befindet sich ein Erdstall mitten im Wald. Wenn, wie auch hier, alle Deutungsversuche zu keinem eindeutigen Ergebnis führen, so helfen uns vielleicht die örtlichen Flurnamen weiter. Einen diesbezüglichen

Versuch aus meiner 1996 erschienen Veröffentlichung zu dieser Anlage[11] möchte ich noch anführen:

> Interessant ist der Flurname unter welchem sich unser „Gangsystem" versteckt, nämlich „Kager"! Nach Eberl [in: Bayerische Ortsnamen, 1925] bedeutet „Kag" so viel wie „frühe Rodungsstätte" oder aber auch: „Der Kag umgibt ein altes Heiligtum!" Wenn wir nun auch noch Schmellers *Bayerisches Wörterbuch* heranziehen und dort lesen „Kag" = Zaun, so verhärtet sich die Deutung als „etwas Eingezäuntes". Eingezäunt wurde früher, wegen der hohen Kosten an Zeit und Material, ja nur das, was besonders wertvoll war.
>
> Vielleicht doch ein „eingezäuntes Heiligtum"? Eine solche Deutung wäre für den örtlichen Heimatforscher fast schon zu schön, um wahr zu sein.

Erdstall in Saldenburg   Erdstall in Rettenbach

18

Die geschriebene Geschichte des Ortes Saldenburg beginnt 1368

Ich Heinrich der Tuschl aus Seldenau mein hausfraw und alle unser erbn und nachkomen dy yetz lebent oder her nach künftig werden, voriehen und tun kunt ofentlich an disem brif allen den, dy in sehent, horent oder lesent, das uns der edel, unser liebe genadige Here grawe Lewpolt von Hals verliehen hat das gut dacz dem Stadl zu einem rechten lehen, uns und unseren erbn, und darzu hat er uns sein besunder genade getan durch unser und unser freunt dienste willen umb den perg, der ob dem selben gut gelegen ist, darzu er uns seinen guten willen und gunst geben hat, das wir ein vesten darauf pawen sulln, dy genant ist Seldenburg.[12]

Dies sind die ersten Worte, die uns heute über die Saldenburg bekannt sind. Sie stammen aus einem Brief des Ritters Heinrich Tuschl – ob er ein echter Ritter war, ist nicht eindeutig belegbar - [13] aus Söldenau (bei Vilshofen) an Graf Leopold von Hals (bei Passau), in welchem Tuschl unter langatmigen Höflichkeitsformeln dem Grafen die Lehensverleihung des „Gutes zu dem Stadl" bestätigt. Ferner werden in diesem Brief, „gegeben nach gotes geburt drewczehen hundert iar, darnach in dem acht und sechczigistem iar an sand Johans tag", das ist der 24. Juni 1368, die künftigen gegenseitigen Beziehungen beider Familien detailgenau geregelt.

Ob dieser Brief Tuschls nun als Urkunde oder als öffentliche Bestätigung – „allen den, dy in sehent, horent oder lesent" – zu betrachten ist, sei dahingestellt. Ebenfalls zweitrangig erscheint, ob an diesem 24. bereits mit dem Bau der „Vesten Seldenburg" begonnen wurde, - was als sehr unwahrscheinlich anzusehen ist. Für den Historiker jedenfalls wurde dieses Datum zum Gründungstag der Saldenburg.

Offen ist die Frage, was Graf Leopold von Hals dazu bewogen hat, dem Ritter Heinrich Tuschl das sicherlich nicht kleine Lehen unterhalb der heutigen Saldenburg zu überlassen, denn es wurde keine der damals üblichen Gegenreichnisse, wie Stift, Zehnt, Vogthafer, Kleindienst usw., vereinbart. Zu fragen ist auch, warum Tuschl dieses Lehen zu dieser Bedingung annahm. Auch wenn er keine derartigen Leistungen zu erbringen hatte, standen den aus diesem Lehen zu erwartenden, vergleichsweise geringen Einnahmen gewaltige Ausgaben zur Errichtung der geforderten Festung „Seldenburg" gegenüber.

Es scheint, dass in der damaligen Situation mit dieser Vereinbarung beiden geholfen wurde. Graf Leopold konnte nun mit einer ihm hörigen, weit nach Westen vorgeschobenen Festung, der Saldenburg, seine Grafschaft in dieser Richtung bestens abschirmen. Tuschl war für ihn der geeignete Partner, denn wer außer dem reichen und einflussreichen Ritter Tuschl, konnte so eine aufwendige Festung ohne große Gegenleistung finanzieren. Für Tuschl selbst bot sich die Chance, relativ weit im Norden seines Stammsitzes Söldenau, einen neuen Einflussbereich aufzubauen. Auch eventuellen westlichen Expansionsbestrebungen des Fürstbistums Passau im Bereich zwischen Donau und dem Bayerischen Wald, konnten mit dieser Festung Einhalt geboten werden.

Den letzten Anstoß, dieses Lehen unter der besagter Bedingung überhaupt anzunehmen, dürfte wohl in der Tatsache zu suchen sein, dass Heinrich Tuschl bereits zwanzig Jahre früher, zwischen 1345 und 1347, er war noch ein Kind, schon einmal an der Erbauung einer Burg im hiesigen Bereich, nämlich Dießenstein, beteiligt war, offensichtlich aber ohne nachhaltigen Erfolg.

Ohne auf die Gegebenheiten der damaligen Zeit näher einzugehen, sei erwähnt, dass unter der großzügigen Duldung des Kaisers Ludwig des Bayern im Jahre 1347 ein Vertrag zwischen dem Bischof Gottfried von Passau und gleich fünf Mitgliedern der Familie Tuschl zu Söldenau bezüglich der Erbauung der Festung Dießenstein zustande kam.[14]

Die fünf Vertragspartner des Bischof Gottfried von Passau waren: Die beiden Brüder Sweikker II (1333-1368) und Heinrich Tuschl (1340-1376), sowie die drei Söhne des Ulrich Tuschl, nämlich Sweikker, Jakob und Peter. „Der Inhalt dieser Übereinkunft war das Versprechen, dem Hochstift zu dienen, wogegen ihnen der Bischof die Feste zu erbauen erlaubte und zu rechtem Lehen verlieh".[15] Sweikker II Tuschl, der Bruder unseres Heinrich Tuschl, brachte es bis spätestens 1366 fertig, die anderen vier Partner völlig auszuschalten und auf diese Weise zum Alleinbesitzer von Dießenstein zu werden. Diese Erfahrung dürfte für Heinrich Tuschl letztlich auch ein großer Anreiz gewesen sein, sich 1366 in ein ähnliches Abenteuer, nämlich wiederum die Erbauung einer Festung - der Saldenburg - zu stürzen; diesmal allerdings ganz allein.

Den Platz für seine neue Festung suchte sich Tuschl genauestens aus. Er wählte zwar nicht die höchste Erhebung oberhalb des „Gutes zu dem Stadl", des späteren Anzenhofs, aber genau dieser Platz seiner Wahl bot die besten Sichtverbindungen zu anderen Burgen des Bayerischen Waldes; und dies war äußerst wichtig. Bei einem plötzlichen Überfall oder auch bei Feuersbrünsten und sonstigen Nöten, konnte die Sichtverbindung zu anderen Burgen als Verständigungsmöglichkeit lebensrettend sein. Die Saldenburg stand zeitweilig in direkten Sichtkontakt mit dreizehn weiteren Burgen (Bärnstein, Englburg, Eberhardsreuth, Entschenreuth, Fürstenstein, Haus i. W., Klebstein, Rammelsberg, Ranfels, Saunstein, Schabenberg, Scharten, Sumpering).

Ritter Heinrich Tuschl ist eine sagenumwobene Gestalt, - mehr dazu am Ende des Buches. Hier wollen wir uns noch etwas näher mit den geschichtlich nachweisbaren Daten hinsichtlich seiner Person und seiner Familie befassen.

Das Geschlecht der Tuschl zu Söldenau (bei Vilshofen) erscheint urkundlich erstmals im Jahre 1317[16] und erlischt bereits wieder 60 Jahre später mit dem Sohne von unserem Heinrich, dem Schweiker III., im Jahre 1378.[17] Diese 60 Jahre reichen allerdings aus, dass dieses Geschlecht - heute kaum noch nachvollziehbar - hohe politische Stellungen und großen Reichtum errang.

1340: In diesem Jahre wurde Heinrich als Sohn des Schweiker I. Tuschl von Söldenau und seiner Frau Kunigunde von Siegenheim geboren. Sein Vater hatte die Stellung eines Viztums inne. (Der Viztum war im Mittelalter der Vermögensverwalter geistlicher und weltlicher Herrschaften, mit umfangreichen richterlichen, militärischen, polizeilichen und finanziellen Zuständigkeiten.) Dadurch verschaffte sich Schweiker I. größere Einnahmen und Reichtümer. Die Tuschl verstanden „das Gebot der Stunde" und wuchsen in wenigen Jahren zu einer der reichsten und einflussreichsten Familien weit und breit heran; sie waren sehr religiös und treten immer wieder als Stifter religiöser Einrichtungen auf. Doch beschränken wir uns im Folgenden nur auf unseren Heinrich, dem Erbauer der Saldenburg und Mitbegründer von Dießenstein.

1347: In diesem Jahr kam, wie erwähnt, der Vertrag mit Bischof Gottfried von Passau bezüglich der Erbauung der Burg Dießenstein mit den Tuschls zustande.

1357: Tuschl unterstützt den Herzog Stephan von Landshut bei einer Fehde mit dem Erzbischof Ortolf von Salzburg.[18]

1358: Heinrich Tuschl ist einer von den vier Herzoglichen Räten, denen die Erhebung und Verwendung der Steuern übertragen ist, - sicher auch für ihn sehr lukrativ.[19]

1361: Heinrich Tuschl ist Pfandinhaber von Fürsteneck.[20] Vermutlich wurde dieses Pfand nicht wieder eingelöst, da Tuschl in seinem Testament seiner Frau das Schloss Fürsteneck als Sitz vererbt.

1364: In diesem Jahr unterstützte er den Herzog Albrecht von Straubing/Holland bei der Belagerung der Stadt Schärding (Schärding war bayerische Herzogstadt, aber seit 1356 an Österreich verpfändet). Er stellte dabei, zusammen mit einigen Ortenburgern, die Neuburger und Schärdinger, welche die Stadt Vilshofen „angriffen, sengten und raubten und das Vieh davontrieben", in der Nähe des Neuburger Waldes. Er flehte, wie in den Mattseer Annalen berichtet wird, „als ein *zweiter Judas Makkabäus* die Hilfe des Himmels herbei" und treibt die Gegner in die Flucht.[21]

1368: In diesem Jahr begegnet uns, wie oben zitiert, Heinrich Tuschl als Lehensnehmer und zukünftiger Erbauer der Saldenburg.

1369: Tuschl ist Zeuge beim Friedensvertrag zu Schärding, bei dem es um die Abtretung Tirols an Österreich geht.[22]

1375: Heinrich Tuschl unterstützt den Herzog Stephan von Landshut bei einer Fehde (Streit und Kriegserklärung) mit dem Erzbischof Ortlof von Salzburg.[23]

1376: Tuschl verfasst im Februar sein Testament; es ist uns im Original erhalten. Tuschl setzt dreiundsiebzig Erben ein. Der rührige Vilshofener Heimatforscher Karl Wild hat es detailliert ausgewertet.[24] Sehr große Beträge und Liegenschaften gehen an kirchliche Einrichtungen, welche Tuschl zu seinem „Seelenheil" bedachte. Von den vielen ihm näherstehenden und mit Erbgut bedachten Personen seien hier nur die damals in unserem Gemeindegebiet lebenden Erben und Institutionen aufgeführt:

Absatz 10: Ein Meßbenefizium zu Saldenburg. Ein „Capplan" soll auf der Burg sitzen und täglich auf der „Vesst" (Festung) eine Messe lesen.

Absatz 11: Einrichtung einer Stiftung zu „sand Preyden" (Preying). Hierfür schenkte er der Pfarrei Neukirchen v. W. die Abgaben aus etlichen Gütern und Dörfern, die nahe bei Ebersdorf gelegen waren. (Verwiesen sei bereits auf das Meßbenefizium seines Bruders Schweiker Tuschl im Jahre 1366, dazu im Kapitel über Preying.)

Absatz 12: Einrichtung einer Stiftung: Zu dieser Stiftung sollen vier geistliche Herren in Ebersdorf eine klösterliche Gemeinschaft bilden und ein „Konventuale" (ein Konventsmitglied, Mitglied eines Ordens) soll in St. Brigida sitzen und dort, wie auch in Dießenstein, die Seelsorge versehen; und einer soll täglich in „Säldenburch" eine Messe lesen.

Absatz 25: Auch der Probst zu „sand Nykola" (St. Nicola in Passau) wird mit ansehnlichen Geldsummen bedacht, um die Messen in Preying und Saldenburg abzusichern.

Absatz 35: Seiner Ehefrau Elisabeth - die dritte Ehefrau - schenkt er das Schloss Fürsteneck als Witwensitz. Der dazugehörenden Hausrat, die Zahl der Betten usw. werden aufgelistet, vor allem die wertvollen Gegenstände, welche seine zweite Ehefrau, die Aheimer, mit in die Ehe brachte

Absatz 45: Der „Maricherinn" zu Dießenstein gibt er zusätzlich zu dem ihr von seinem Bruder schon gemachten Erbe von jährlich 1 Schaff Korn, noch einen beträchtlichen Geldbetrag - so lange sie lebt. Die Maricherinn war die Schwiegermutter des damaligen Pflegers von Dießenstein.

Absatz 48: Dem Pfleger zu Saldenburg, Herrn Eberwein, dem Nußberger zu Wolfach (bei Ortenburg) überlässt er den Hof Toberl bei „Münster"(?) und einen beachtlichen Geldbetrag.

Das in Tuschls Testament vermachte Gesamtvermögen dürfte nach heutigem Geldwert sich auf annähernd zehn Millionen Euro belaufen. (Karl Wild setzte 1959 dafür einen Zeitwert von zwei Millionen DM an.[25])

Heinrich Tuschl war dreimal verheiratet:[26]

1. Mit Gertraud von Jahrsdorf

2. Mit einer gewissen Aheimerin. Ihr Vorname ist nicht bekannt, - der Name „Nannerl" von Aheim erscheint erst später in den verschiedenen Sagen.

3. Mit Elisabeth, geborene von Staudach,[27] nach einer anderen Quelle, eine geborene Mautner von Katzenberg.[28]

Als Kinder sind uns derzeit lediglich Schweiker III und eine N. Tuschlin, die später mit Wilhelm von Puchberg verheiratet war, bekannt.[29] Heinrich Tuschl hatte insgesamt 10 Geschwister.[30] Bedeutsam für uns ist nur noch seine Schwester Kunigunde Altenburger. Kunigunde lebte zeitweise auf der Burg Ranfels.[31] Dass sie dort Tuschls Kinder aus erster Ehe erzogen habe,[32] ist nicht eindeutig belegt und bis heute lediglich Spekulation. Nach neueren Berechnungen ist Heinrich Tuschl am 19. Februar 1376 verstorben.[33]

Der ehemalige Grabstein im Mauerwerk der Vilshofener Stiftskirche - aus rotem Marmor, „elf Werkschuh" hoch - ist anläßlich der Umgestaltung der Kirche nach dem großen Stadtbrand nicht mehr aufgestellt bzw. eingesetzt worden, sondern wurde 1807 als Widerlager in der Vilsbrücke verwendet. Zwei Nachzeichnungen dieses Denkmals sind erhalten.[34] Eine Nachbildung dieses Denkmals ist im Eingangsbereich der Saldenburg angebracht. Das authentische Wappen der Fam. Tuschl trägt noch nicht das Wort „Alain" auf dem Querbalken. Es ist erst später - in Anlehnung an verschiedene Sagen (dazu noch am Ende des Buches) - in das Wappen eingefügt worden.[35]

Soviel zur Gründung der Burg, ihrem Gründer und dem Beginn des Ortes Saldenburg. Abgesehen von dem erwähnten „Gut zu dem Stadl", dem späteren Anzenhof, finden wir keinen einzigen Hinweis auf irgendein anderes Haus, ein anderes Handwerk oder auf ein anderes Lehen.[36] Dass es aber im Bereich der Gemeinde Saldenburg auch schon früher Leben gab, belegen die schon erwähnten steinzeitlichen Funde und Erdställe wie auch die in überlieferten Dokumenten genannten Orte Hundsruck, Entschenreuth, Hals, Trautmansdorf, Haufang usw., die älter als Saldenburg sind. Von ihnen wird noch eigens zu sprechen sein.

Die Burg wechselte, wie damals so üblich, oft ihre Besitzer, - auch eine Folge davon, dass bei einer Geburt oft die Mutter, die Frau des Burgherren, verstarb, und durch Wiederverheiratung neue Adelsgeschlechter hinzukamen. Bei einem Tod des Burgherrn mussten für die noch unmündigen Kinder geeignete Vormünder gesucht werden. Um nicht ganz in den Hintergrund zu treten und näher am Erbe zu bleiben, heirateten viele Witwen kurzentschlossen einen der Vormünder ihrer unmündigen Kinder. Solche ökonomische Schachzüge sind heute oft kaum noch zu rekonstruieren. Auch sollen Sie, verehrte Leser, mit derartigen Besitzwechseln nicht weiter befasst werden.

Durch einen dieser vorgenannten Winkelzüge kam 1452 das Adelsgeschlecht der Degenberger in den Besitz der Saldenburg. Im Folgenden wollen wir uns etwas näher mit dem legendären Hans Gewolf v. Degenberg beschäftigen.

24

Zwei verschiedene Herzöge, ein König und der Papst beschäftigen sich höchstpersönlich mit einem und demselben Saldenburger

Die Degenberger waren das damals mächtigste Adelsgeschlecht im ostbayerischen Raum und sie beanspruchten, wie viele andere Rittergeschlechter des Bayerischen Waldes auch, für sich eine ihnen schon früher angeblich zugesagte Reichsfreiheit (gewisse Unabhängigkeit vom Herzog). Diese Reichsfreiheit wurde jedoch vom Herzog nicht anerkannt. Die Ritter und Adelsgeschlechter des Bayerischen Waldes gehörten damals politisch zu dem im Jahre 1353 gegründeten bayerischen Teilherzogtum Straubing-Holland.[37] Kurz zur Erläuterung: Nach dem Tode von Ludwig IV., Kaiser, deutscher König und wittelsbachischer Bayernherzog, teilten sich 1349 seine Söhne das Erbe. Stephan II., Wilhelm I. und Albrecht I bekamen Niederbayern und die „niederländischen" Territorien. Wilhelm und Albrecht drängten ihren älteren Halbbruder Stephan auf eine genaue Festlegung ihres niederbayerischen Erbes. Am 3. Juni 1353 teilten die niederbayerischen Herzöge Stephan, Wilhelm und Albrecht daher im Regensburger Vertrag „ir land, ir lewt, pirg, stet und gemainlichen all ir gült" unter sich auf: Stephan II. übernahm die Regentschaft im südlichen Niederbayern mit Landshut als Hauptstadt. Wilhelm I. und Albrecht I. bekamen zu ihrem nördlichen Erbe das „Straubinger Ländchen". Es reichte von Dietfurt im Altmühltal bis nach Schärding im Innviertel, von Furth im Wald an der böhmischen Grenze bis nach Dingolfing an der Isar. Das Herzogtum „Niederbayern-Straubing-Holland" war geboren. Wilhelm I. schlug seine Residenz in Den Haag auf, sein Bruder Albrecht I. verwaltete das „Straubinger Ländchen", dessen Hauptstadt Straubing war.[38] Da Wilhelm aber erkrankte, musste Albrecht auch die Herrschaft im Norden übernehmen, war also selten in Straubing zu Hause. Die hiesigen Adelsgeschlechter wurden daher immer selbstbewusster, - es wies sie ja keiner in Schranken. Erbstreitigkeiten um dieses für uns zuständige Herzogtum stärkten ebenfalls noch die Selbstherrlichkeit dieses Adels.[39]

Dass Herzog Albrecht III. zur Aussteuer seiner beiden Töchter im Jahre 1457 eine Sondersteuer vom Adel verlangte, war ein weiterer Grund für die ständigen Streitigkeiten zwischen dem Herzog und dem

Adel.[40] Nach dem Tode von Albrecht III. im Jahre 1460 entbrannten die Zwistigkeiten erneut und die Straubinger Ritterschaft gründete im Jahr 1466 sogar einen Trutzbund gegen seinen Nachfolger, den nunmehrigen Herzog Albrecht IV., nämlich die „Gesellschaft vom Eingehürn" (Einhorn); besser bekannt unter dem Namen „Böcklerbund". Der Hauptträdelsführer dieses Bundes war unser Hans Gewolf von Degenberg auf der Saldenburg.[41]

Hans Gewolf v. Degenberg auf der Saldenburg trieb es wohl auch am weitesten, indem er Herzog Albrecht IV. einen „Federfuchser und Schulmeister nannte, den niemand zu fürchten brauche".[42] Wie wir bald sehen werden, war dies wohl die größte Fehleinschätzung des von Degenberg.

Nun tritt Herzog Ludwig von Landshut in Erscheinung[43] und er stellt (in Amtshilfe für seinen Vetter Albrecht IV. zu Straubing) das größte Kriegsheer zusammen, welches bis zu diesem Zeitpunkt den ostbayerischen Raum je durchzog. Die Saldenburg galt damals als besonders gut befestigt und bis dahin als fast uneinnehmbar. Die aufständischen Ritter und Adelige des Böcklerbundes verschanzten sich deshalb auf der Saldenburg, weil sie sich hier noch am sichersten fühlten. Gegen von Degenberg mit seinen Böcklern auf der Saldenburg wurden insgesamt 2610 Personen in Marsch gesetzt. Darunter waren Wappner (gut ausgerüstete Soldaten), Trabanten (Fußkrieger), Schanzarbeiter mit Hauen und Schaufeln, Reisige (einfache Soldaten), Pfleger (Verwaltungsbeamte) und Landherren. Erstmals wurden neben Bogen und Armbrüste auch Kanonen eingesetzt; darunter eine Hauptbüchse aus Landshut. Die Rohre dieses Geschützes waren so groß und schwer, dass sie auf einem eigenen Wagen von 8 bis 14 Pferden gezogen werden musste; für die dazugehörige Lafette (Untergestell für die Kanone) benötigte man ebenfalls einen eigenen Wagen mit 4 bis 6 Pferden. Zum Einsatz kamen ferner eine Wagenbüchse (Geschütz auf einem vierrädrigen Wagen), eine Notbüchse, gewirkelte Büchse (diese verschoss damals Steinkugeln mit einem Durchmesser von 38,5 cm), und eine „Große Büchse" aus Ingolstadt. Für die Armbrüste wurden bei einem Schmied in Regensburg noch 10.000 Hauspfeile gekauft (Armbrustpfeile mit geschmiedeten Eisenspitzen. Einige dieser damals auf die Saldenburg abgeschossenen Pfeilspitzen und Kanonenkugeln sind u. a. im Schaukasten im Sitzungssaal der Gemeinde ausgestellt).

Die ganze Mannschaft musste Verpflegung für 14 Tage bei sich haben, - soviel Zeit setzte man für den Sturm auf die Saldenburg an.[44]

Da dem Herzog das alleinige Kriegsrecht zustand, waren sogar die benachbarten, mit Saldenburg in friedlichem Einklang lebenden Burgen peinlichst betroffen. So musste z. B. allein Bärnstein 200 Trabanten, 18 Wagen und 15 Arbeiter gegen seinen Nachbarn, die Saldenburg, stellen. Von Dießenstein waren 60 Trabanten, 12 Wagen und 16 Arbeiter, von Ranfels 200 Trabanten, 10 Arbeiter und 6 Wagen abzustellen.[45]

Das gesamte Heer erschien am St. Barbaratag (4. Dez.) des Jahres 1468 vor der Saldenburg.[46] Andere Quellen nennen den St. Bartholomäustag (25. August) für die Einnahme der Saldenburg.[47] Als die schweren Kanonen das Feuer eröffneten und die dicken Mauern des Verteidigungsringes um die Saldenburg barsten, erkannte v. Degenberg sofort, dass ab jetzt alle bisherige Kriegskunst und alle Burgen den modernen Waffen nicht mehr standhalten konnten. Er verfluchte die Erfindung „des vermaledeiten Schießpulvers" und setzte sich nach Böhmen ab. Aber gerade das hätte er in seiner Situation am wenigsten tun sollen. Der Herzog zerstörte im gleichen Zuge noch die Ritterburgen Weißenstein, Falkenfels, Haidstein, Kollnburg und Altnußberg. Herzog Albrecht IV. wurde nun Eigentümer der Saldenburg.[48]

Durch seine Flucht nach Böhmen und dem angeblichen Bündnis mit den dortigen Hussiten - den Anhängern des Jan Hus, der auf dem Konzil von Konstanz im Jahre 1415 verurteilt und verbrannt wurde -, um mit ihrer Hilfe das Verlorene wieder zurückzuerobern, verärgerte v. Degenberg die Katholische Kirche und er wurde „als Begünstiger und Helfer der Ketzer" vom Papst persönlich mit dem „Päpstlichen Bann" belegt.[49] Das war in der damaligen Zeit ein verheerendes Urteil. Degenberg war nun öffentlich geächtet. Er war, mit Ausnahme des kirchlichen Begräbnisses, vom Empfang aller anderen kirchlichen Sakramente ausgeschlossen. Zudem verbot der Bann jedermann mit dem Geächteten Handel zu treiben. Degenberg war dadurch gesellschaftlich völlig isoliert und stand nun alleine da. Seine Gefolgsleute fielen nach und nach alle von ihm ab.

Es blieb unserem v. Degenberg nichts mehr anderes übrig, als sich wieder mit dem Herzog zu versöhnen. Um 1472 gab v. Degenberg endgültig klein bei und bekam dafür vom Herzog seine Saldenburg bzw. das, was nach dem Angriff von 1468 noch übrig war, wieder als Lehen zurück. Die erlittene Demütigung endete mit einem Vertrag, nach welchem er die Saldenburg für immer dem Herzog „öffnen" musste.[50]

Diese Schmach und die seiner Niederlage im Jahre 1468 konnte v. Degenberg nicht ganz verkraften; er trat einem neuen Trutzbund gegen den Herzog bei, dem „Löwlerbund". Wie der Böcklerbund war auch dieser 1489 gegründete Bund - unser v. Degenberg war wieder Gründungsmitglied - eng mit den böhmischen Hussiten verbunden.[51]

Aus dieser Beziehung entstand nun ein für unser Gebiet wohl einzigartiges Dokument. Ein Schutzbrief des böhmischen Königs aus dem Jahre 1490, in welchem er Saldenburg namentlich unter seinen persönlichen königlichen Schutz stellt. Ein Ausschnitt aus dem Originaltext:

> Wir Vladislaus von Gottes Gnaden zu Unngern, Beheim [Böhmen], Dalmatien, Croacien etc. König, Marggraff zu Mehern etc., Bekennen [machen bekannt] für uns und unsere Nachkhomen Könige ..., das wir geruheten genediglich in unsern Schutz, Schirm und zu Schewen [Beistand, Hilfe] aufnehmen, mit ihren Leiben, und diesen nachvolgenden Schlossen, mit Namen: Schwartzenburg ... Salldenburg ...
> ... Geben zu Ofen am Samstag nach Michaelis des Erzengels, nach Christi Geburd XIIIIten hundert, und im LXXXXten unsern Reiche, der Hungerischen im ersten, und des Römischen im XXten Jarn.[52]

Zusammenfassend betrachtet, schaffte v. Degenberg das, was wohl einmalig in Saldenburgs Geschichte bleiben wird, dass sich höchstpersönlich ein Papst, ein König und gleich zwei verschiedene Herzöge mit einem und demselben Saldenburger zu beschäftigen hatten. Auch dürfte sich im gesamten ostbayerischen Raum keine weitere Person finden, welche dieser „Berühmtheit" auch nur annähernd nahekommt. Die Saldenburg war damals so bekannt oder berüchtigt wie kaum ein zweiter Ort, selbst in der weiteren Umgebung.

Bevor die Degenberger 1519 endgültig ihren Anteil an Saldenburg an die Ortenburger verlieren,[53] treten sie auf neuer Bühne noch einmal groß als Saldenburger auf. Im Jahre 1505 beim 1. Landtag, anlässlich der Neugründung des Fürstentums Pfalz Neuburg, nimmt Johann v. Degenberg als Landsasse (Besitzer des Landsassengutes Saldenburg) teil. Der Saldenburger v. Degenberg war also auch Landsasse und Mitbegründer des Fürstentums Pfalz Neuburg,[54] Saldenburg gehörte somit für kurze Zeit zu diesem Fürstentum.

Überspringen wir nun wieder mehrere Besitzer der Saldenburg und verweilen wir kurz bei einem ebenfalls bekannten Adelsgeschlecht, dem Geschlecht Fuchs von Edenhofen oder, in anderer Schreibweise, Fux von Edenkoben.

Der Saldenburger Kelch aus dem Jahre 1606

Wir kennen heute wohl alle Adelsgeschlechter, welche unsere Saldenburg seit ihrer Gründung im Jahre 1368 innehatten. Doch suchen wir nach Belegstücken aus diesen mehr als sechshundert Jahren, wie z.B. Gegenständen des täglichen Lebens, so werden wir nur kläglich fündig. Umso größer war jedoch meine Freude, als ich 1990 in der Literatur auf ein Kleinod aus der so bewegten Geschichte unserer Saldenburg stieß, nämlich den „Saldenburger Kelch aus dem Jahre 1606". Ich konnte seine Geschichte nachvollziehen und ihn schließlich auch noch selbst in den Händen halten.[55]

Zuerst zu der Vorgeschichte dieses Kelches. Saldenburg gehörte zur Pfarrei Thurmansbang und die örtlichen Gottesdienste wurden in der heute noch erhaltenen kleinen Burgkapelle durch einen Geistlichen aus Thurmansbang zelebriert. Die Existenz einer Burgkapelle lässt sich bis zum Jahre 1376 zurückverfolgen, auch wenn sie früher in einem anderen Raum oder einem selbständigen Nebengebäude untergebracht war. Wie erwähnt, stiftete Heinrich Tuschl, der Bauherr der Burg, in seinem Testament eine tägliche Hl. Messe (für jährlich 10 Pfund Passauer Pfennige), die von einem Priester aus Preying, damals noch „sand Preyden" genannt (eine Filialkirche des Klosters Osterhofen), gelesen werden sollte. Der Originaltext ist uns erhalten; hier ein Auszug:

10. So schaff ich gein Säldenburch ainen Chapplan järleich zehn ... [Pfund] Pass. ... [Pfennig] geltz, daz derselb Chapplan auch auf dem mein

29

sol sitzen vnd derselb Chapplan sol alltag ain mezz haben zw Säldenburch in der Vesst.

......

12. Vnd daz man noch zwen hern hintz sand preyden Stifft (?) …(ein Wort unleserlich) den zwayn hern, di da sind vnd dieselben vyer heren schullen tägleich datz sand Preyden gantzew tagzeit singen vnd lesen vnd schullen all tag ein Mezz haben zw Dyezzenstain vnd Täglich ein mezz zu Sädenburch vnd all tag ein Mezz datz dem Chloster datz sand Preyden vnd all veyertag zwo Mezz. Vnd wen die stift also auztragen vnd volpracht wirt, So sol man di gült, die ich gein Säldenburch zw der Chappeln vnd der Mezz geschafft han, geben zw dem Chloster hintz sand Preyden, die schullen die Mezz tägleich ze Säldenburch davon ausrichten. [56]

Das Kloster Osterhofen schickte zur Erfüllung der Stiftung vier Konventualen nach St. Brigida.[57] Konventualen waren Mönche (Priester); sie waren für geistige und geistliche Aufgaben zuständig. Die anderen Arbeiten wurden von Konversen (Laienbrüder), meist Abkömmlinge armer Leute, verrichtet. Nun zurück zu unserem Kelch. 1589 verkaufte die letzte Ortenburgerin, Gräfin Katharina, Erbtruchsessin von Waldburg, die gesamte Burganlage an den Tiroler Edelmann Konrad Fuchs von Edenkoben.[58] Fuchs war ein sehr frommer Mann und hatte bei den Kaufverhandlungen sogar ein Empfehlungsschreiben des damaligen Kardinals zu Trient bei sich. Fuchs etablierte sich sehr stark in seiner neuen Umgebung. Von Herzog Wilhelm V. von Bayern erhielt Fuchs die Edelmannsfreiheit über die „einschichtigen" bei Saldenburg gelegenen Güter. Fuchs muss wohl auch die Herrschaft Saldenburg als solche erworben haben, da 1614 sein Sohn Christoph, Regimentsrat in Straubing, als Inhaber der Herrschaft Saldenburg erscheint.

Konrad Fuchs von Edenkoben ließ, als frommer Mann, für seine Kapelle auf der Saldenburg einen silbernen Kelch fertigen. Der Kelch ist auf der Unterseite seines Fußes mit dem Wappen der Familie Fuchs und folgender Inschrift versehen:

Ich Konrad Fux zu Seilnwurg (Saldenburg) und Ebenhofen habe diesen Kelch zu meiner Kapeln gen Seinwurg zur ewigen Gedechtnus den 15. Tag Augusti anno 1606 machen lassen. [59]

Dass der Kelch auf der Fußunterseite mit dieser Inschrift versehen ist, sie also nicht ohne weiteres sichtbar ist, dürfte des Rätsels Lösung sein, warum dieser schöne Saldenburger Kelch so lange in totale Vergessenheit geriet.

Der Kelch ist heute offiziell unter den Kulturdenkmälern von Bayern aufgeführt. Er wird dort folgendermaßen beschrieben:

Silber vergoldet, 6-Paß Fuß, mit graviertem JHS, breiter Nodus mit Blüten in Rautenfeldern, glatte Kupa, Augsburger Beschauzeichen - Marke H W, legiert (Rosenberg, 411: Hans Weiderling).

Die Grabsteine von Konrad Fuchs und seiner Ehefrau zieren auch heute noch die Friedhofsmauer von Thurmansbang.

Bereits 1616 wechselte die Herrschaft Saldenburg wieder ihren Besitzer. Durch Heirat mit Marie Christine von Fuchs wurde nun Abraham Maegerle von Wegleuthen Herr auf der Saldenburg.[60]

Unter Maegerles Herrschaft schlug bekanntlich im Jahre 1646 ein Blitz in die Burg ein, und der Brand zerstörte u. a. den gesamten Südteil des heute noch vorhandenen Wohnturmes. Betroffen waren vor allem der damalige Rittersaal (ein Teil davon ist der jetzige Barocksaal) und der Raum darüber, die heutige Kapelle. Nur wenige sakrale Gegenstände dürften die Folgen dieser Naturgewalt überlebt haben.[61]

Ob letztlich diese Katastrophe ausschlaggebend war, ist nicht schlüssig nachzuweisen, jedenfalls verschuldete nun die Familie Maegerle immer mehr. 1652 wurde die Herrschaft Saldenburg an Sigmund von Raindorf zu Witzmannsberg, Pfleger zu Hals, verpfändet. Unter Maegerles Witwe Christine kam die Burg 1677 letztendlich „auf die Gant", Frau Maegerle war zahlungsunfähig.[62]

Zu den vielen Gläubigern der unter der Familie Maegerle entstandenen Schuldenlast gehörte auch die Stadt Vilshofen. Saldenburg schuldete dorthin die stattliche Summe von 4.000 Gulden. Unter dem späteren Besitzer, den Grafen von Preysing, wuchs diese Last sogar noch auf ganze 5.000 Gulden an.

Zur Abdeckung eines Teiles dieser Schulden wechselte im Jahre 1680 auch unser Kelch seinen Eigentümer, er ging an die Stadt Vilshofen.[63] Die Stadt verkaufte diesen Kelch später für 25 Gulden an die Bruderhaus- zugleich St. Barbara Kirchenverwaltung. Von dort kam unser Kelch in die Stadtpfarrei von Vilshofen, wo er schlichtweg in Vergessenheit geriet und sich heute noch befindet.

Mit Christoph Fuchs v. Ebenhofen, dem Sohn des vorerwähnten Konrad Fuchs (Stifter des Saldenburger Kelches), beginnt im Jahre 1616 ein aus heutiger Sicht äußerst amüsanter Rechtsstreit, an welchem noch zwei weitere Besitzer der Saldenburg, die Familie Maegerle und die Grafen von Preysing beteiligt waren, und der erst gut siebzig Jahre später endet, nämlich der Saldenburger „Bierkrieg".

Der Saldenburger „Bierkrieg"
1616 bis 1689

„Bier und Barock" war das Schwerpunktthema, welches der Tourismusverband Ostbayern für das Jahr 2001 ausgewählt hatte. Für uns Bayern sicher ein ansprechendes Programm. Noch interessanter wird es jedoch, wenn wir versuchen, uns mit dem Biergenuss in der Zeit des Barocks vor unserer Haustüre, nämlich in Saldenburg, zu beschäftigen.

Um uns überhaupt in diese Zeit hineinversetzen zu können, muss zuerst ein kleiner Abstecher in die „Biergeschichte" unternommen werden.

Bier ist eines der ältesten alkoholhaltigen Getränke der Menschheit. Schon vor 3000 Jahren lässt sich anhand von bildlichen Darstellungen das Bierbrauen in Ägypten nachweisen; bereits damals wurde eine Art „Lagerbier" hergestellt. Die nordische Götterlehre bezeugt, dass bei den germanischen Völkern das Bier wohl noch früher bekannt war. Dieses Bier - nicht zu verwechseln mit Met - hatte jedoch noch wenig Ähnlichkeit mit unserem heutigen Bier. Es war „pappig-süßlich und leicht verderblich". Durch Baumrinden, Schwämme und verschiedene Gewürze versuchte man es schmackhafter zu machen, bis endlich der Hopfen u.a. als Biergewürz in Erscheinung trat. Vermutlich verwendete man zuerst noch Wildhopfen. Doch schon 768 n. Chr. wird der erste Hopfengarten, in der Nähe des Klosters Freising, erwähnt. Erst um 1300 treten neben den Hausbrauern die ersten sogenannten Handelsbrauer in Erscheinung, vornehmlich im Norddeutschen Raum. Nach dem 30-jährigen Krieg (1618 bis 1648) verfiel das nordische Braugewerbe fast völlig, während schon vor diesem Krieg und immer mehr danach sich Bayern zum eigentlichen Bierland entwickelte, in dem das Brauereiwesen auch unter eine gewisse landesherrliche Organisation geriet. Das Recht zu brauen wurde eingeschränkt und vom jeweiligen Herrscher nur als Entgegenkommen an verdiente Untertanen verliehen. Der Adel und die Klöster genossen das Braurecht auf Grund oft nicht mehr nachvollziehbarer Privilegien. Da so ziemlich jeder nach seinem eigenen Wohldünken braute und immer wieder verdorbenes Bier in den Umlauf kam, fühlte sich Herzog Wilhelm IV. von Bayern bemüßigt, im Jahre 1516 ein Reinheitsgebot für Bier zu erlassen. Hiermit wollte der Herzog vor allem den berüchtigten Bierpanschern das Handwerk legen.[64] In diesem bis heute noch gültigen Reinheitsgebot geht es vor allem um gleichbleibende Qualität:

Ganz besonders wollen wir, dass forthin allenthalben in unseren Städten, Märkten und auf dem Lande zu keinem Bier mehr Stücke, als vor allem Gersten, Hopfen und Wasser verwendet und gebraucht werden sollen.[65]

Viele kleine Brauereien - vor allem auch die Privatbrauer – hatten nicht die nötigen Keller und Lagermöglichkeiten, weshalb ihr Bier oft sauer wurde. Es wurde (und wird) streng unterschieden zwischen untergärig und obergärig brauen. Unter obergärigem Bier verstehen wir heute vor allem Weißbiere. Obergäriges Bier wird bei höheren Temperaturen (15° bis 20°) und kürzerer Gärdauer hergestellt. Bei ungünstiger Lagerung verderben diese Biere schneller. Untergärige Biere gären bei niedrigeren Temperaturen (5° bis 10°) und brauchen dazu etwas mehr Zeit; dafür sind sie aber auch länger haltbar.[66]

Auf dem Landtag 1512 wurden damals schon wegen der genaueren Übersicht exakte Datumsgrenzen für das Bierbrauen festgesetzt: Das Märzenbier wurde gebraut zwischen Jörgi (23. April) und Michaeli (29. September), das Winterbier von Michaeli bis Jörgi.[67] Die Begründung lautete schlicht und einfach: „Es gibt zu viele Bierbrauer daselb, welche kein gutes und gerechtes noch gesundes Bier mehr sötten und alle reich werden".

Bei niedrigeren Außentemperaturen, also zwischen Michaeli und Jörgi, konnte ohne Wärmezuführung nur untergärig gebraut werden, man erhielt Bier von längerer Haltbarkeit. Wegen der höheren Außentemperaturen zwischen Jörgi und Michaeli, also im Sommer, konnten nur obergärige, kurzlebigere Biere gebraut werden, die ohne Kühlung leicht verdarben. Den kleineren minderbemittelten Braustätten, die über keine guten Keller verfügten, war deswegen nur das Brauen von untergärigem Bier gestattet, das von obergärigem verboten. Das Brauen von Weizenbier (obergärig) - „teils weil es ein unnützes Getränk ist, das weder führt noch nährt, noch Kraft und Macht gibt, sondern nur zum Trinken reizt"[68] - war durch Generalmandat von 1567 sowieso nur wenigen Privilegierten gestattet, da der Weizen als hochwertiges Nahrungsmittel der Volksernährung angesehen und benötigt wurde.

Mit diesen angeführten Beschränkungen hatten unsere kleinen örtlichen Brauereien bzw. unsere privaten Brauberechtigten in den folgenden Zeiten - womit wir nun endlich beim Barock angelangt sind - immer wieder erhebliche Probleme. Bei uns in Saldenburg artete dies sogar in einen ca. 60 jährigen „Bierkrieg" aus, welcher immer wieder die örtlichen Gerichte und selbst den Churfürsten beschäftigte. Diese langjährigen Streitereien sind uns erfreulicherweise auf gut vierhundert handgeschriebenen Protokollseiten, verwahrt im Staatsarchiv zu Landshut, erhalten geblieben.[69]

Bereits 1616 wurde dem damaligen Besitzer der Herrschaft Saldenburg, Herrn Christoph Fuchs von Ebenhofen, durch Befehl seiner Churfürstlichen Durchlaucht Maximilian „das Brauen auf der obergier [das obergärige Brauen]" untersagt. Als sein Nachfolger auf der Saldenburg, Wilhelm Khöckh, „sich strafmäßig understandten [hat] das Bier wieder auf die obergier zu brauen, ist dieser 1638 mit 100 Reichsthalern punctiert [mit Strafe belegt] worden".

Bis zum Jahre 1660 herrscht relative Ruhe am Saldenburger Bierhimmel, gleichwohl wir aus Akten des Churfürstlichen Pfleggerichts in Vilshofen erfahren, dass die Herrschaft Saldenburg in der Zwischenzeit trotzdem weiter Bier obergärig gebraut habe. Der neuen Besitzerin von Saldenburg, Frau Christina Maegerle - eine Tochter des 1616 bereits abgestraften Christoph Fuchs -, erschien es angebracht, erneut gegen dieses Brauverbot anzugehen. Am 25.10.1660 stellt sie offiziell beim Pfleggericht Vilshofen den Antrag, ihr Bier „wie von alters her überkhommen" straffrei obergärig brauen zu dürfen. Sie benennt eine ganze Anzahl von Zeugen, welche ihr vermeintliches Recht bestätigen. Frau Maegerle ist offensichtlich eine sehr selbstbewusste und streitbare Frau. Sie zieht die ganzen Streitereien, obwohl ihr Mann, Herr Johann Abraham Maegerle noch lebt, ganz an sich. Der Antrag wird selbstverständlich wieder abgelehnt; das obergärige Brauen jedoch stillschweigend weiter geduldet.

Am 17.10.1661 schaltet sich kurz vor seinem Tode noch ihr Mann, Herr Maegerle, ein, indem er die nächsthöhere Instanz, die Regierung in Landshut, mit diesem Fall betraut. Er bittet den „Durchlauchtigsten Fürsten und Herren, Herrn Ferdinand Maria, in ob: und Nidern Bayern, auch der obern Pfalz Herzogen, Pfalzgraven bei Rhein, des Hl: Röm: Reichs Erztruchsess, und Churfürsten Landgraven, zu Leichtenberg, seinen Genadigsten Herrn" doch in dieser Sache noch weitere sieben Zeugen zu hören. Diese Zeugen seien alle 70 bis 80 Jahre alt und könnten sich sehr wohl daran erinnern, dass in Saldenburg von je obergärig gebraut worden sei. Die sieben neue Zeugen sind: „Georg Schraghammer zu Mistelberg - der alte Häberl Millner zu Entschenreidt - der Nahrungsmann Sontorfer - der Amtmann zu Riggerding, Conrad Hueber, - der Würth zu Rigerding, Adam Roidthamer, - der ambtman zu Säldenburg und der Würth zu Trautmansdorf, genannt wieninger".

Das Gericht bleibt jedoch bei seiner Ablehnung und Frau Maegerle streitet, wiederum bei der Regierung in Landshut, weiter. 1664 benennt sie weitere sieben „Gezeugen", um ihr vermeintliches obergäriges Braurecht durchzusetzen. Die goldenen Zeiten auf der Saldenburg gehen anscheinend zu Ende. Frau Maegerle kämpft offensichtlich auch um das liebe Geld. Sie braucht das obergärige Sommerbier für ihre Untertanen, weil sie es ansonsten andernorts kaufen müsste:

Die adversantin [Klägerin] hat in ihrer supplication [Eingabeschreiben] selbst vorgeschrieben, dass man zu Saldenburg zu den Einsimmern mit Kellern nit versehen, auch wegen des harten Stain selbsten khein behaltnus zumachen seye, so khündte auf solche weis von ihr nit eingesimmert, oder das Pier in die lange ohne Saur erhalten werden, wodurch die Underthanen, wan sye anderst ein guett und frisches Pier zuhaben verlangten, erst anderer orthen gehen oder schücken, und mit größeren Ungelegenheit hollen müßten, welcher sye aber allerdings enthöbt, und gleichsamb den ganzen Sommer hin durch ein frisches Pier in loco haben khundten, wann man bey Säldenburg dasselbe auf die obergier den Sommer hinauß zusieden berechtigt, weilen die Herrschaft solches auch zu beförderung ihres nuzens nit underlassen würde.

Anzufügen wäre noch, dass es damals nicht unüblich war, auch mit Gerste obergärig zu brauen, also ein Sommerbier herzustellen, so sagte mir ein Diplombraumeister.

Der verhandelnde Richter in Vilshofen wird langsam sauer. Er berichtet auf 46 handgeschriebenen Seiten äußerst ausführlich an seinen „Durchlauchtigsten Churfürsten und Genadigsten Herrn". Er verweist auf die früheren Abstrafungen der Saldenburger aus den Jahren 1616 und 1638, sowie auf sein diesbezügliches Urteil und seinen Amtsbericht vom 25. Januar 1661. Seitenweise listet er, großenteils in lateinischer Sprache, die verschiedenen Rechtstitel auf, gegen welche die „articulantin" verstoßen habe, u.a. Beeinflussung von Zeugen, sowie wissentlich falsche Behauptungen. Es mochte sein, dass der „articulantin" die Abstrafung ihrer Vorgänger mit allen seinen Auswirkungen nicht voll bewusst gewesen sei, und ihr in ihrer Verbohrtheit auch nicht schlüssig nachzuweisen sei, dass sie bis dato nicht im guten Glauben gehandelt habe, ihr Verhalten nach seinem Urteil von 1661 sei aber eindeutig rechtswidrig. Von den sieben Zeugen seien sowieso die ersten sechs der Maegerlin durch Scharwerksleistungen, sowie Grund und Boden unterworfen und in großer Armut. Somit könne deren Aussagen kein Glauben geschenkt werden. Dem siebten Zeugen schenkt der Richter mehr Glauben, da er kein Untertan der Maegerlin, sondern zu Fürstenstein wohnhaft ist; dieser Zeuge habe aber von den früheren Abstrafungen gewusst. Keiner der Zeugen konnte genau sagen, ob er „seine wissenschaft vom Jahre 1610, 1612, oder 1615 habe, sondern nur vage über 40 - 50 und 60 Jahren bezogen". Der Richter kommt zu dem Urteil: „Das Piersieden auf der Obergier bei Säldenburg ist niemalen ehvig [ewig] hergebracht, sondern, wans beschehen, nur heimlich exerciert worden sein muß".

Abschließend übermittelt der ausführende Richter Seiner Churfürstlichen Durchlaucht am 6. Februar 1665 seine

„unterthanigste Amtsbitte die Frau articulantin nicht nur zu Rhue zu verweisen, sondern selbige, weilen sye woll gewusst und anfangs selbst zugegeben, dass von den volgenten inhabern die merer weil nit gepraut worden, dazu dem Gericht wissentlich einen unnothwilligen stritt moniert, in die verursachten Uncosten mit Gnaden zu condemnieren [zu bestrafen]".

Frau Maegerle streitet weiter und schaltet nun den Churfürstlichen Hofrat in München ein, welcher am 17. August 1666 seinerseits die ganzen Gerichtsunterlagen von Landshut und Vilshofen anfordert. Erst ein Jahr später, am 5. August 1667 kommt wieder Bewegung in den Bierstreit. Der „von Gottes gnaden Ferdinand Maria, in ob: und Nidern Bayern, auch der obern Pfalz Herzog, Pfalzgraf bey Rhein, des Heyl: Röm: Reichs Erztruchsess und Churfürst, Landgraf zu Leuchtenberg" schreibt an den „Edlen Unseren Geheimben Rath, Cammerer und Vizetomben zu Landshut Hanuß Jakoben, Herrn von Haunsperg, dann anderen Ungen. Räthen daselbst und Lieben gethrauen, samt und sonders". Der hohe Rat wolle nun die „provocationssache" [Streitsache] zwischen Maria Christina Maegerle und dem Pfleggericht Vilshofen „erledigen und vor handt nehmen". Hierzu wären noch die Gerichtsunterlagen aus dem Jahre 1616 – nunmehr bereits 50 Jahre zurückliegend! - und die vom Jahre 1638 vorzulegen. Auch solle Frau Maegerle noch zu verschiedenen Punkten erneut vernommen werden.

Wie lange der Rechtsstreit mit Frau Maegerle zu Saldenburg letztendlich noch gedauert hat, ist aus den derzeit zur Verfügung stehenden Archivalien leider nicht mehr ersichtlich. Mit Sicherheit dürfte für Frau Maegerle spätestens im Jahre 1677 der Streit beendet gewesen sein, in diesem Jahr nämlich bringt sie die Saldenburg „auf die Gant", sie wird zahlungsunfähig und scheidet als Besitzerin aus.

Noch im gleichen Jahr übernimmt Johann Ferdinand Albrecht von Preysing die abgewirtschaftete Herrschaft Saldenburg. Der damalige Titel unseres Grafen von Preysing wirkt heute auf uns fast erheiternd:

Freiherr von und zu Altenpreysing, Herr der Herrschaften Aholming und Moos, von Reusling, Kurzen- und Langenisarhofen, Zulling, Harburg, Großkoellnbach, Grünbach, Saldenburg und Endsreut [Entschenreuth] und der römisch kaiserlichen Majestät und der churfürstlichen Durchlaucht in Bayern Kämmerer, Rath und Vicedom [vergleichbar mit dem heutigem Regierungspräsident] in Burghausen, dann des hochfürstlichen Stiftes Freising Erbschenk, auch gemeiner löblichen Landschaft in Bayern Unterlands [Niederbayern] mitverordneter Steuerer in des Rentamtes Landshut, Pfleger und Kastner zu Osterhofen, Landrichter in Schaerding und Pfandherr von Treuchtlingen.

Saldenburg erwacht zu neuem Leben; der Bierstreit jedoch geht lustig weiter. Letztmals hören wir in dieser Angelegenheit am 22. Juni

1689. Jetzt berichtet „von Gottes Gnaden Maximilian Emanuel …
Erbtruchsess und Churfürst Landgraf zu Leuchtenberg" aus München
an das Gericht in Landshut: Von den drei neuerlich genannten Zeugen
sind inzwischen zwei verstorben und der andere kann wegen hohen
Alters nicht erscheinen. Aber es stehe fest, dass inzwischen auf dem
Thurmansbanger Kirchtag, also am 5. September, schon „Vryes Pier
verschlissen" [angeboten und getrunken] und dieses demnach auch
vor Michaeli (29. 09.) verbotswidrig gebraut worden sei, also wieder
obergäriges Sommerbier! Dem „Bestandner" [Verwalter] des Grafen
von Preysing auf der Saldenburg, Herrn Alexander Gratter, sei sein
„ungezimmtes anmassen" zu verweisen und ihm zu verstehen zu
geben, dass, wenn er nochmals so „früzeitig: aber auch uf die ober
gier Preyen, weithers sich verstehe man gegen ihn alsdann unfehlbar
mit exemplarischer Straff vorgehen werde". Anschließend gibt München eindeutig Weisung: „Vollzircht danan unsern Gnadigsten Willen"!

Das Bräuhaus Saldenburg, Poststempel aus dem Jahr 1920.

Die Grafen von Preysing, als nunmehrige Besitzer der Herrschaft
Saldenburg erkennen jetzt offensichtlich für sich das Bayerische
Reinheitsgebot aus dem Jahre 1516 an. Es sind bislang keine weiteren

Bierstreitigkeiten bekannt geworden. Um mit anderen Brauereien mithalten zu können, vor allem aber auch wegen der nicht geringen Einnahmen aus dem Brauwesen, erbauen sie etwa um 1748 eine völlig neue Brauerei auf einem günstigeren Gelände zu Füßen der Saldenburg, wo sich gute Lagerkeller in den Berg treiben ließen und in einer Rinne Wasser um die Brauerei floss.[70] Bereits 1755[71] hatte diese kleine Brauerei fünf „Zwangswirte" (nicht brauereifreie Wirte). 1784 geht die Brauerei in Privatbesitz über.[72] Zwischen 1900 und 1903 wurden neue Lager- und Eiskeller sowie ein Binderschuppen (eine Werkstätte für die Fertigung und Reparatur von Fässern) dazugebaut.[73] Im Handbuch des größeren Grundbesitzes von 1907 wird ein Malzverbrauch von 1400 hl[74] genannt, im Jahre 1915 belieferte sie sechsunddreissig Wirtshäuser mit Bier.[75]

Die Brauerei wurde später Teil der Innstadtbrauerei, ab 1946 aber Schritt für Schritt abgebrochen; das Abbruchmaterial wurde beim Hausbau in Saldenburg und Hundsruck verwandt.

Durch den „Bierkrieg" sind wir inzwischen auf ein weiteres Besitzergeschlecht der Saldenburg, die Grafen von Preysing, aufmerksam geworden. Unter ihnen erwachte die Saldenburg noch einmal zur alten Blüte. Die von Preysing steckten sehr viel Geld und Mühen in ihr neues Prestigeobjekt, sich selbst gegenüber waren sie jedoch sehr zurückhaltend und sparsam; davon wird im nächsten Kapitel ebenfalls die Rede sein.

Die Grafen v. Preysing auf der Saldenburg

Wieviele Höhen und Tiefen die Saldenburg im Laufe ihrer bewegten Geschichte durchzustehen hatte, ist uns heute leider nur teilweise bekannt. Der häufige Wechsel der Besitzer [76] lässt jedoch den Schluss zu, dass die einst so stabile und weit ausstrahlende Herrschaft im Laufe der Jahrhunderte immer weiter zerfiel und jeder neue Besitzer - ab 1472 deutlich erkennbar -, die Hoffnung reich zu werden, früher oder später wieder begraben musste. Im Jahre 1677 kam, wie schon erwähnt, die Herrschaft Saldenburg sogar „auf die Gant", - Frau Maegerle war zahlungsunfähig. Am 28. Juli 1677[77]wurde sie von dem wohlhabenden Ferdinand Albrecht v. Preysing zu Moos bei Plattling übernommen und verblieb bis 1826 bei diesem Geschlecht.

In den ersten Jahren war die Freude über den neuen Besitz sicher recht groß und mit größtem finanziellen Aufwand renovierte Albrecht v. Preysing den damals völlig heruntergekommenen Wohnturm - das heutige Burggebäude - von Grund auf. Der durch Blitzschlag und Brand im Jahre 1646 völlig zerstörte Südteil dieses Wohnturmes wurde mit prächtigstem Barock ausgestattet. Preysing scheute keine Kosten und verpflichtete hierzu bekannte und teure Fachleute, wohl auch Heinrich Zuccali.[78] Der heutige Barocksaal - Südteil des ehemaligen gotischen Ritter-saales - und die ein Stockwerk darüberliegende Burgkapelle zeugen auch jetzt noch von der außerordentlichen Leistung der Familie v. Preysing. Der sich heute im Passauer Oberhausmuseum befindliche vier Meter hohe prunkvolle Kachelofen wurde ebenfalls damals durch sie im Barocksaal der Saldenburg installiert.[79]

Bald jedoch zogen schlechtere Zeiten über unser Land. Im Österreichischen Erbfolgekrieg gingen 1742 große Teile der Burganlage, wie Maierhof, Stadel und Stallungen in Flammen auf, wenn auch nicht durch direkte Feindeinwirkung.[80] Im Jahre 1743 breitete sich eine große Viehseuche über die hiesigen Besitzungen der v. Preysing aus.[81] „Im Saldenburgischen liefen die Bauern in Mengen von Ihren Häusern hinweg" und somit blieben auch immer mehr Abgaben der Untertanen aus. Der einzige Vorteil des Grafen v. Preysing ist, wie er selbst sagte, sich „den Herrn von diesem Schlosse zu nennen".[82] Kaspar I. Graf v. Preysing (1757-1767 Herr über Saldenburg) steckte bereits bis zum Hals in Schulden – „es gähnt der Abgrund".[83] 1767 wurde Graf Kaspar II. v. Preysing (1767-1826, der letzte v. Preysing auf der Saldenburg, er starb 1836) zahlungsunfähig. Nach einem Vergleich mit den Schuldnern im Jahre 1772 durften die Grafen v. Preysing aber wieder die Saldenburg und ihren Stammsitz Moos, bei Plattling, frei bewirtschaften. Saldenburg war auf längere Sicht jedoch nicht mehr zu halten und die Grafen begannen, einzelne Teile der Herrschaft, wie 1784 sogar das Bräuhaus (siehe oben), zu veräußern. Die glanzvollen Zeiten der Grafen v. Preysing schienen nun endgültig zu Ende zu gehen.

1931 stöberte der passionierte Heimatschriftsteller Max Peinkofer in den „verstaubten Akten des leider ungenügend verwahrten Schloßarchives von Saldenburg" – ob sie heute noch existieren und gegebenenfalls wo, ist nicht bekannt – und fand einen sehr aufschlussreichen Brief des damaligen Besitzers, des Grafen Kaspar II. v. Preysing zu Moos, an seinen „Verwalter in Saldenburg".[84] Der Brief ist datiert vom 22. Juni 1788 und kündigt einen Besuch des Grafen zum „künftigen Dienstag den 24sten abends in Saldenburg" an.

Dass der Graf damals nicht persönlich in Saldenburg residierte, war noch nichts Außergewöhnliches. Die wenigen Steuern und Abgaben konnte ja der Verwalter ordnungsgemäß selbst eintreiben und über alle sonstigen „Verfallenheiten" sollte, wie es im Brief steht, der Verwalter seine „Notata" machen, damit v. Preysing bei seinem Besuch alles regeln könne (Streitereien der Untertanen, kleinere Vergehen usw. Die Besitzer der Burg hatten ja die niedere Gerichtsbarkeit inne).

Aber an anderer Stelle lässt der Brief aufhorchen. Von Preysing kündigt nämlich an, dass er nicht alleine, sondern in Begleitung seines Bruders anreisen will. Nach Recherchen in der Familienchronik der v. Preysing konnte es sich nur um den äußerst tapferen und damals in der halben Welt bekannten und geachteten General Max v. Preysing (*1760, †1836) gehandelt haben. Was Graf Kaspar II. nun in seinem Brief schreibt, ist für heutige Verhältnisse kaum nachvollziehbar: „Mein Bruder begnügt sich mit Stroh, folgsam darf Er [der Verwalter] wegen einem Bett unbekümmert seyn. Den Wein werde ich selber mitnehmen". Wie armselig musste es damals auf der Burg ausgesehen haben? Wie heruntergekommen muss wohl die gesamte Burganlage gewesen sein, wenn nicht einmal für einen hochkarätigen Besuch, wie den Bruder des Besitzers, eine ordentliche Schlafstelle vorhanden war? Wie genügsam machte die offensichtliche Not seines Bruders einen hochrangigen General, dass er sogar auf Stroh nächtigte! Nicht einmal der Wein für den Herrn war vorhanden.

Auch die weiteren Ausführungen des Grafen sind für uns heute sehr aufschlussreich. Graf v. Preysing muss seinem Personal gegenüber ein äußerst feinfühliger und entgegenkommender Grundherr gewesen sein. Fast entschuldigend gibt er in seinem Brief die weiteren Anweisungen für den bevorstehenden Besuch. „Er [der Verwalter] hat um nichts zu sehen, wie auf zwei Mittag zeitten um ein gutes Rindfleisch, und Kälbernem Bratten, auch um 8 Händel (Hähnchen); das ist alles was wir brauchen. Um ein Küzel [Zicklein] kann er auch umsehen". Da es sich um übliche Naturalabgaben der Untertanen handelte, dürfte es dem Verwalter wohl möglich gewesen sein, seinen Herrn zu verkösten. Das Essen soll für die gesamte Reisegesellschaft - Graf Kaspar II. v. Preysing, sein Bruder Max, sein Reitknecht und der Diener - bereitgestellt werden. Dass für Reitknecht und Diener ebenfalls ein Strohlager genügen musste, war wohl so selbstverständlich, dass es im besagten Brief gar nicht extra erwähnt wird.

Die „Bagage" [das Reisegepäck] wurde vorausgeschickt. Auch hier ersehen wir wieder die Fürsorge des Grafen v. Preysing gegenüber seinem Personal: Bereits am Vorabend seines Eintreffens in Saldenburg, nämlich am Montag, 23. Juni, soll abends „ein Kharen mit ein Pferd zu Hengersperg seyn, damit dieser um 3 Uhr früh meine wenige Bagage den folgenden Tag nemlich Johannstag nachher Saldenburg in der Kühle hinbringen kann". Dem Fuhrmann mit seinem langsamen Gespann mutet er die Tageshitze nicht zu. Gegen sich selbst und seinem Bruder ist v. Preysing dagegen weit härter. Damit sie aber wohlbehalten in Saldenburg ankommen „solle ein reittender ein ambtmann zu Hengersperg um 3 Uhr Nachmittag am Johannstag auf mich in Erwartung stehen, der mich den besten Weg zu führen hat". - Dass nach so einem anstrengenden Ritt in der Nachmittagshitze die Herren am Abend auch Hunger hatten, verstand sich; aber auch hier sorgte v. Preysing mit klaren Anweisungen an seinen Verwalter in Saldenburg vor: „Um ½ neun Uhr abends will ich etwas speissen bey Ihme [dem Verwalter] am JohannsTage, dann mein Bruder. Dann ist auch mit Fleisch vor meinem Reittknecht und Bedienten anzutragen".

In den folgenden 40 Jahren überstürzten sich die politischen Ereignisse geradezu; die Grundherren gerieten in den Strudel der allgemeinen Politik. Ab 1803 wurden zuerst die geistlichen und Zug um Zug auch die weltlichen Herrschaftsgebilde aufgelöst. 1806 wurden die alten Hofmarken (so auch Saldenburg) in Patrimonialgerichte umbenannt; die Gerichtsbeamten müssen nunmehr ein Rechtsstudium nachweisen. Die neugebildeten Gemeinden und die alten Patrimonialgerichte existieren aber bis 1848 noch nebeneinander. Ab 1808 wurden Steuerdistrikte gebildet. Steuerdistrikt, Pfarrei und Schulbezirk sollen nach Möglichkeit eine Gemeinde bilden. 1825 ist die Gemeindebildung (auch die Saldenburgs) im Landgericht Passau endgültig abgeschlossen.[85]

All diese Umwälzungen musste Graf Kaspar II. v. Preysing noch über sich ergehen lassen, ehe von ihm, als letzten v. Preysing auf der Saldenburg, im Jahre 1826 die - bis 1848 noch bestehende - Herrschaft an seinen Firmpaten, dem Freiherrn Kaspar von Berchem, überging.[86] Mit ihm endete im Jahre 1848 auch das über Jahrhunderte für uns in Saldenburg zuständige Herrschaftsgericht. Alle zur Herrschaft Saldenburg zählenden, auf viele Orte verteilten Häuser und Höfe unterlagen der „Niederen Gerichtsbarkeit" ihrer Herrschaft. Doch was verbirgt sich hinter der Bezeichnung „Niedere Gerichtsbarkeit"?

Die Niedere Gerichtsbarkeit in Saldenburg

In unserer Gemeinde wurde gleich an zwei selbstständigen Gerichten Recht gesprochen. Beide Gerichte lassen sich bis in das späte Mittelalter zurückverfolgen. Das staatliche Pfleggericht Dießenstein bestand bekanntlich bis 1802[87] und das private Patrimonialgericht (Hofmarkgericht) Saldenburg ging erst im Jahre 1848 an den Bayerischen Staat über.[88] Die Befugnisse beider Gerichte beschränkten sich lediglich auf die „Niedere Gerichtsbarkeit", also auf die Ahndung geringerer Vergehen. Mord, Straßenraub, Notzucht und Diebstahl wurde nicht verhandelt. Dass Bürger zugunsten der Aufbesserung der privaten Kassen der jeweiligen Herrschaften verurteilt werden konnten, ist für uns heute kaum noch nachvollziehbar, geschweige denn zu verstehen. Bereits 1311 konnten sich der Adel, die Klöster und die Städte gegen Übernahme der Steuereintreibung für den Herzog, oder auch gegen einen größeren Geldbetrag, dieses Gerichtsrecht erkaufen.[89]

Bleiben wir bei Saldenburg. Die jeweilige Grundherrschaft, also die Besitzer der Burg, mussten sich diese Gerichtsbarkeit zwar immer wieder eigens bestätigen lassen, konnten aber die Strafgelder als private Einnahmen nutzen. Später wurde diese private Gerichtsbarkeit sogar eine reine Handelsware. Nur drei Beispiele seien angeführt. 1512 brachten die Ortenburger, damals auf der Saldenburg, die Hofmark Riggerding (also auch die dazugehörige Gerichtsbarkeit) in ihre Zuständigkeit.[90] 1822 wurde das Patrimonialgericht Allhardsmais (bei Schöfweg) dem Grafen v. Preysing auf Saldenburg für 2.500 Gulden zum Kauf angeboten; es kam zu keinem Abschluss, - vermutlich gab es in Allhardsmais nur anständige Leute und das Geschäft lohnte sich nicht.[91] Umgekehrt bot 1837 der damalige Besitzer von Saldenburg, Kaspar v. Berchem, seine Gerichtsbarkeit dem Staat zum Kaufe an. Von Berchem wollte sicher schnell noch ein gutes Geschäft machen, denn die Auflösung und Einziehung dieser Gerichte durch den Staat zeichnete sich bereits ab; auch dieses Angebot blieb erfolglos.[92]

Ab 1806 wurden diese Herrschaftsgerichte in „Patrimonialgericht" umgetauft und die örtlichen Gerichtsbeamten mussten ein Rechtsstudium aufweisen.[93] Die Herrschaft Saldenburg reagierte schnell und leistet sich den studierten Gerichtshalter Lex.[94] Der Grabstein des Lex ziert heute noch die Außenwand der Kirche zu Thurmansbang. Da sich verständlicherweise nicht jedes kleinere Gericht einen solchen studierten Rechtsbeamten leisten konnte, wurden zwangsläufig immer wieder Herrschaftsgerichte zusammengelegt. So z.B. wurde 1828 der Amtssitz des Patrimonialgerichtes Witzmannsberg kurzerhand nach Saldenburg verlegt.[95] Auch die beiden Gerichte Englburg und Fürstenstein wurden zeitweise von unserem Gerichtshalter Lex mitbetreut.[96]

Da die jeweiligen Herrschaften ja selten selbst in der Saldenburg lebten, ließen sie diese ihre Herrschaft von einem örtlichen Amtmann, bzw. Verwalter betreuen. Dieser musste also auch die einzelnen Straftaten ausfindig machen und zur Anzeige bringen. Als Anreiz dafür, dass dieser möglichst viele Vergehen anzeige, bekam er jeweils 1/3 der Strafgelder für sich und die restlichen 2/3 flossen in die Kasse des jeweiligen Burgherren.[97]

Vom großen Eifer dieser Verwalter können wir uns auch heute noch durch das Studium alter Gerichtsakten (verwahrt im Staatsarchiv in Landshut) selbst überzeugen.

Welche Verfehlungen wurden am hiesigen Gericht geahndet? Hier nur einige Beispiele aus den etwa vierhundert von mir entzifferten handschriftlichen Protokollen aus den Jahren 1715-1754. Belangt konnte nur werden, wer persönlich zur Herrschaft gehörte (er konnte auch in einer anderen Ortschaft leben) oder wer die Tat in einem zur Herrschaft gehörenden Anwesen oder Ortsteil beging.

Da es vor allem um das liebe Geld ging, das damals vor allem die Müller hatten, wurde diese besonders überwacht. Zu Saldenburg gehörten fünf Mühlen (Ettelmühle, Prünstmühle, Haberlmühle, Böheimmühle und die Saldenburger Mühle). Diese Mühlen wurden jährlich mindestens zweimal „beschaut". Die beanstandeten Verfehlungen scheinen oft regelrecht an den Haaren herbeigezogen. So ist 1719 „Geörg Biebl, Müller an der Öttlmühl [Ettelmühle], [...] fällig gewest, weil der Dexl umb ½ Zahl zu dieff, umb 1 Mässl Fuetter zuvill, dass Sargloch [Holzverkleidung über dem Mühlstein] nit rund und sauber, der Peitlkasten [Siebkasten] in etwas ufgetrendt [ausgefranst] erfundten worden."

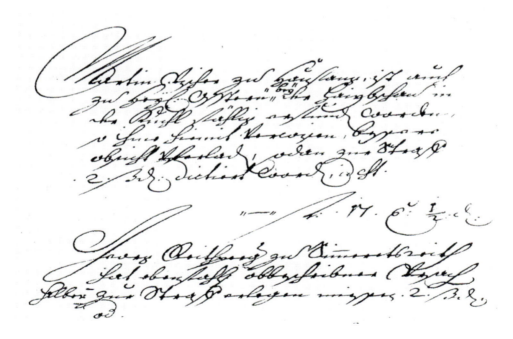

Niederschrift in Sachen Martin Vischer zu Haufang

1725 wurde geahndet, dass der Müller Georg Rauch auf der Haberlmühle „eine unsaubere Mühl, auch gar zu sehr geflickhte: und untaugsame Beitl" [Sack zum Durchsieben des Mehls] hat.

Auch bei den Rauchfangvisitationen (bis zu dreimal im Jahr) war immer wieder etwas Geld zu holen. Da es sich bei den Behausungen stets um reine Holzhäuser handelte und bei einem eventuell ausgebrochenen Brand der Verlust voll zu Lasten des Eigentümers, des Burgherren, ging, sind strenge Kontrollen nachvollziehbar. 1722 wurde „Georg Mauttner zu Entschenreith wegen eines zoterten Offenlochs (verrußtes Ofenloch) und fählig erfundtnen Rauchfang [unsauberer Kamin]" bestraft; 1723 ist der Martin Vischer zu Haufang bei der „Haizbschau" „wegen mangelnder Obsicht [Vorkehrungen] in der Kuchl fählig geworden und zur Straff dictiert [bestraft] worden".

Der größte Anteil der geahndeten Straftaten ist unter „Raufferei und Iniurj-Händl [Beleidigungen]" verzeichnet. So hat z. B. 1723 „der paur Martin Vischer zu Haufang des Georgen Winters Ehewürtin [Ehefrau] aldort mit der faust zum Fenster einen solchen Stos gegeben, dass ihr das Blut zum Maull herausgerunnen". 1725 hat der „ledige Schmiedgsöll Wenislaus Goldtmann aus Entschenreith die ledige Bauerstochter Maria Ebner aus Zwiesel im Würthshaus zu Trautmansdorf eine Bestia, aine Hündtin, ain Mäz, ain Canalia und Landfahrerin iniurirt [beleidigt] und in der Säldenburger Hoftafern [Wirtshaus] hat er die Ebner hin und wieder gestoßen." 1745 hat sich „Sebastian Kroll, Metzger zu Thurmansbang, […] understandten an der Säldenburger Kürchweyhe vor des Pündtners [Faßbinder] Haus dessen Eheweib Barbara Maurer Post aufgegeben [aufgetragen] Ihme, den Kroll, den Hintern zu leckhen und hat noch darzu mit einem Schögl die Haus-Thier dreimal zerschlagen und mit seinem Steckhen zwei Fensterscheiben eingeschlagen".

Die zwischenmenschliche Not junger Leute findet sich immer wieder unter der Rubrik „Leichtfertigkeitsstrafen". Heiraten durften Untertanen nur mit Genehmigung der Herrschaft, - und diese Genehmigung wurde nur zaghaft erteilt, denn unter Umständen musste die Herrschaft ja für die gesamte neue Familie sorgen. 1725 hat „der ledige Preu-Knecht und Würthssohn zu Ranfels die Catarina Leger, ledige Würthstochter zu Saldenburg, das andertmal (das zweitemal) leichtfertig beschlafen und eines Khündts improgniert [geschwängert]". 1743 ist die Amtmannstochter Catharina Pillerin von Hundsruckh, „gewesenes Hausmensch [Hausmädchen] im Schloß Säldenburg, [...] von Paulsen Angerer, Pauerssohn von Arfenreuth, in Leichtfertigkheit eines Khindts geschwangert worden". Deswegen wurde sie mit der üblichen „Leibespues" und mit Geld gestraft. Da die „Pillerin" aber gegenüber der Herrschaft ihre Schwangerschaft „hartnackhig abgelaugnet" und so der „Hochgenadigen Herrschaft den affront angetan", ist dieselbe „wegen solcher veribten posheit" noch einmal extra zu einer Geldstrafe verurteilt worden.

Bei der leichtfertigen „Imprognation" (Schwängerung) war die „Leibespues" (körperliche Strafe) üblich. Das heißt bei Frauen „in den Geigen", dabei wurden Hals und Hände in ein durchlöchertes Brett geschlossen, und bei Männern „in den Schellen", bei ihnen wurden Hals, Hände und Füße mit Ketten verbunden. Auch mehrere Tage „im Amtshaus bei geringer Atzung" (bei geringer Nahrung, also bei Wasser und Brot) war sowohl für Frauen als auch Männer üblich.

Desweiteren wurden sogenannte „Amtsstrafen" verhängt. 1724 hat sich der „ledige Pauerssohn Sebastian Vischer zu Haufang strafwürdig understandten, als er im Schloß Säldenburg gedient, unrechtsweis nächtlicher weill von seinem Pöth [Bett] öfters aufgestanden und unzulässiger weiss uf Fensterln nachher Lanzerreith [Lanzenreuth] gegangen." 1725 hat der „Barthelme Glaßhauser, pauer zu Mäzerstorf [Matzersdorf] [...] zu seiner gehaltenen Öpfelschöllet [Apfelweinfest] spilleit [Musikanten] bestelt und die dazur berufne [eingeladenen] Manns: und Weibspersohnen bis gegen den Tag [bis in die Frühe] Uf 3 Uhr danzen lassen."

Der Vollständigkeit halber sei noch erwähnt, dass auch noch Straftaten unter der Kategorie „Feuer-Strafen", „Pollicey-Strafen", „Aarndt-Strafen", sowie „Mandat-Strafen" geahndet wurden. Hierauf noch einzugehen, würde dieses Kapitel zu stark ausweiten.

Eine Kategorie, welche im Pfleggericht Dießenstein immer wieder auftaucht, nämlich „Kirchen-Strafen" (z.B. versäumter Gottesdienstbesuch), fehlt in Saldenburg, was wohl daran liegt, dass es am Ort keine Kirche gab. Zwar keine Kirchenstrafe, aber doch mit der Kirche in Verbindung steht folgendes geahndetes Vergehen: 1722 wird der zur Herrschaft Saldenburg gehörende Wirt Josef Blasini gestraft, weil er sein Wirtshaus in Thurmansbang „öftermahlen untertags zugespert" und kein Bier zu Hause hatte. Viel schlimmer aber noch war, dass er sogar an Sonn- und Feiertagen vor dem „Gottsdienst umb Bier gefahren; da dies aber zu Gottes Unehr und zum Ärgernis des Nächsten gereichte". Da Blasini schon früher einmal dafür mit einem „Pöenfahl" (Bewährungsstrafe) belegt worden war, wurde er jetzt zu einer doppelten Geldstrafe verurteilt.

Schlecht für die Herrschaft war es, wenn der Verurteilte kein Geld hatte. 1754 hatten sich der fast bei jeder Rauferei beteiligte Schneider vom Anzenhof, sowie die drei Saldenburger, der „Preuerssohn" Michel Maurer, der Dienstknecht Franz Rogl und der „Schmierberprennerssohn" (Wagenschmierherstellerssohn) Johann Ambrosy „am 23. August im Dorf Hundsruckh nach Mitternacht auf den Gassen haben betreten lassen" (angetroffen). Der Ambrosy hatte kein Geld und wurde „armouthshalber mit einer Std im Stockh" abgestraft (hölzernes Viereck mit je einer Öffnung für Hals, Hände u. Füße). Die restlichen drei bekamen die gewohnte Geldstrafe.

Besonders deutlich wird das Privileg der einzelnen Gerichtsbarkeiten im Zuge der 1723 beginnenden Auseinandersetzung zwischen den beiden selbständigen Gerichten Dießenstein und Saldenburg. Die damals getroffenen Maßnahmen wegen der vermuteten großen Einnahmen durch den Flussperlenverkauf gewähren uns hierzu einen treffenden Einblick.

Perlmuscheln in Saldenburg
Der Haberlmühl-Bach, ein „paniger Perlbach"

Sicher haben viele von uns schon einmal von teuren Flussperlen gehört; bei Flussperlen im Bayerischen Wald denken wir wohl stets auch an die bekannten „Ilzperlen". Philipp Apian schreibt 1568 in seinen Bayerischen Landtafeln: „Perlen gibt es in den beiden Flüssen Ilz und Regen".
Perlen „wachsen" in Muscheln. Die Flussperlmuscheln benötigen für ihr Gedeihen u.a. klares, sauberes und kalkarmes Wasser, sowie Bachforellen als Zwischenwirt für die Fortpflanzung. Gerade um solche Muscheln gab es vor bald 300 Jahren einen Streit zwischen dem Chur-

fürstlichen Pfleggericht Dießenstein und dem Herrschaftsgericht Saldenburg.

Zuerst einmal ein Blick zurück auf die damalige Rechtslage.[98] Die älteste Urkunde über heimische Perlmuscheln, so Ingeborg Seyfert, stammt aus dem Jahre 1437. Die Münchner Herzöge „Von Gottes Gnaden, wir Ernst und Albrecht" ordnen an, dass „weder Bauer noch sonst jemand anderer die … feinen Perlen geruhe zu suchen, auch weder kaufe noch verkaufe, es sei denn nach Erlaubnis unseres obengenannten Dieners." Die Amtsleute im Straubinger Landesteil der Münchner Herzöge, die Pfleger und Richter sollten ihm bei der Suche nach Perlen zur Hand gehen und auch darauf achten, dass die Gebote eingehalten werden.

Die jeweilige Obrigkeit hatte nun bald erkannt, dass Flussperlen viel Geld einbrachten. Es wurden eigene Perlinspektoren eingesetzt. Diese herzoglichen Beamten hatten streng über das Perlwesen zu achten. Sie beschäftigten sich auch mit der Biologie der Perlmuscheln und suchten immer neue Bäche, in welchen sich nach ihrer Meinung Muscheln halten konnten. Sie wurden dann vom Herzog „pänig" gemacht, d. h. unter seinen besonderen Schutz gestellt, sie wurden gebannt. Diese Bäche wurden dem Einzugsbereich der örtlichen Herrschaften entzogen, von den herzoglichen Pflegämtern verwaltet und nach Perlen abgesucht. An diesen Bächen wurden Warntafeln und Galgen aufgestellt, um zu informieren und vor „Perlräuberei" abzuschrecken.

Im Jahre 1617 wurde durch Kurfürst Maximilian die erste Perlordnung erlassen. In ihr ist eindeutig festgehalten, dass die Perlfischerei zum „Regal" (dem König oder Herzog zustehendes Recht) erhoben wird. Weitere solche Gesetze folgten; immer höhere Strafen bei Verstößen gegen diese Ordnung wurden angedroht und auch angewandt. Wie hart damals gegen „Perlräuber" vorgegangen wurde, zeigt uns eine diesbezügliche Verordnung (Perlmandat) aus unserem damaligen Nachbarland, dem Hochstift Passau: Erlassen am 13. Mai 1698 durch „Von Gottes Gnaden Wir Johann Philipp Bischoff / und deß Heil. Römischen Reichs Fürst zu Passau / Graf von Lamberg". Zuerst beruft sich v. Lamberg auf frühere Generalien (Verordnungen) der Jahre 1616 und 1635 in welchen für Händler und Diebe von Perlen „Cörperliche Züchtigungen", wie „Abhauung der Hände, Ausstechung der Augen" usw. vorgesehen waren. Er habe bisher aus „purer Clemenz [Milde, Nachsicht] und Gnaden" die Betroffenen verschonen wollen, ordne aber jetzt „ernstlichen" an, dass u. a. alle die gegen das Perl Regal verstoßen, „sie haben was gefangen oder nicht / ohne alle Gnade und Barmhertzigkeit alsogleich auffgehenckt werden sollen". Ferner: „Wenn auch ein solcher Perler in denen Bächen durch die aufgestellten Jäger alsogleich in ipso delicto [bei gerade diesem Vergehen] und würcklicher Hebung der Muscheln erschossen ... [wird]", so bleibt es dessen eigene Schuld, - der Jäger bleibt straffrei.

Am Ende dieses Mandats ist noch für alle, die nicht lesen konnten, eine sehr eindeutige Zeichnung angebracht, sie zeigt Muscheln, umrahmt von einem Galgen, einem Hackstock, auf dem ein Beil und eine abgehackte Hand zu sehen sind, und die Abführung und Züchtigung eines Perlräubers.

Jetzt aber zurück zu Saldenburg. Nachdem im Gericht Bärnstein (das Pfleggericht Dießenstein gehörte zum Landgericht Bärnstein) bereits 1625 der erste perlmuschelfähige Bach, die Kleine Ohe, gefunden wurde, gesellten sich im Laufe der Jahre mehrere neu hinzu, - alle wurden dann in das herzogliche Regal einbezogen. Der siebzehnte und in den Unterlagen letztgenannte Bach ist im Jahre 1723 unser Langbach (Haberlmühlbach).[99] Zuständig hierfür war das Pfleggericht Dießenstein.[100] Die örtliche Herrschaft Saldenburg hatte somit einen wichtigen Zuständigkeitsbereich verloren, das Pfleggericht Dießenstein dagegen die Möglichkeit durch seinen „Verpflichteten Perlfischer" auch amtlich im Hoheitsgebiet der Herrschaft Saldenburg tätig zu werden. Graf v. Preysing wiederum, der Inhaber von Saldenburg, versuchte dies mit allen Mitteln zu verhindern.

Einen Teil des damaligen Schriftverkehrs konnte ich im Staatsarchiv zu Landshut ausfindig machen, er gibt uns auch einige interessante Einblicke in den Alltag unserer Bürger vor ca. 300 Jahren.

In einem Schreiben vom 14. Oktober 1723 an das Pfleggericht Dießenstein bemüht sich der v. Preysingsche Verwalter auf der Saldenburg dieses Perl Mandat rückgängig zu machen und vor allem als fachlich unzweckmäßig zu bezeigen.

Er habe vernommen, dass man von „amts weg intentioniert seye [beabsichtigt sei] dass nacher Säldenburg gehörige im Landshutschen Regiments District entlegene kleine Mühlbächl an der sogenannten Häberlmühl mit Perlmuscheln vorderlich zu besezen, und pänig zemachen". Er bringt nun „in consideration" (gibt zu bedenken), dass ja

„von unfürdenckhlichen Jahren her elf Pauern zu Entschenreith" berechtigt seien, wöchentlich das Wasser des Baches auf ihre Wiesen
auszuleiten oder abzukehren, und zwar so, dass sogar der Müller (auf
der Haberlmühle) in dieser Zeit nicht genügend Wasser zum Mahlen
habe. „ … uf solche Weis das Wasser zu khlein: und wenig würdt,
mithin denen Perlmuscheln nit gedeihlich sein khöne." Man hoffe,
dass die Besetzung des Baches mit Perlmuscheln unterlassen werde.
„Solte man aber gleichwohl hiermit fortfahren, würdtet darwider
hiermit solemnissime protestiert und sovill intimieret, dass es hohen
oths beschwerweis unterthanigst yberschrieben werden muß", - v.
Preysing würde sich als dann an hoher Stelle beschweren.
Das Protestschreiben blieb ohne Erfolg; es wurden Muscheln eingesetzt. Drei Jahre später, am 28. Mai 1726, versucht es der v. Preysingsche Verwalter in Saldenburg noch einmal. Er wiederholt seine Ausführungen von 1723 und von zwei weiteren Protestschreiben, und versucht erneut darzulegen, dass die Besetzung mit Perlmuscheln dem
„Churfürstlichen durchlauchtigsten unserem genadigsten Herrn khein
utile [Nutzen] zu gehen khönne", aber für den Müller der Haberlmühle, sowie den „gmein zu Entschenreith" nicht ohne Schaden geschehen könne. Auch Graf v. Preysing persönlich schaltet sich von
seinem Stammsitz in Moos aus ein und protestiert ebenfalls gegen die
Besetzung des Baches mit Perlmuscheln; er betont, dass er keineswegs
einwilligen kann und darauf hofft, dass diese „widerrechtliche Under-
nembung verres hin [künftig] unterlassen werde". Er wolle auch weiterhin gute Nachbarschaft pflegen.
Alle Proteste halfen offensichtlich nichts. Dießenstein hat nun über
das Perl Regal die Möglichkeit, immer wieder in die Belange der selbständigen Herrschaft Saldenburg einzugreifen. Der amtlich verpflichtete Churfürstliche Perlfischer, Herr Josef Mauser, zu Lembach macht
an das „Hochgräfliche v. Preysingsche Hofmarkgericht Säldenburg
die pflichtmassige Anzeig", dass er den Sebastian N., einen ledigen
Kerl, welchem Saldenburg das Fischrecht verstiftet haben soll, im
Monat April des Jahres mit „Fisch Strotten [ausräubern, plündern]
erfunden" habe. Mit Schreiben vom 9. Mai 1772 macht der Pflegver-
weser v. Dießenstein, Herr J. Löschmann, darauf aufmerksam, dass
dies nach einer Verordnung vom 29. Juli 1759 aber verboten sei, da
hierdurch dem höchsten Perl Regal großer Schaden zugefügt würde.
Der besagte Sebastian sei wegen des gleichen Vergehens auch schon

im Landgericht Pernstein (Bärnstein) nicht mehr erduldet worden. „Dem ledigen Vagabunden, dem erlutten [benannten] Sebastian sei das unerlaubte Jus Piscandi [Fischrecht] einzuziehen" und die Hofmark (Saldenburg) habe den Sebastian am Montag, den 18 ten dieses Monats zur generalmessigen abwandlung [Bestrafung] zu Gericht anhero [also nach Dießenstein] Verschaffen zulassen".

Nach einigen Jahren Ruhe gehen die Nadelstiche aus dem benachbarten Dießenstein weiter. Am 18. Februar 1781 kommt ein erneutes Anklageschreiben. Herr Löschmann, inzwischen „Pflegscommisar" zu Dießenstein, beanstandet, dass bei „starkem Guß-Regen auf der Hundsrucker Hollgasse als Fahrt-Weg nach Entschenreuth" (der heutige Landlerweg, die jetzige Straßenverbindung gab es damals noch nicht) sehr viel Sand in den Churfürstlichen Perlbach hinabgeschwemmt wird und „damit Ville Perlmuscheln Verschit: Und Verderben, dadurch dem höchsten Perl Regal schaden Verursacht wird". Wie er mit eigenen Augen gesehen, sind die Wasserauskehren, in welchen „daß Guß-Regen Wilde-Wasser mit dem sand ab-und ausrinnen könne" nicht in Ordnung gehalten.

Auch habe die Herrschaft Saldenburg dem Schneidermeister Max Möginger zu Entschenreuth „ein Grund zur cultivierung auf Erbrecht verkauft. „ … entgegen pactum Expressum" (der Worte des Vertrags), lasse der Möginger aber trotzdem alles „Wilde Wasser von Guß-Regen in den Perl Bach laufen". Von Seiten der Perl Richteramtes (Dießenstein) verwahre man sich „de damno illato" (gegen den Vermögensschaden) mit aller Verbindlichkeit.

Hartnäckig verfolgt Dießenstein die Angelegenheit weiter. Am 28.05.1794 wird das „Curfürstlich Pfalz Bayerische Pfleg=gericht Dießenstein" erneut vorstellig.[101] Es sei nicht mehr zu verantworten, dass der an Perlen so reiche Bach gänzlich zu Grunde gerichtet werde. Und wieder wird die schlechte Wegeunterhaltung von Hundsruck herab in Richtung Entschenreuth sowie die Bewirtschaftung der anliegenden Wiesen verantwortlich gemacht. Darüber hinaus unterstehe sich der Wirt zu Saldenburg den auf seinen Wiesen in der Nähe der Brücke ausgetragenen Sand „in den Perlbach hineinzuwerfen und die Perlmuscheln vollends zu vergraben, und den Perlbach ganz zu versezen, damit seinen alten Lauf zu hemmen". Man fühle sich von Amts wegen gezwungen, die hochlöbliche Churfürstliche Hofkammer in München einzuschalten. Schließlich habe ja das „belobte Hofmarkgericht (Saldenburg) auf die vielen Schreiben des Pfleggerichtes (Dießenstein) keine „Obrigkheitliche Vorsorg für das Perl Regal" getroffen. Saldenburg habe lediglich dem Söldner Mathias Hochleutner aus Öd (Oberöd) die „Unterhaltung der Überfuhr-Brücken und des Hohlweges aufgebürdet", was für solchen allein unmöglich zu bewältigen sei. Wo doch die aus fünfzehn Untertanen bestehende Gemeinde Hundsruck dies selber leicht hätte bewältigen können. Dem Wirt zu Saldenburg werde Dießenstein wegen „schädlichen Sand einwerfen in den Perlbach die Straf reservieren".

Mit diesem Schreiben enden die derzeit verfügbaren Archivalien im Staatsarchiv zu Landshut. Wann in Sachen Perlbach wieder Frieden zwischen Saldenburg und Dießenstein eingetreten ist, wird wohl nie genau zu recherchieren sein, denn viele Unterlagen im Staatsarchiv sind bekanntlich ja verbrannt. Siebzig Jahre dauerten die Auseinandersetzungen um das Perl Regal in unserer Gemeinde aber nachweislich.
Rückblickend ist zu sagen, dass die 1723 erfolgte Einbeziehung des Ginghartinger oder auch Haberlmühler Baches in das Perl Regal wohl mehr aus einer Euphorie, als aus einer sachlichen Überlegung erfolgte, denn der Bach war sicher nicht für die Perlzucht geeignet. Die rechtmäßigen Wasserausleitungen der Entschenreuther Bauern, der Sand aus dem Hundsrucker Hohlweg usw. sind ja nicht erst durch das Perl Regal entstanden. Es hätte vor seiner Einführung bedacht werden müssen, dass den Entschenreuther Bauern diese Rechte zustanden.

Bevor wir nun die „Herrschaften auf der Saldenburg" verlassen und uns mehr den Menschen zuwenden, den Menschen, die hier wohnten, die alle Höhen und Tiefen durchleben mussten und letztlich unser Gebiet prägten, gestatten Sie mir bitte noch einmal einen groben Rückblick auf die ältere und jüngere Vergangenheit unserer Burg.

Angriffe auf Burg und Herrschaft Saldenburg

Fast makaber erscheint es heute, dass alle kriegerischen Angriffe auf Burg und Herrschaften nie von einem fremden Feind, sondern stets von den eigenen Herzögen usw. verursacht wurden. Die größte Zerstörung der Saldenburg durch Herzog Ludwig v. Landshut im Jahre 1468 - gerade rund einhundert Jahre nach ihrer Erbauung - habe ich bereits beschrieben. Die Ausdehnung der Burg erstreckte sich vor dieser Zerstörung über zwei Bergkuppen hinweg, sie ist im Gelände heute noch nachvollziehbar, einige Mauerreste der großen Anlage sind immer noch sichtbar. Infolge dieser Niederlage der v. Degenberg kam die Saldenburg vorübergehend in den Besitz des Herzogs. Aber sowohl die ehemaligen Besitzer, die Grafen v. Ortenburg, als auch unser v. Degenberg, versuchten mit aller Macht wieder in den Besitz der so begehrten Saldenburg zu kommen.

Schon 1479 „lösten die Ortenburger unter Graf Ulrich II. die Saldenburg wieder ein", übernahmen wieder die Burg vom Herzog. Aber auch v. Degenberg meldete wieder alte Besitzansprüche an. Daraufhin gab es im Jahre 1491 einen sehr unklugen Vergleich. Der Herzog erließ einen Schiedsspruch, wonach beiden Parteien die „Saldenburg mit ihren Pertinentien" (Zugehörigkeiten) je zu Hälfte zugesprochen wurde.[102]

Die beiden Kontrahenten gaben aber immer noch keine Ruhe und, wie bereits 1468, ging der eigene Herzog jetzt mit Gewalt gegen die Saldenburger vor. Im Jahr 1515 befahl Herzog Ludwig X. dem Pfleger von Vilshofen, Hans Mautner, zusammen mit den umliegenden Landgerichten Söldner zusammenzuziehen und „mit gewaffneter Hand die Saldenburg nun wieder ganz an die Ortenburger zu bringen".

Mautner zog „mit Geschütz und Landfahnen gegen Saldenburg" und zwang den Vogt der Degenberger, Hans Höchenkirchen, sich zu ergeben. Höchenkirchen vermied erneutes Blutvergießen und übergab widerwillig die Burg nun ganz an Graf Ulrich v. Ortenburg.

Rechtlich endete der Streit aber erst im Jahre 1519. Es erging ein Schiedsspruch der Herzöge Wilhelm IV. und Ludwig X., in welchem die unterlegenen v. Degenberg eine Ablösung von 1200 Rheinische Gulden zugesprochen bekamen.

1559 bahnt sich bereits wieder eine Auseinandersetzung mit dem Herzog an. Graf Ulrich III. v. Ortenburg nimmt mit seiner Familie den evangelisch-lutherischen Glauben an. Der erzkatholische Herzog ist damit nicht einverstanden.[103] Am 7. April 1574 verfügt Herzog Albrecht daraufhin eine Grenzabsperrung gegen den Grafen v. Ortenburg wegen „Übertritts zum Protestantismus" und lässt diesen kurzerhand verhaften und dessen Herrschaft, u. a. die Saldenburg, einziehen. Erst durch ein Mandat des Reichskammergerichtes wurde dieses Urteil später wieder aufgehoben.[104] Das alte Sprichwort „wes Brot ich eß, deß Lied ich sing", bewahrheitete sich im Augsburger Religionsfrieden von 1555 wieder einmal deutlich. Es galt das Bekenntnis des Landesherrn, das mit der Formel „cuius regio, eius religio" (wessen die Herrschaft, dessen die Religion) umschrieben wurde.

Knapp 200 Jahre später lesen wir erneut von verhängnisvollen kriegerischen Einwirkungen auf die Saldenburg. Auch jetzt wieder durch die Verbündeten und nicht durch einen eigentlichen Feind. Der Österreichische Erbfolgekrieg war im vollen Gange und auch der berüchtigte „Pandurenoberst, Freiherr v. der Trenck" – von ihm wird noch zu sprechen sein - wütete im Bayerischen Wald. Aber nicht, wie allgemein angenommen, belagerte v. Trenck die Saldenburg und legte die damals noch vorhandenen Ökonomiegebäude in Flammen. Nein, es waren wieder einmal die eigenen Leute![105]

Es drang an diesem Tag eine Kompanie Ungarn und Kroaten – sie gehörten auch zur Österreichischen Armee - in die Außenanlagen der Saldenburg ein und versuchten die Burg, den nach der Zerstörung von 1468 noch erhaltenen Wohnturm - die heutige Saldenburg - einzunehmen. Die zur Verteidigung der Saldenburg zuständige „bayerische Freikompanie unter dem Kommandanten Aicher" kam leider zu spät. Die Ungarn wüteten bereits innerhalb der Burganlage und versperren die Tore hinter sich. In seinem Übereifer legte Aicher nun von außen Feuer an die Burganlage um zu den Ungarn vorzustoßen. Das Schicksal nahm seinen Lauf: Die gesamten Ökonomiegebäude verbrannten - sie sind bis heute nicht wieder aufgebaut -, die Ungarn verließen durch ein anderes Tor die Burganlage.[106]

Es bleibt wohl der unrühmliche Tatbestand, dass Saldenburgs Feinde immer die eigenen Leute waren.

Jetzt noch zu der jüngeren Geschichte der Saldenburg. Verfolgen wir die Turbulenzen der letzten einhundert Jahre und betrachten wir heute die Burg – den ganzen Stolz der Gemeinde – so können wir ganz klar und deutlich sagen:

Das Deutsche Jugendherbergswerk - der Retter der Saldenburg

Der Wert der Saldenburg lag in den letzten Jahrhunderten nicht mehr in ihrer Verteidigungsfunktion, sondern in ihrem relativ großen Grundbesitz, den Wohnhäusern, dem Gutsbetrieb und der Brauerei. Das Burggebäude selbst stellte für seine Eigentümer in erster Linie eine finanzielle Belastung dar. Schon vor einhundert Jahren versuchten sie immer wieder, es vom Restbesitz zu trennen und zu veräußern. Hierzu noch einige Daten.

1902: In den Jahren 1902 und 1903 verhandelt der Königliche Forstmeister Eduard Thumbach aus Schönberg über das durch den verwitweten Oberleutnant a. D. und Gutsbesitzer Franz Sauter (und seinen minderjährigen Kindern Maria, Irene und Walter) angebotene Schlossgut zu Saldenburg mit einer Fläche von 172,74 ha. An der Burg aber hatte die Forstverwaltung kein Interesse. Der Verkauf kam somit nicht zustande.[107]

1903: Sauter versucht die Burg separat abzustoßen. Der Unterhalt der Burg kommt langsam so teuer, dass selbst eine Schenkung ihre Probleme aufwirft. Am 07. August schreibt Franz Sauter an den Hochwürdigen Herrn Bischof Dr. Antonius von Henle in Passau:

> Der ehrfurchtsvoll Unterzeichnete beehrt sich Eurer bischöflichen Gnaden von seinem in der Gemeinde Saldenburg, Amtsgerichts Grafenau, Rentamts Schönberg, gelegenen Besitzungen das Schloß nebst den anstoßenden Garten- und Wiesengründen als unentgeltliches Geschenk zu einem von Euer bischöflichen Gnaden zu bestimmenden guten Zwecke anzubieten.

Das Ordinariat reagiert prompt, bedankt sich höflich bei Sauter, bittet jedoch um etwas Zeit. Es lässt gleich eine Bestandsaufnahme fertigen; hieraus können wir uns heute ein genaues Bild über dem desolaten Zustand des damaligen Burggebäudes machen:

> Das Schloßgebäude ist durch einen Gang im Innern in 2 Hälften geteilt. Zu ebener Erde liegen rechts und links Remisen (Geräte und Wagenschuppen) und am Ende des Ganges eine Stallung für 2 bis 3 Pferde. Im ersten Stock befinden sich rechts 4 Wohnräume und links 3 Zimmer von größeren Dimensionen. Im zweiten Stock liegt links eine hohe Kapelle mit anstoßender sehr großen Sakristei und einem großen Wohnzimmer. das 3. und 4. Stockwerk ist aber z. Zt. ohne Gebälk. Die Plafonds des 2. Stockwerkes sind z. T. faulig, da offenbar Dachwasser eingedrungen ist. Die Dachung besteht aus hölzernen Falzschindeln. Die Gänge sind mit Ziegelpflaster versehen. Die Abortanlage ist ungenügend.

Für Sauter ergibt sich anscheinend inzwischen eine neue Möglichkeit, die Burg samt Gut zu verkaufen; er rudert zurück und versucht, die Nutzung der Burg, welche er ja vorher verschenken wollte, als sehr schwierig darzulegen. Er schreibt am 24. August u. a., dass die Burg wegen Wassermangel nicht von mehreren Personen zu bewohnen sei. Für eventuelle Bewohner des Schlosses komme nur der Ziehbrunnen in Frage; dieser hält jedoch niemals so viel Wasser, dass mehrere Menschen versorgt werden könnten. Sauter nimmt seine „Offerte" in aller Form zurück. Das Ordinariat antwortet kurz und bündig: „Hiermit dürfte die Angelegenheit erledigt sein"![108]

Im Dezember 1903 verkaufte Sauter die Burg samt Brauerei und Gutsbetrieb an einen Herrn Professor a. D. Joh. Bauer aus München.

1904: Bauer geht sofort daran, aus seinem neuen Besitz möglichst viel Gewinn zu erzielen und beginnt mit seiner Zerstückelung. Der damalige Pfarrer von Thurmansbang, Joseph Philipp, nennt dies wörtlich: „Ausschlachten und soviel als möglich Kapital daraus zu schlagen; der Professor soll 150.000 Mark weggetragen haben."[109] Aber Philipp ließ sich in diese Geschäfte einbinden. Am 17. Februar bietet er im Namen und im Auftrag des Gutsherrn von Saldenburg, des Herrn Prof. Bauer, dem Bischof die Burg „zwar nicht kostenlos, aber für einen guten Zweck", zum Kauf an.[110] Aktennotiz am Bistum vom 24. Februar: „Der Reallehrer [Bauer] möchte in der Burg ein Sanatorium für Geistliche einrichten". Bauer offeriert nun auch die Brauerei dem Bischof; in der Person des Hacklberger Obermälzers Roth habe er einen Braumeister, für die Saldenburg eine Wirtschafterin. Bauer will die Verhältnisse regeln.[111]

Das Ordinariat beauftragt zur Kostenermittlung einen Sachverständigen. In seinem Bericht vom 20. Mai hält er u. a. fest: „Im Obergeschoß der Burg ist an der Ostseite ein kleiner Abort angebaut", - also wie eine Pechnase außerhalb der Mauer. Auch dieser Versuch, die Burg loszuwerden, scheiterte. Bauer verkaufte aber noch im selben Jahr die Reste von Burg und Gut.

Unter dem 11. Oktober ist von einem Max Kiendl aus Stadtamhof bei Regensburg zu lesen, - vermutlich ein Makler für den nunmehrigen Besitzer der Burg, Herrn Xaver Diermaier. Diermaier besaß Saldenburg nur vier Monate. Kiendl soll Schloss und Brauerei versilbern. Er schreibt an die Administration der bischöflichen Brauerei Hacklberg. (Die Brauerei Hacklberg kam 1896 in den Besitz des Bistums Passau.[112]) Angeführt sei nur deren Notiz über die Burg: „Die Missionäre in St. Ottilien haben schon einmal das Schloß kaufen und ein Rekonvaleszentenheim für die aus heißen Ländern zurückgekehrten Brüder errichten wollen. Auch der Bischof von Passau hat Gefallen an diesem Schloß".[113] Auch dieser Verkaufsversuch scheitert. Am 1. November gehen die Burg, die Brauerei und alles, was noch aus dem früheren Gesamtbesitz übrig war, an die Kaufleute Zeitz aus Sulzbach (bei Saarbrücken).[114]

Für einige Jahre ist von der Burg fast nur noch im kirchlichen Bereich die Rede. In der Burgkapelle werden Taufen und Eheschließungen, sowie die üblichen Gottesdienste abgehalten.

1908: Erst in diesem Jahr lesen wir wieder etwas von der Burg, in verschiedenen Visitationsberichten des Bistums Passau über die Pfarrei Thurmansbang (Saldenburg gehörte schon damals zur Pfarrei Thurmansbang).

Die Kapelle ist in das Schloß eingebaut, freundlich und schön; besitzt einen kunstvollen, aber renovierungsbedürftigen, Altar und ist sehr reinlich gehalten und trocken. Im Winter wird ungefähr jeden Monat, im Sommer jede Woche einmal eine Schulmesse gehalten. Kanzel und Beichtstühle fehlen, eigene Stühle für Schulkinder gibt es nicht. Als Sakristei dient ein großes Zimmer neben der Kapelle.

1913/1914: Der Visitationsbericht liest sich aus heutiger Sicht eher belustigend:

Religionssittlicher Zustand [in Saldenburg] nur mittelmäßig. Leichtsinniges Volk. Viele Haustänze. Jungfräulichkeit selten anzutreffen [wer hat dies wohl überprüft?]. Die Männer sind im Ganzen noch besser, als die Frauen.

1917: Die Burg wechselt an Herrn Konrad Stelzer aus Waldenburg in Württemberg

1920: Dass es mit dem Anfahrtsweg zur Burg nicht zum Besten steht, zeigt die bereits angeführte Notiz aus dem Staatsarchiv in Landshut. Der damalige Förster von Hals (Gde. Saldenburg), Xaver Leonard, soll in der Burg Wohnung beziehen. Er lehnte ab, weil u.a. „selbst die Zufahrt zur Burg mittels Fuhrwerk nicht möglich ist".[115]

1924: Ein neuer Eigentümer der Burg ist zu verzeichnen, wiederum ein Konrad Stelzer, ein Domänendirektor a. D.

1926: In diesem Jahr werden für die Burg die Weichen neu gestellt. Am 22. Januar kauft der Bayerische Staat (für die Bayerische Staatsforstverwaltung) das gesamte Gut samt Burg, aber ohne Villa. Jetzt ist der Staat am Zuge und er sucht eine tragbare Lösung für die Burg. Unter dem 16. Mai sind die Folgen eines Unwetters vermerkt:

> Der Sturm beschädigte das Schindeldach ziemlich erheblich. Die Zimmerdecken in der SW-Ecke der Burg sind eingestürzt; im allerletzten Stockwerk ist ein Durchbruch nach unten zu erwarten; die schadhafte Brücke ist gesperrt.[116]

1928: In diesem Jahr ist endlich eine tragbare - und für Saldenburg heute noch segensreiche - Lösung gefunden. Die landwirtschaftlich nutzbaren Flächen und Häuser werden weiterverkauft. Die Waldungen und das Försterhaus - heute das Anwesen Alte Poststraße 16 - behält die Bayerische Staatsforstverwaltung. Die Burg wird dem „Landesverband für Jugendwandern und Jugendherbergen" kostenlos übergeben. Sofern die Burg nicht mehr satzungsgemäß genutzt wird, fällt sie wieder an den Staat zurück. Der künstlerisch sehr wertvolle Renaissance Kachelofen im (heutigen) Barocksaal verbleibt im Eigentum des Staates.[117]

1929: Der Herbergsverband - wir können mit ruhigem Gewissen sagen „der Retter der Burg" - investiert erhebliche Summen und am 30. Juni wird die Burg offiziell als Jugendherberge eingeweiht.[118] Im Erdgeschoß der Burg - in der heutigen Disko - waren damals noch Kühe und Ziegen des ersten Herbergsvaters untergebracht.[119]

1933: Da der Herbergsvater das gesamte Brauch- u. Trinkwasser für die Jugendherberge mit Eimern vom Brunnen im Burghof hinauf in die Burg zu tragen hatte, beginnt auf Drängen von Bürgermeister Meindl (Entschenreuth) und des Herbergsverbandes 1933 wohl eines der aufwendigsten Projekte. Vom Reichsarbeitsdienst wird im Talschluss des Weiherbuchets eine Widderanlage errichtet und das Wasser ohne Motor - nur mit eigener Dynamik - in einer Rohrleitung hinauf in die Burg gepumpt.[120] (Diese nun wieder aktivierte Widderanlage ist eine Attraktion des jetzigen Ökopfades in Saldenburg.) Die Arbeiten werden 1936 abgeschlossen. Mit dem Reichsarbeitsdienst ist nun auch offiziell das NS-Regime in die Burg eingezogen. Aber trotz aller nationalsozialistischen Einflussnahme leben unter dem Herbergsverband alte Traditionen fort.

1934: Die Burgkapelle wird noch einmal gründlich restauriert. Das in Fetzen von der Decke hängende Ölgemälde, das „stümperhaft überschmierte" Altarbild und das Deckengemälde im Barocksaal werden von dem durch den Pfarrer von Thurmansbang als „Pfuscher" beschimpften Maler Marchand aus München instandgesetzt. Das Gerüst für die Arbeiten und eine „ansehnliche Summe Geld aus eigener Tasche" trägt der Verwalter a. D. Eberhard Sauter aus Saldenburg bei. Der amerikanische Konsul Semler - er wohnte in seiner Jagdhütte am Wackelstein - spendete 200 Mark, und sogar der damals für das Herbergswerk zuständige Bürgermeister Moosbauer aus Passau macht 50 Mark locker.

1935: Die Burg wird nun immer mehr ein Ferienlager der HJ (Hitlerjugend) und des BDM (Bund Deutscher Mädchen).

1936: Erst in diesem Jahr wird die Abortanlage von außen in das Innere der Burg verlegt.[121] Vorher gab es in der Burg nur den erwähnten „Pechnasenabort", siehe unter 1904.

1940: Vom 2. Dezember bis Februar 1942 wurde die Burg zu einem Umsiedlerlager für Volksdeutsche aus Bukowina (Rumänien). Diese Volksdeutschen sollten in den zwangsgeräumten Gebieten in Ostpreußen und Polen eine neue Heimat finden.[122] Lagerleiter war Max Schaffner aus Hundsruck. Die Burgkapelle wurde als Verpflegungslagerraum missbraucht.[123]

1942: Vom 19. September 1942 bis 23. Juli 1945 wird die Burg zur Unterkunft für Kinder aus Jugoslawien, deren Eltern beim Einmarsch der deutschen Truppen erschossen oder gefangengenommen wurden.[124]

1945: Als die Amerikaner am 24. April auf der B 85 vorrückten und einige Warnschüsse in Richtung Saldenburg feuerten, hissten diese Kinder die jugoslawische Flagge, daraufhin wurde der Beschuss eingestellt.[125] Kurz darauf wurden diese jugoslawischen Kinder mit Lastwagen abgeholt, um in ihre Heimat zurückgebracht zu werden.[126] Noch im April werden 120 Mädchen des 5. u. 6. Schuljahr der Berliner Mädchenschule Helene Lange auf der Flucht aus einem KLV-Lager (Kinderlandverschickungslager) der NSDAP im „Protektorat Böhmen und Mähren" in der Saldenburg untergebracht. Mädchen, die wieder Kontakt zu ihren Eltern fanden, wurden sukzessive entlassen. Der Rest der Schülerinnen bekam offiziellen Schulunterricht von ihren mitgeflohenen Betreuerinnen; die Fächer Erdkunde und Geschichte verboten die Amerikaner. Schulhefte bastelten sich die Mädchen aus alten Feldpostbriefen.[127]

1946: Im Mai wurden die Mädchen, deren Eltern nicht mehr ausfindig gemacht werden konnten, mit zwei LKW nach Passau und von dort in einem amerikanischen Lazarettzug zurück nach Berlin gebracht.[128] Kaum war die Burg wieder frei, überfüllten sie Flüchtlinge und Vertriebene aus dem Sudetenland[129]

Einige Zeit war in ihr auch die sogenannte Wirtschaftsschule (der landwirtschaftlicher Zweig der damaligen Landvolkhochschule) untergebracht. Diese Wirtschaftsschule wurde in die Englburg verlegt.[130]

1949: Der Übergang vom Flüchtlingslager zur Wiederaufnahme des Jugendherbergbetriebes erfolgte fließend; die Vorbereitungen liefen ab 1947. Bei der offiziellen Wiedereröffnung der Jugendherberge im Mai 1949 lebten noch 2 Flüchtlingsfamilien in der Burg.[131]

1951: Der schon erwähnte Renaissance-Kachelofen im Barocksaal wird nun nach einem 1941 begonnenen, langwierigen Papierkrieg, an dem das Bayerisches Regierungsforstamt, das Forstministerium in München, das Landesamt für Denkmalpflege, das Landratsamt Grafenau, der Reichsverband für Deutsche Jugendherbergen, der Landesverband Bayerische Ostmark, die NSDAP, die SS, die Stadt Passau, das Landbauamt Passau, das Staatsministerium der Finanzen, das Oberhausmuseum Passau und immer wieder das zuständige Forstamt Schönberg beteiligt waren, abgetragen und im Keller der Burg zwischengelagert. Seit 1960 ist dieses Prachtstück nun im Oberhausmuseum Passau zu bewundern.[132]

1954: Der erste Bundespräsident der Bundesrepublik Deutschland, Theodor Heuß, besucht die Saldenburg.

1957: Die Burg wird an die gemeindliche Wasserversorgung angeschlossen.

1962: Mit dem Bau der Saldenburger Kirche ist die Burg nun völlig aus dem religiösen Mittelpunkt der Gemeinde gerückt. In der Burgkapelle werden nur noch sporadisch Gottesdienste, Taufen, Hochzeiten usw. gefeiert.

Durch die nun schon jahrzehntelangen Anstrengungen des Jugendherbergswerkes und deren mannigfachen baulichen Erneuerungen und Umgriffgestaltungen ist unsere Burg wieder das Aushängeschild und der ganze Stolz der Ortschaft Saldenburg geworden.

Nachdem wir uns bisher in erster Linie mit der Burg und ihren Besitzern beschäftigt haben, seien noch zwei Handwerksberufe vorgestellt, die bei uns schon vor Jahrhunderten ausgeübt wurden.

Frühe Handwerker aus Saldenburg
Die Steinmetze

Für Erhaltung und Ausbau des Herrschaftsgebildes Saldenburg wurden vor allem Handwerker benötigt, - Maurer, Zimmerer, Wagner, Schmiede und ähnliche. Erstaunlich ist, dass schon knapp 100 Jahre nach Erbauung der Burg einzelne Saldenburger Handwerker urkundlich verzeichnet sind, wie z.B. die „Steinmetzen".[133]

Wir schreiben das Jahr 1436. Die Stadt (das Nachbarland) Passau hat unter der Regierung des Bischofs Leonhard große Auseinandersetzungen mit dem Nachbarherrscher, dem Herzog Ludwig VII., „den Gebarteten", von Bayern-Ingolstadt. 1429, bei einer Teilung Niederbayerns, erhielt er die Stadt Schärding und den an Passau angrenzenden Teil des Innviertels, bis hinab nach Efferding. Der streitsüchtige

Ludwig ließ die Burg zu Schärding und den erst vor einigen Jahren neu erbauten „Königstein" (unterhalb Passau, bei Esternberg) baulich vergrößern und stärker befestigen. Von hier knechte der „der Gebartete" die Passauer Bürger, belegte den Handel mit immer neuen Zöllen, beschlagnahmte und zerschlug Passauer Salzschiffe, welche auf dem Inn herabfuhren. In Passau staute sich eine große Wut auf und alle diplomatischen Abhilfeversuche schlugen fehl.

Der Passauer Bischof Leonhard verbündete sich mit benachbarten Herrschern, u.a. mit dem Herzog Heinrich von Bayern-Landshut. Zwischen Ludwig VII. und dem Bischof kam zu einem offenen Krieg mit großen beiderseitigen Verwüstungen. Bischof Leonhard v. Passau verklagte seinen Kontrahenten, Ludwig den Gebarteten, beim Kaiser Sigmund. Es folgten Verhandlungen, welche sogar zu einem für Passau tragbaren Ergebnis führten; u. a. sollte die Burg Königstein zerstört und nie wieder aufgebaut werden. Passau aber wartete den Eingang dieses höchsten Beschlusses erst gar nicht ab, sondern zerstörte kurzerhand selbst die Bastion Ludwigs, den Königstein.

Kommen wir nun endlich zu Saldenburg: Bei der Auswertung der noch im Original vorhandenen Rechnungen über die damaligen Königsteiner Kriegskosten lesen wir, dass sich die Steinmetzen von Saldenburg, mit ihren Gesellen, auszeichneten, welche auch die zur Beschießung der Burg erforderlichen steinernen Geschützkugeln fertigten. Die Saldenburger waren als Krieger, aber insbesondere auch als Steinmetze tätig, und es waren unter ihnen sowohl Meister als auch Gesellen. Die Zerstörung der Burg begann am St. Margarethen Tag des Jahres 1436 und dauerte sieben Tage. Die Saldenburger Steinmetze waren aber schon früher angeworben; denn in der Rechnung steht, dass jeder wöchentlich (waren also länger im Einsatz) 5 Schillinge Sold erhielt.

Dass aus Saldenburg eine größere Anzahl von Steinmetzen verpflichtet wurde, sehen wir auch aus einem weiteren Eintrag. Die Munition wurde knapp und „10 Steinprechgesllen von Säldenburchk" wurden vom Kampfort Königstein „hereingeschickt, (vermutlich nach Passau) um neue Kugeln zu den Steinbüchsen zu brechen". Hierzu wurden für „wein, prot und kuchlelspeis" fünf Schilling und zehn Pfennige bezahlt; zum „Slaftrinkchen" (Schlaftrunk) wurden 1 ½ Achtel Eimer Wein (ungefähr zwölf Maß) gegeben.

Die Fertigung solcher Kanonenkugeln war höchste Handwerkskunst, die damals weit und breit eben nur die Saldenburger Steinmetze beherrschten. Alle Kugeln mussten millimetergenau gleich und sauber gearbeitet sein, um auch wirklich verschossen werden zu können. Die „Büchsensteine" (Steinkugeln) wurden deshalb auch noch extra bezahlt, und zwar mit acht Pfund und sechs Schillinge (ein Pfund sind acht Schillinge und ein Schilling dreißig Pfennige). Welchen Wert diese Kugeln damals hatten, ersehen wir auch, wenn wir diesen Erlös einmal hochrechnen: Diese acht Pfund und sechs Schillinge ergeben insgesamt siebzig Schillinge, - wenn für eine Woche Söldnerdienst nur fünf Schillinge bezahlt wurden, so ergibt sich für diese Kugeln ein Gegenwert von ganzen vierzehn Wochen Kriegerlohn.

Industrielle Steinbrüche, so wie wir sie heute kennen, gab es 1436 noch nicht; aber trotzdem können wir in den Wäldern rund um Saldenburg überall kleinere Steinmetzbetriebe lokalisieren. Da es ja noch kein Schwarzpulver zur Sprengung größerer Steinblöcke gab (und später war dieses Pulver sehr teuer), nutzten die Steinmetze hierzu die Sprengkraft der Natur, nämlich die des Wassers, aus. Entlang der gewünschten Trennlinie am Fels wurden „Wasserbuchsen" (Einkerbungen) in den Block getrieben. Die fertigen Buchsen wurden nun mit Wasser aufgefüllt. Da Wasser bekanntlich bei Frost sein Volumen vergrößert, und zwar um neun Prozent, wurden die so bearbeiteten Steine beim nächsten Frost entlang der gesetzten Buchsen automatisch gesprengt.

Später sprengten die Steinmetze auch im Sommer mit Hilfe der Natur. In solche vorher erwähnten „Buchsen" trieben sie, vorher im Ofenrohr völlig getrocknete, Holzkeile. Beim nächsten Regen quollen diese getrockneten Holzkeile wieder auf und entwickelten ebenfalls eine enorme Sprengkraft. Granitblöcke mit heute noch sichtbaren halbseitigen Buchsen (die andere Hälfte wurde ja abgesprengt und verarbeitet) können wir mit geschultem Blick noch überall in den Wäldern finden. Auch die in allen alten Bauernhäusern vorhandenen Futterbarren, Wassergrande und Krautbottiche zeugen noch heute noch von der großen Kunst dieser Steinmetze.

Später, als sich die großen Steinbrüche in unserer Gegend etablierten, entstand ein ganz neuer Berufszweig, der „Steinhauer". Der Steinhauer war für die grobe Arbeit im Steinbruch zuständig; er lieferte das Rohmaterial, die aus der Steinbruchwand herausgelösten großen Steinquader usw., welche dann von den „Steinmetzen" verfeinert und selbst zu Kunstgegenständen weiterverarbeitet wurden.[134]

Interessant für uns heute ist auch, dass bei den Steinmetzen der erste funktionierende „Tarifvertrag" angewendet wurde. Zur Festsetzung des Arbeitslohns wurde ein fertiger Brunnentrog oder Futterbarren mit Getreide aufgefüllt. Größere Tröge und Barren fassten eben mehr Getreide und brachten somit auch einen größeren Arbeitslohn eine als kleinere.

In Archivalien finden wir auch Hinweise auf andere Saldenburger Handwerker. Für die ständig anfallenden Instandsetzungsarbeiten in und an der Saldenburg werden Maurer, Zimmerer, Glaser, Wagner usw. verpflichtet. Ab 1704 sind auch Ziegelbrenner erwähnt.

In den bis heute von mir ausgewerteten Gerichtsprotokollen der Jahre 1725 bis 1751 treffen wir auf folgende Saldenburger Berufe: Einen Bauer (die meisten landwirtschaftlichen Flächen waren ja in der Guts-Ökonomie vereint, in der viele Frauen und Männer arbeiteten), einen Weber, einen Schlossknecht, einen Söldner, einen „Paumann" im Schloss (verantwortlich für die gesamte Landwirtschaft), einen Wagner, einen Schneider, einen Müller, einen Pindtner (Küfer, Faßbinder), einen Maurer. Zwischen Meister und Geselle wird bereits streng unterschieden. Später werden auch noch Hafner erwähnt.

Jetzt aber noch zu einem anderen, inzwischen ausgestorbenen Beruf, auf den ich in einem Gerichtsprotokoll aus dem Jahre 1754 stieß.

Die Pechler

Wie die Zeit unser aller Leben ständig verändert, hat wohl ein jeder von uns schon am eigenen Leibe verspürt. Was heute noch völlig normal erscheint, ist in wenigen Jahren bereits überholt; deutlich sehen wir dies im täglichen Berufsleben. In vielen Berufen verändern sich die Aufgaben in relativ wenigen Jahren. Der uns Älteren noch geläufige Dorfschmied ist heute Landmaschinentechniker; der frühere Fuhrmann Kraftfahrer und so weiter. Viele alte Berufe sind inzwischen gänzlich verschwunden und andere fast völlig vergessen. Am

Beispiel der Pechler möchte ich im Folgenden zeigen, wie ein bestimmter Berufszweig Teil der damaligen gesellschaftlichen und wirtschaftlichen Ordnung war, sie beeinflusste und von ihr beeinflusst wurde.

Die meisten der heute verwendeten chemischen Stoffe und Erzeugnisse waren in früheren Jahrhunderten noch nicht bekannt. Der Mensch war gezwungen, benötigte Produkte auf relativ primitive Weise aus den Rohstoffen der Natur zu gewinnen, - so auch der Pechler.

Pech ist heute ein Rückstand der Teer- und Erdöldestillation, damals wurde er aus gereinigtem Rohharz gewonnen. Das im Walde gesammelte Harz wurde durch Erhitzen verflüssigt und von Verunreinigungen gesäubert. Dieses neue homogene Harzprodukt wurde als Pech bezeichnet. Die unreinen Rückstände wurden zu Teer, Wagenschmiere und Kienruß weiterverarbeitet.[135]

Der Pechler übte einen sehr zwiespältigen Beruf aus. Gebraucht von fast jedem, war er zugleich in der Oberschicht, den Grundbesitzern, äußerst verpönt. Den Grundstoff für seinen Beruf, das Harz, stellte er ja nicht selbst her, sondern er musste ihn in den Waldungen der Grundbesitzer besorgen. Dies ging, vor allem bei unsachgemäßer Technik, selten ohne Schaden für die Bäume ab. Pechproduktion im großen Umfang, mit eigenen Industrieanlagen im Gelände, fand bei uns nicht statt, dazu benötigte man weite Kiefern- und Fichtenwaldungen. In diesen stationären Anlagen, in gemauerten Pechöfen oder auch in kohlenmeilerartigen Gebilden, wurde aus harzhaltigem Abfallholz, Wurzelstöcken und Rinden durch konstantes Erhitzen (Verkokung und Schwelung, also ohne Verbrennung des Materials) das Pech gewonnen, die holzkohleartige Rückstände dienten als Heizmaterial.[136] Die verbreitetste Art des Pechelns war bei uns reine Handwerksarbeit und konnte überall in den Waldungen an Ort und Stelle ausgeübt werden. Dies führte allerdings immer wieder zu dem von der Obrigkeit kaum zu kontrollierenden „Raubpecheln" - heimlich und ohne jegliche Konzession in abgelegenen und versteckten Waldteilen.

Der Pechler fügte dem stehenden Stamm mit einer sogenannten Rindenhacke 60 bis 70 cm lange Risse zu und entfernte in diesen Rissen die Rinde bis auf das Holz. Nach ein paar Tagen kam der Pechler wieder vorbei und schabte mit dem „Pechkratzer" das inzwischen aus dem Stamm in diese Rinnen ausgetretene Rohharz ab. Hierbei hatte er

einen. „Pechtubel" umhängen, einen am Körper festgebundenen sack-
artigen Leinwandbehälter, welcher durch einem halbkreisförmigen
Holzbogen oben offen gehalten wurde. Diesen Pechtubel presste der
Pechler unterhalb der Risse mit dem Körper fest an den Stamm und
hatte somit beide Hände frei zum Abschaben des Harzes, welches
dann in den Tubel hinabfiel. Auch die Technik, dass mehrere überein-
ander liegende V-förmige Rindenverletzungen am Stamm angebracht
wurden und unterhalb dieser Risse ein kleiner Behälter zum Auffan-
gen des herausfliessenden Harzes hing, war üblich.

Das gewonnene Harz musste nun von Verunreinigungen, wie Na-
deln und Rindenstücken gesäubert werden. Der einfache Pechler, der
die hierzu üblichen speziellen Öfen mit Spezialkesseln nicht besaß,
besorgte diesen Arbeitsgang mit einem „Filtriersack" (auch Pechkeiler
genannt). Diese Methode war ortsunabhängig und von der Obrigkeit
nicht zu kontrollieren. Der Pechler gab das Rohharz mit ¼ Teil Wasser in irgendein Gefäß. Dies konnte eine Art Waschkessel, ein ausge-
dienter Kochtopf oder auch sonst etwas sein. Dieses Gemisch aus
Harz und Wasser wurde unter ständigem Umrühren bei mittlerem
Feuer erwärmt. Der entstandene Brei wurde in den Filtriersack, dem
Pechkeiler, gegeben und ausgepresst. Das nun ausfließende Harz
wurde als Pech bezeichnet. Das zuerst fließende Pech war das feinste,
das Apothekerpech, bzw. das sogenannte Pechöl (Terpentinöl), aus
welchem später Arzneien oder auch Firnis und Poliermittel für die
Schreiner gewonnen wurden. Das anschließend austretende Pech war
schon etwas trüber und wurde u. a. als Schusterpech verwendet. Das
letzte, unter starkem Druck aus dem Filtriersack gepresste, etwas
dunklere Pech brauchten die Küfer und Bierbrauer zum Abdichten der
Fässer; die Metzger benutzen dieses Material als Saupech (zum
Enthaaren der geschlachteten Schweine). Oft wurde dieses zuletzt
austretende Pech vom Pechsieder selbst, oder auch von einem.
„Schmierbrenner" (Wagenschmierhersteller) zu der allzeit benötigten
Wagenschmiere weiterverarbeitet. Das beim Erkalten der ausgepress-
ten Masse sich absetzende, vorher beigegebene Wasser, das „Sauer-
wasser", wurde zu verschiedenen Tierarzneien verwendet.

Wie schon erwähnt, verursachte der Pechler - ob genehmigt, oder
nicht - immer einen gewissen Schaden am stehenden Wald. Deshalb
wurde schon relativ früh versucht, diese Tätigkeit in geregelte Bahnen

zu lenken. Größere Pechverarbeitungsbetriebe pachteten sich gewisse Pechnutzungsrechte von den Grundbesitzern. Hatte ein Waldbesitzer reine Kiefern- und Fichtenwaldungen, so konnte der Erlös aus so einem „Pech-Patent" schon beträchtlich sein. Auch kleinere Pechlerbetriebe kauften sich stets solche Patente. Meist wurde es von den Waldbesitzern jedoch nur für solche Waldungen oder auch Einzelbäume vergeben, welche in den kommenden Jahren sowieso gefällt werden sollten.

Die Forstaufseher waren den illegalen Pechlern stets auf den Fersen und jeder Förster konnte in früheren Jahrhunderten den nicht registrierten, auf frischer Tat ertappten Raubpechler an Ort und Stelle niederschießen.[137]

Um das gesamte Pechlerwesen halbwegs in den Griff zu bekommen, wurden schon relativ früh offizielle Verordnungen erlassen. Schon ab 1536 brauchte man in Bayern bereits Erlaubnisscheine für das Pecheln.[138] Ab 1553 galt die durch Albrecht V. erlassene Bayerische Landesverordnung auch für Niederbayern: „Weil so viele und meistens sogar Ausländer heimlicherweise in den Wäldern das Pech aus den Bäumen zogen". Diese Verordnung wurde 1616 erneuert und im Jahre 1688 außer Kraft gesetzt.[139]

In einer Beschreibung des Forstamtes Zwiesel aus dem Jahre 1789 - wir gehörten damals zum Forstamt Zwiesel - wird auf die Schwierigkeit der Einfuhr des Peches aus dem Ausland verwiesen und darauf, dass die Bräuhäuser (also auch das in Saldenburg) „unvermeidlich auf den Bezug des Peches aus ihren nächstgelegenen Waldungen angewiesen [sind]".[140] 1799 wurden alle Pechler-Patente aufgehoben. Die vorherigen berufsmäßigen Pechler waren nun brotlos und das „Raubpecheln" nahm noch mehr zu. Sporadisch wurden von den Forstämtern aber doch wieder einige Nutzungsrechte an Pechler vergeben.[141] 1829 verpachtet das Forstamt Wolfstein (seit 1. August 2005 „Forstamt Neureichenau) mittels öffentlicher Versteigerung u. a. die Pechsammlung in den Revieren Bierhütte und Finsterau.[142] Im gleichen Jahr kam eine generelle Weisung „Seiner Majestät, des Königs":

> … die königlichen Forstbehörden haben unter Mitwirkung der Polizeybehörde ihre Wachsamkeit auf die sogenannten Raubpechler zu verdoppeln … solche Frevler sollen nach der vollen Strenge des Gesetzes behandelt werden.[143]

Das Raubpechlerunwesen florierte lebhaft weiter. 1843 erscheint ein neuer obrigkeitlicher Aufruf:

„Im Namen Seiner Majestät … In fast allen Teilen des Bayerischen Waldes nimmt das Raubpecheln in vielen Privatwaldungen zu; meist wird es von ledigen Burschen und Kindern unter 12 Jahren betrieben. - Die Polizey wird angewiesen keinen Burschen oder Kindern das Pecheln zu gestatten [folglich konnte die Polizei für Erwachsenen doch noch Ausnahmen genehmigen!], sondern jene [die Burschen] zum Eintritte in einen ordentlichen Dienst, diese aber [die Kinder] zu fleißigem Schulbesuch strengstens anzuhalten. Wer ohne Erlaubnis zum Pecheln, in Gesellschaften oder Banden, herumzieht, ist als besonders gefährlicher Landstreicher zu behandeln. Eventuell Einweisung in ZwangsArbeutsHäusern!"[144]

Im Jahre 1856 wurde das Pecheln allgemein verboten und offiziell vollständig eingestellt. Die Raubpechler jedoch blieben! Kleinere Pechkonzessionen müssen aber auch später noch ausgestellt worden sein, wie wir gleich am Beispiel des Pechler Josef Götz sehen werden.

Archivalien über offizielle Pechler in unserem Gemeindebereich sind kaum zu finden. Nachdem es aber hier schon früh eine Brauerei und eine Fassbinderwerkstatt (den Binderschuppen!) gab, dürfte auch nach der Arbeit von Pechler verlangt worden sein.

Der früheste namentlich feststellbare Pechler ist bis jetzt Johann Ambrosy aus Saldenburg; er wird 1754 in einem Gerichtsprotokoll als Pechler erwähnt.[145] 1824 wird ein Franz Götz, 16½ Jahre alt, Sohn eines Pechlers aus Entschenreuth, erwähnt. Franz Götz war überdurchschnittlich begabt und fleißig; er bekam für zwei Jahre einen halben Freiplatz im Schullehrer-Seminar zu Straubing, dazu eine Zuzahlung von 120 Gulden.[146] Im Urkataster der Gemeinde (1841 angelegt) erscheinen die Flurnamen Pechleracker, Pechlerholz und Pechlerwiese (Fl. St. Nr. 220 b ½, 243 bis 249). Flurnamen haben sich über Jahrhunderte erhalten und sind im Urkataster erstmals aktenkundig festgehalten. Nachdem diese Flurstücknummern alle im Bereich des Ortsteiles Stadl-Siedlung liegen, ist anzunehmen, dass schon seit Generationen der Stammsitz des unten erwähnten Pechlers Josef Götz lag. Den nächsten Hinweis auf hiesige Pechler bringt das Operat (generelle Beschreibung und Wirtschaftsplanung für die folgenden Jahre) für das Forstrevier Schönberg - wir gehörten damals zum Revier Schönberg - aus dem Jahre 1844. Unter § 6 „Holzconsumierende Gewerbe" sind noch zwei Pechler verzeichnet. Unter § 7 „Beschreibung des Waldzustandes" ist vermerkt, dass derselbe in sämtlichen Gemeinden des Revierbezirkes mit Ausnahme von Lembach, Saldenburg und Thurmansbang wenigstens das Prädikat mittelmäßig verdiene. „In den per exceptionem bezeichneten Gemeinden [Lembach, Saldenburg und Thurmansbang] sind die Waldungen durch excessives Raubpechelns und Streurechens heruntergekommen". In § 29 wird dies noch einmal erhärtet: „Die an den Forst Öd angrenzenden Waldungen der Gemeinden Lembach und Saldenburg sind durch unausgesetztes Raubpecheln gänzlich devastiert."

1890 finden wir wieder einen Pechler namentlich nachgewiesen. Am 16. August wird Josef Götz, Pechfabrikant (also ein offiziell angemeldetes Gewerbe) bei der Gemeinde Lembach vorgeladen. Vermutlich identisch mit dem auch heute noch gebrauchten Hausnamen Pechler in Stadl-Siedlung.[147] Detailliert werden 1898 wieder einzelne Personen genannt. Beim Neubau der B 85 durch den Staatswald der Öd im Jahre 1898 sollten auf Antrag des Forstamtes Schönberg folgende Personen u. a. wegen begangenen Pechfrevels nicht beschäftigt werden: 1. Karl Lechinger, Inwohner z. Zt. in Saldenburg; 2. Mathias Petsch, Gütler zu Hundsruck und 3. Michel Feuchtmeier, Inwohner zu Haufang.[148]

Den älteren Saldenburgern dürfte noch der Feichtmeier Anderl bekannt sein. Der Anderl hat in den Jahren 1946 bis 1948 (er wohnte damals im Gutshof) noch Harz gesammelt und zu Saupech verarbeitet.

Ein handfester Beweis für das Raubpecheln bei uns dürften die im Jahre 1987 unter einem Felsvorsprung in der Waldabteilung Edt gefundenen Scherben von Keramikgefäßen liefern. Diese Scherben (zu datieren um 1750[149]) sind noch mit Pechresten verklebt und an der Fundstelle sind auch noch solche Reste im Erdreich zu finden. Ein aus diesen Scherben zusammengesetztes Haferl befindet sich im Ausstellungsschrank des Sitzungssaals der Gemeinde, es ist dort für jedermann zu besichtigen.

In der Volksmedizin wurde Pech und Harz in allen Waldgebieten vielfältig verwendet. Auch mir wurden in meiner Kindheit diverse „Harzverbände" auf Prellungen und Wunden gelegt.

Abschließend sei ein fünfhundert Jahre altes, für uns etwas sonderbares Harz-Rezept gegen Knochenverletzungen angeführt. Entnommen wurde es aus dem über viele Jahrhunderte immer wieder abgeschriebenen und so der jeweils jungen Generation weitergegebenen Gebet- und Rezeptbuch „Der wahre Geistliche Schild wider alle gefährlichen böse Menschen sowohl, als aller Hexerei und Teufelswerk entgegengesetzt … “[150] (Dieses Rezept-Büchleins soll um 1520 vom damaligen Papst Leo X. und 1635 vom Papst Urbanus VIII approbiert worden sein.)

Bei Bein Schaten [Knochenverletzungen]: Nimm Baumöl, Tannenharz, Schwarzwurzel, Igelfett. Thue zuerst das Igelfett, dann das Harz, darnach die Schwarzwurzel hinein. Darauf verbrenne einen Igel zu Pulver. Das Igelpulver streue in den Schaten [Wunde] und lege das Pflaster auf.

Wie überall und zu allen Zeiten hatten die „kleinen Leute", die von der zuständigen Herrschaft abhängigen Bürger - schlichtweg Untertanen genannt -, auch bei uns immer die Hauptlasten zu tragen. Das einfache Volk hatte keinerlei Einfluss auf das jeweilige Zeitgeschehen, und bei kriegerischen Auseinandersetzungen geriet es oft zwischen die Fronten. Es war Raubzügen und Plünderungen ausgesetzt, von Freund und Feind, seine Felder wurden abgeerntet, Klein- und Großvieh gestohlen und die Behausungen hatten für durchziehende Truppen beider Seiten als Unterkünfte zu dienen. So war es wohl auch, als Herzog Ludwig v. Landshut 1468 mit seiner großen Heerschar in Saldenburg aufzog. In der Zeit des Österreichischen Erbfolgekrieges (1740-1748) sah es – wie wir noch sehen werden - noch viel schlimmer aus. Der Abt Marian Puch aus Niederaltaich schildert in seinem Tagebuch von 1742 detailgenau wie unsere Bevölkerung wieder einmal unter Freund und Feind zu leiden hatte. Aber die „Untertanen" wurden auch zu einer regelrechten Handelsware. Wollte eine Herrschaft ihren Einflussbereich vergrößern, so kaufte sie sich einfach von benachbarten Herrschaften einige Anwesen und Untertanen dazu. Auf diese Weise lebten auch in den einzelnen Ortschaften stets Untertanen aus verschiedenen Herrschaftsbereichen. Sie hatten fortwährend Abgaben (meist als Naturalien, z.B. Eier, Käse, Getreide, Hühner, Ziegen usw.) an ihre zuständige Herrschaft abzuführen. Von Zeit zu Zeit waren auch noch Scharwerksdienste (Handarbeit und Fuhrleistungen) zu entrichten.

In den nächsten Kapiteln will ich mich etwas näher mit den Verhältnissen der damaligen abhängigen Menschen beschäftigen. Zuvor aber noch eine mehr allgemeine Charakterisierung unseres Raumes, die aber schon Rückschlüsse auf die Lebensumstände seiner Bewohner zulassen.

Das Saldenburger Gebiet in alten Beschreibungen

Die wohl älteste Landschaftsbeschreibung unseres Gebiets stammt von Philipp Apian.[151] Der Gelehrte Apian sollte auf Wunsch des Herzogs die erste detaillierte Landkarte von Bayern erstellen und wurde allein zu diesem Zweck von all seinen Lehrtätigkeiten befreit.

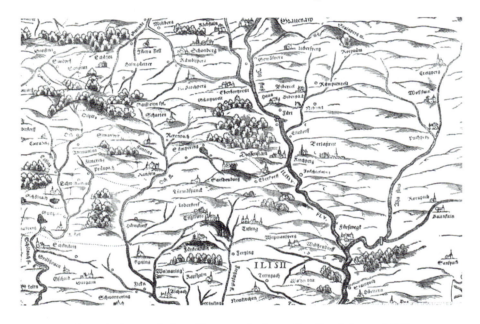

Ausschnitt aus Apians Karte nach einem Kupferstich von 1579

Apian bereiste „mit seinen Gehülfen in die sechs oder schier sieben Summerzeit" das Land um diese Karte zu fertigen. Im Jahre 1563 war dieses Werk vollendet und nach den einzelnen damaligen Rentämtern (vergleichbar mit den heutigen Regierungsbezirken) gegliedert. Unter „Rentamt Landshut - Gericht Vilshofen" (wir gehörten damals zum

Gericht Vilshofen) fand Apian bereits einige unserer Dörfer erwähnenswert.

Hundsruck bezeichnet er als „villae in colle", als einen Weiler auf einer Anhöhe, und Haufang als „villae; ibidem tres rivuli commiscentur", als eine Ansiedlung, wo sich drei Bächlein vermischen. Von Saldenburg hören wir: „Säldenburg castrum grande, in peralta rupe et monte positum", eine große Burg auf einem hohen Felsen und Berg gelegen.

Erst knapp 150 Jahre später lesen wir wieder etwas über die Topographie unserer Heimat, und zwar von Michael Wening, dem berühmten Kupferstecher. Wening wurde im Jahre 1645 in Nürnberg als Sohn eines Metzgermeisters geboren.[152] Den erlernten Metzgerberuf übte er nicht aus, er wurde Kupferstecher. Als geborener Protestant konvertierte er in München zum katholischen Glauben und konnte somit eine Stelle als Hofkupferstecher erhalten. Wening versuchte sich auch als Schauspieler, „livrierter Portier" (Torhüter) und Fertiger einiger Porträts zeitgenössischer Persönlichkeiten. Mit knapp 50 Jahren, um das 1696, bekam er vom damaligen Kurfürsten Max Emanuel den Auftrag, das gesamte Kurfürstentum topographisch aufzunehmen, so entstanden Ansichten von vielen Städten, Märkten und Burgen. Wening bereiste das gesamte Gebiet und fertigte Skizze um Skizze. Ab 1701 erschienen sukzessive die vier Bände dieser seiner Ansichten, 1723 erschien Teil 3 (Rentamt Landshut) und 1726 Teil 4 (Rentamt Straubing). Dieser letzte Band wurde unter der Regie seiner Schwiegertochter und seiner Schwester veröffentlicht. Er enthält u. a. Ansichten von Grafenau, Schönberg, St. Oswald, Bärnstein, Dießenstein, Eberhardsreuth, Haus, Klebstein und Rammelsberg. Der Stich von Saldenburg ist im Band 3 seiner Arbeiten enthalten.[153] Wening starb im Jahre 1718, - noch vor der Veröffentlichung seines Gesamtwerkes. Seine Werke sind in der „Historico-Topographica Descriptio", der Beschreibung des „Churfürsten-und Herzogthumbs Ober- und Nidern Bayrn", posthum herausgegeben.

Da Wening vom Kurfürsten nur spärlich entlohnt wurde, mussten ihn die Städte, Burgen und Schlösser für die Zeit der dort angefertigten Skizzen verköstigen. Hier liegt wohl der Grund, warum einige seiner Kupferstiche sehr ausführlich und andere wiederum äußerst spärlich ausfielen. Bekam er von der Stadt, dem Markt, oder dem

Burgherren einige Gulden extra, so fertigte er einen Stich und die Beschreibung etwas genauer. Da Saldenburg wie Dießenstein in seinen Stichen wenig detailliert dargestellt sind, dürfte er dort nicht besonders üppig versorgt worden sein.[154]

Aus Wenings Beschreibungen:

Säldenburg.
Führet dermahlen den Titl eines Schloß/und Hofmarch: sonsten hat es sich Vermög der alten StüftsBücher die Vest unnd Herrschaft Säldenburg geschribesn. Ersagtes Schloß Säldenburg gehört dermahlen dem Herrn Grafen von Preysing zum Moos zue/ bewohnet selbiges nur ein Verwalter oder Richter
Ligt im Wald auff einem Berg/ gegen dem Passauischen Hochstüfftlichen Land. Ist von starkem/ und festen Gebäu/ und noch rings herumb mit einer Maur/ und absonderlichen Thurn versehen.
Das feste und starke Gemäuerwerk deß Schloßes hat etwas verwunderliches/ weil es fast von lauter grossen Stainbrüchen zusamb geüget/ und biß in den dritten Gaden gewölbt ist/ der Form nach viereket/ wie ein Thurm/ jedoch gleichwohl mit schönen und accommodierlichen WohnZimmern zu Genügen versehen. Auß dißem alten Gebäu ist abzunemmen, dass es schon zu Zeit der

Haydenschaft/ oder wenigst da das Faustrecht im Schwunge gewesen/ gebauet worden/ und wäre hierauß auch bey jetziger Zeit in nambhaffte Vestung zu machen: Zumahlen man derselben noch mit Minieren/ noch schiessen zukommen köndte.

Vermög eines ZechentRegisters de Anno 1579 und 1587 bezaigt sich/ dass solches Schloß sambt denen jetzigen annoch darzu gehörigen Underthanen in Handen deren Herren Grafen von Orttenburg gewesen/ Anno 1587 aber Vermög selbigen Saalbuechs von Catharina Gräfin zu Orttenburg/ gebohrne Erbtrucksessin und Freyin von Waldenburg/ dann Joachim und Heinrichen/ der älteren Grafen zu Orttenburg Tutorio nomine, und an statt Grafen Carls/ und Georgen/ beeder Gebrüdern von Orttenburg/ dem Herrn Conraden Fuchsen von Ebenhofen verkaufft worde. Nachmals aber hat es eine Fuchsische Tochter durch Erbschafft an sich gebracht/ zu welcher sich Abraham Maegerle von Wegleuthen verheyrathet/ und solches Schloß vil Jahr besessen/ nachgehends aber hat selbiges Schloß sambt denen darzue gehörigen Underthanen Herr Ferdinand Graf von Preysing zum Moos/ gewester Vicedomb zu Burghausen auff der Gandt an sich gebracht/ auff ersthochgedachten Herrn Grafens Absterben/ ist es auff seinen Herrn Sohn Grafen Frantz Antoni von Preysing zum Moos Erblich gefallen.

In Zeit der Innhabung deß Herrn Maegerle hat das wilde Feur in das Schloß geschlagen/ und etwas abweck gebrennt/ ist sonsten auch Alters halber nach und nach vil zu Grund gangen. Nachdeme es aber Herr Graf Ferdinand von Preysing an sich durch Kauff gebracht/ ist das Schloß allenthalben wider gut erbaut/ und repariert worden. Jedoch ist noch ungedeckt jener feste Thurm/ welcher auf einem Berg gegen dem Schloß hinüber stehet/ und wegen seines starcken Gemäurs bey fürfallender Noth selbiges defendieren köndte.

In diesem Schloß ist ein schöne der heiligen drey König Capellen/ der Pfarr zu Turmanspang einverleibt.

Das Erdreich dieser Orthen ist nit fruchtbahr/ sondern ein Sandiger Grundt/ als nit so vil zur Korn als HaberFrucht tauglich/ und erhalten sich die Bauersleuth mehrern thayls mit dem wenigen Vichzügl. Das Schloß hat die Freyheit/ braunes Bier zu sieden. Erstermeldte Trückne/ und Erhöhung hiesigen Geländes geben ein gesunden Lufft.

Schloß Diessenstein

Ein Churfürstliche Pfleg/ in der Churftl. Regierung/ und Rentambt Straubing/ ligt an einem unschiffreichen Wasser/ die Iltz genannt/ welches auff einen Büchsenschuß von dem Schloß die Gränitz zwischen Bayrn unnd Passau underscheydet/ unnd meistentheils Waldung unnd Gebürg in sich enthaltet. Dermahliges Schloß oder PflegGebäu befindet sich in einem schlechten Standt: ist auch dieser Orth weder an Gewerb/ Handlung/ oder Getraydt sonderbar bekandt. In der Schloß oder PflegCapellen wird der H. Achatius als SchutzPatron verehrt/ under dessen Schirm es niemahlen durch Brandt verunglücket/ oder in FeindsZeiten verwüstet worden/ und solle das Beneficium von Svvaigneto Duschl im Jahr 1366 gestüfftet worden seyn. Sonsten ist weder vom Ursprung diese Orths/ noch anderen merckwürdigen Sachen etwas befindlich.

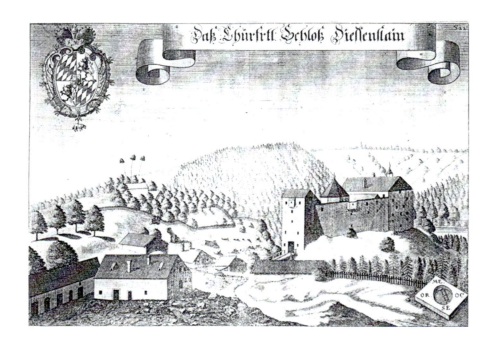

Die Originalkupferplatten aller Stiche von Wening sind heute im Staatsbesitz und werden vom Bayerischen Landesvermessungsamt verwaltet. Da uns ein Vermerk über Wenings Arbeit in der Grafenauer Stadtrechnung vom Jahre 1717 erhalten ist, können wir annehmen, dass auch die Darstellungen von Saldenburg und Dießenstein in diesem Jahr entstanden sind. Wening dürfte unser Gebiet kaum zweimal bereist haben.[155]

Knapp 20 Jahre später - der Österreichische Erbfolgekrieg belastete zusätzlich unser Gebiet - hören wir wieder einige wenig schmeichelhafte Sätze über unser Gebiet. Graf Franz Paul v. Preysing, Besitzer der Saldenburg, sagt 1743 u. a., dass die Landwirtschaft so schlecht war, dass viele Anwesen „unbemaiert standen" (nicht bewirtschaftet waren); besonders im Saldenburgischen, „wo die Bauern in Menge von ihren Häusern hinweglaufen".[156]

Um das Jahr 1746 muss in unserer Gegend spärlich Hopfen angebaut worden sein; der Wirt Wieninger aus Trautmannsdorf vermarktet den Hopfen, vornehmlich an die Brauhäuser des Grafen v. Preysing.[157]

Kurze Zeit später, im Jahre 1788, beschreibt der damalige Hofkammerrat Joseph v. Utzschneider in seinem Tagebuch seine Reise durch den Bayerischen Wald. Auch Saldenburg wird mit einigen aussagekräftigen Worten bedacht:

> Gleich hinter Breigen [Preying] der Churfürstliche Oed-Wald, welcher bisher sehr elend aussieht, wo gleich beym Eintritt in selbigen einige Unterthanen ordentlich Reuthen machen [Rodungsflächen anlegen] und Brein [Hirse] anbauen; der Grund in der Öd ist sehr mager. In der Öd sind große Steine, auch einige Aecker und Wiesen. Das Mies [Moos und Waldstreu] wird in der Oed stark ausgerechelt.[158]

Selbst bei ihren Aufenthalten im eigenen Schloss, dem die Bauern abgabepflichtig waren, konnten die Grafen v. Preysing von den hier angebauten Nahrungsprodukten allein nicht standesgemäß leben. 1788 lässt v. Preysing, wie schon erwähnt, diverse Viktualien zusätzlich auf die Saldenburg bringen. „Forellen, Aale, Aescherl und schöne Krebse" wurden von Saldenburg aber nach Moos, dem Stammsitz der v. Preysing, geschickt.[159] Der Ernteertrag der Bauern wurde auch dadurch geschmälert, dass sie kein Wild, insbesondere keine Hirsche und Wildschweine von ihren Feldern verjagen durften.

Eine genauere und umfangreichere Beschreibung des Gebietes um Saldenburg finden wir in der von Joseph Hazzi verfassten Arbeit „Statistische Aufschlüssen über das Herzogthum Bayern. Gericht Vilshofen". Im 3. Band, erschienen 1804 in Nürnberg, werden alle zum Gericht Vilshofen gehörenden Orte – u. a. auch Saldenburg, nicht aber die zur späteren Gemeinde Lembach zählenden, sie waren dem Pfleggericht Dießenstein zugeordnet - penibel aufgelistet.[160] Das Gericht Vilshofen wird von Hazzi in die Gebiete „diesseits der Donau" (Orte um Vilshofen) und „jenseits der Donau" (dem Bayerischen Wald zugehörig) gegliedert. Uns interessiert hier nur die Beschreibung unserer Gegend. Saldenburg war der nördlichste Ort des Gerichtes Vilshofen und folgende Aussagen beziehen sich somit vornehmlich auf das Saldenburger Gebiet:

Disseits und jenseits der Donau sind die Häuser von Holz, und von Innen und Aussen sehr schmuzig, so wie die Ortschaften selbst; doch ist dis jenseits [also bei uns!] noch ärger, wo die Häuser viel kleiner sind und man sich büken muß, um in die schwarzen, rauchigen Wohnungen zu treten. Die Dächer bestehen aus großen Legschindeln …; besonders jenseits [also wieder bei uns!] sind die Wege sehr schlimm und machen das Reisen gefährlich.[161]

Hazzi geht auch näher auf unsere Bevölkerung ein:

Der Waldbewohner ist kleiner, von Arbeit abgezehrt, voll Gebrechlichkeit am Körper, aber doch munter, sehr fleißig, nüchtern, ordentlich und sehr menschenfreundlich. … Im Walde wechseln Erdäpfel und Kraut mit einander ab; Fleisch wird nur an hohen Festtagen aufgetischt und nur wenig Bier getrunken.[162]

Hinsichtlich der Kleidung lesen wir:

Noch weniger Luxus findet man im Walde. Ein von weißer oder brauner Wolle selbst gesponnener weiter Rock mit dergleichen Weste, Hosen und Strümpfe macht sogleich den Waldbewohner kenntlich; er trägt einen kleinen schwarzen Hut und nicht immer Schuhe. Das weibliche Geschlecht setzt ein gelb persenes [Persen = aus Baumwollzeug] Kopftüchlein oder eine schwarze Haube auf; das braune kattunene Oberrökl und der weiße mit Roth gemischte lange Rok ist ihr eigenes Fabrikat von Wolle; dazu kommt eine leinwandne, weiß und blau gedrukte Schürze und blaue baumwollene Strümpfe.[163]

Der Stand der Landwirtschaft und des Gewerbes wird wie folgt beschrieben:

Jenseits [also wieder bei uns] darf man nur die Helfte, diesseits aber [im Raum Vilshofen] zwei Drittel als kultivirten Boden rechnen. … dort [bei uns] aber die Fichten in Vermischung mit Ahornen, Hagenbuchen [Hainbuchen] und Eschen. Die Waldungen werden nicht viel gepflegt und leiden durch Weidenschaften, Streusammeln etc. … Jenseits der Donau sieht man nur mühsam gebauten Haber, der sich höchstens 3 bis 4 Mal vervielfältigt [also ein Zentner Saatgut ergibt höchsten 4 Zentner Ernte], Erdäpfel, wenig Korn und gar keinen Weizen; der vielen Bäche wegen aber mehrere Wiesen, Flachsbau, Rüben und Kraut. Die Obst- und Gartenkultur ist durchaus vernachlässigt; doch gibt es jenseits mehr Obst als disseits. … Hopfenanbau gibt es so ziemlich in der Nähe der Brauhäuser. …
Jenseits ist der Viehstand zahlreicher und die Ochsen vertreten ganz die Stelle der Pferde. …

... jenseits aber treibt man jenseits mit Flachs, Haber, Ochsen, Leinwand, Holz, Holzwaaren, etwas Obst und Obstessig Handel. Es geht auch einiges Holz aus dieser Gegend nach Östreich.[164]

Unter „Politische Verhältnisse" schreibt Hazzi:

Ausser der Stadt Vilshofen trift man nirgends ordentliche Schulen, gebildete Priester oder andere Gesundheits-und Sicherheitsanstalten an; desto mehr hört man von Andachten, Bruderschaften, Feiertagen, Ablassen und Wall-fahrten. Die grundherrlichen Dienste und Scharwerke [Arbeitsleistungen für den Grundherren] sind hier sehr drükend, so wie sich auch noch andere will-kührliche und sehr beschwerliche Gutskontrakte mit den Unterthanen vorfin-den. …
Nur mittelmäsig steht es mit dem fleisigen Waldbewohner, der sich viel ab-betteln läßt. Weil hier z.B. Flachs gewittert [angebaut und verarbeitet] wird, so drängen sich alle sowohl geistlichen als weltlichen Standes hierher, um Flachs zu betteln und zu sammeln.[165]

Zu all diesen trüben Lebensbedingungen kam ja auch noch die gleich im Anschluss noch zu beschreibende große Hungersnot des Jahres 1817, die freilich, das sei auch vermerkt, im Zusammenhang mit den damaligen großen politischen Veränderungen zu einem Sin-neswandel in unserer Bevölkerung beitrug. Die Bewohner gaben sich nicht mehr damit zufrieden, nichts aus ihren kargen Böden herauszu-holen, sie wollten nicht mehr als rückständige, unter ärmsten Verhält-nissen lebende Waldler bezeichnet werden. Ein Gesinnungswandel entstand, es galt, der Natur mit moderneren Methoden, wie Dünger, Rodungen, Anbau anderer Fruchtarten usw., bessere Erträge abzu-wringen, um einen höheren Lebensstandard zu erreichen. Binnen zwei Jahrzehnten konnte, wie wir im übernächsten Kapitel sehen werden, viel erreicht werden.

Gut einhundert Jahre nach Hazzis Beschreibung zeugt eine 1907 veröffentlichte Bestandsaufnahme von einem erheblichen Wandel in der Landwirtschaft und im Gewerbe und damit auch der Lebensbedin-gungen:

Das Gut Saldenburg bewirtschaftet neben den Waldungen 43 Tagwerk Äcker, 60 Tagwerk Wiesen [es müssen somit große Flächen neu gerodet und angebaut worden sein)] und 2 Tagwerk Fischteiche. Die Gegend ist noch schwach bevölkert, aber neben kleineren Ökonomien finden die Bewohner von Saldenburg reichlich Verdienst auf dem Gute. Was bislang als trostlos und ärmlich angesehen wurde, die felsdurchdrungenen Geländeteile, werden zu Steinbrüchen umgewandelt. Es werden nur einheimische Arbeiter beschäftigt. Zum Dreschen werden bereits Dampfmaschinen verwendet. Kunstdünger, wie Kalk, Thomasmehl und Kainit sind bereits im Gebrauch. Angebaut werden im Fruchtwechsel Kartoffel, Rüben, Korn und Hafer. Die Wiesen können fast ausnahmslos bewässert werden [die Anlage dieser Bewässerungsgräben setzten viel Arbeit und besonderes Geschick voraus - diese alten Bewässerungsgräben sind teilweise auch heute noch sichtbar; noch vor 40 Jahren sind in der Öd, bei Platten und bei Senging viele Wiesen so bewässert worden]. Der Obstbau wird vorzüglich gepflegt; das Obst wird im Haushalt und durch Verkauf verwendet. Im Gut stehen bereits 25 Kühe, 10 Jungrinder, 6 Ochsen und 7 Pferde. Neben der Aufzucht wird Milchwirtschaft betrieben. Milchvieh hat Stallfütterung, Jungvieh steht im Sommer auf der Weide. Es werden durchschnittlich 30 Schweine gehalten; daneben 100 Hühner.[166]

Gutshof Saldenburg, Poststempel April 1905.

Die große Hungersnot von 1817

Vorausgegangen war ihr eine Zeit großer politischer Umwälzungen, Umorganisationen und Kriege, die dazu beitrugen, dass die Existenzbedingungen des einfachen Volk sehr beeinträchtigt wurden.

Um uns in diese schwere Zeit auch nur halbwegs versetzen zu können, sei hier nur an einige gravierende Ereignisse erinnert. Es waren die Jahre der Napoleonischen Zeit, es war u. a. die Zeit der großen Auseinandersetzungen zwischen den damaligen Großmächten Österreich und Frankreich. Wir hier lagen zwischen diesen Mächten. Bei allen Truppenbewegungen, ob Freund, ob Feind, hatten die kleinen Leute, die Bauern und Häusler, die Hauptlast zu tragen, Soldaten und Pferde mussten beherbergt und verköstigt werden.

1792: Frankreich besiegt Österreich. Truppenbewegungen auch in unserem Gebiet.[167]

1796: Die Österreicher schlagen bei Amberg und Würzburg die in Süddeutschland eingedrungenen Franzosen. Wieder war auch Niederbayern betroffen. 1799 werden die Franzosen erneut in Süddeutschland geschlagen.[168]

1799: Maximilian IV. Joseph (der spätere 1. König v. Bayern) ist neuer Kurfürst in Bayern, Graf Maximilian v. Montgelas wird leitender Minister (für Äußeres, Inneres und Finanzen), er will in den folgenden Jahren den gesamten Verwaltungsapparat reformieren.[169]

Im gleichen Jahr wird eine große Koalition zwischen Russland und Österreich gegen Frankreich geschlossen. In Bayern stehen 120.000 österreichische Soldaten, die versorgt werden mussten bzw. sich holten, was sie brauchten.[170]

1801: Anschluss Bayerns an Frankreich in einem folgenschweren Vertrag. Um die Entschädigung der durch diesen Vertrag betroffenen Erbfürsten im linksrheinischem Gebiet (Bayern wurden die rechtsrheinischen Gebiete vertraglich zugesichert) finanzieren zu können, wird die „Reichsdeputation" (besser bekannt unter dem Begriff „Säkularisation") eingesetzt und 1803 verwirklicht.

1803: Klöster und kirchliche Großgüter, wie etwa das Fürstbistum Passau, wurden enteignet und werden zu Staatsbesitz. Die Folgen für unser Gebiet waren u. a. wieder größere Umstrukturierungen in der

Verwaltung. Die Bürger mussten sich auf völlig neu geschaffene Behörden und Ämter einstellen.

1805: „Auf der großen Straße Cham-Passau ging es wieder lebhaft zu. Besonders, während des Zuges Napoleons 1805 nach Wien und auch später bis 1810, gab es zunächst starke Einquartierungen österreichischer, dann französischer Truppen. Sogar ‚die kleinen Häusler' mussten oft mehrere Mann aufnehmen und verpflegen. Dazu kam auch noch die große Teuerung. Wie früher hatten auch diesmal die Einquartierungen Seuchen in Gefolge. Doch hielten sich die Sterbeziffern gegenüber den früheren Pestzeiten in Grenzen."[171]

1806: Bayern - zwischen beiden Blöcken - ist sichtbar gefestigt und erhebt sich am Neujahrsmorgen zum Königreich. Maximilian Joseph I. ist erster König Bayerns.

1809: Im Österreichisch-Französischen Krieg erleidet Österreich eine Niederlage. Wir liegen wieder einmal zwischen beiden Kontrahenten. Ganz trefflich beschreibt der damalige Pfarrer Kurz von Thurmansbang die Situation:

> Am 10. April fielen die Österreicher in Passau und ganz Bayern ein, wider welche sich die kostspieligen, gefräßigen Franzosen mit dem ganzen Rheinischen Bunde vereinigten. Lieferungen, Vorspannen, Kriegssteuer und Quartiere waren ohne Zahl und ich behaupte nicht zuviel, wenn ich in diesem Jahr die Ausgaben hierfür auf 450 Gulden berechne.[172]

1810: In diesem Jahr hat unsere Bevölkerung an einer „Mißernte an allen Früchten" zu leiden.[173]

1812: Bayern unterstützt Napoleon im Krieg gegen Russland. 30.000 bayerische Soldaten, darunter viele aus unserem Gebiet, sind in Russland gefallen. In vielen Familien fehlt der Haupternährer.

1814/1815: Unter Fürst Metternich tagt der „Wiener Kongreß." Europa wird neu geordnet.

1816: Der schon 1799 genannte bayerische Minister Graf v. Montgelas hat inzwischen ein völlig neues Staatswesen aufgebaut. Der Adel und die Kirchenfürsten sind weitgehend entmachtet. Der „kleine Mann", der seit eh und je von irgend einem Grundherren oder Adeligen abhängig war, steht nun allein den vielen neuen Gesetzen und Verordnungen gegenüber.

Zu all diesen turbulenten Ereignissen traf unsere Bevölkerung in diesem Jahr noch ein durch ständige Nässe verursachter totaler Ernteausfall. Es entstand die größte bislang bekannte Hungersnot in unserer Gegend. Import von gängigen Grundnahrungsmitteln in heutiger Form gab es noch nicht und Geld war auch nicht vorhanden. Die meisten Menschen lebten von der Hand in den Mund. Die Auswirkungen dieser fatalen Missernte machten sich erst im folgenden Frühjahr einschneidend bemerkbar. Alle Vorräte waren aufgebraucht.

1817: Wie sich Bevölkerung und Regierung durch diese Hungersnot quälten, können wir in den einzelnen Königlich Bayerischen Intelligenzblättern des Unterdonaukreises aus dem Jahre 1817 lesen. (Der Unterdonaukreis erstreckte sich von Furth i. W. bis Mühldorf a. Inn und von Wegscheid bis Dingolfing): „Man findet [...] allenthalben Taglöhner, Handwerker und dgl. Leute, welche für ihre Arbeit keinen Lohn verlangen, als nur den unentbehrlichen Unterhalt ihrer Person".

Und wie ernährte sich die dazugehörige Familie? Die Preise für Getreide stiegen in ungeahnte Höhen. Die einfachen Bürger konnten sich die Grundnahrungsmittel nicht mehr leisten.

Die Regierung belehrte die Bevölkerung immer wieder ausführlich, wie sie dem Hungertod durch „Brodvermehren" einigermaßen entrinnen könne.[174] Viele einschlägige Rezepte wurden publiziert, so z. B. am 17. Mai 1817 eine Bekanntmachung zur „Verwendung des Malztaiges zum Brodbacken".

Der Erfolg [eines unter Aufsicht eines Medizinalrats durchgeführten Versuchs] war, daß 10 Pfund von jenem Taig [dem Malztaig], 1 Pfund Hefel (Sauertaig), 5 Pf. einzüges Backmehl, und 1 Hand voll Salz, 11 Pf. 36 Loth (das Pfund zu 40 Loth) schwarzes aber geschmackhaftes und nährendes Brod, nach der Herausnahme aus dem Ofen kalt gewogen, geliefert haben. Zu bemerken ist, dass die 5 Pfund Backmehl hinreichend waren, dem Malz- und Sauertaig die hinlängliche Konsistenz zum Brodbacken zu geben.

Auch seien z. B. die Wurzeln der Quecken (ein Ackerunkraut) zur Beimischung im Mehl geeignet, den Brotteig um 2/5 zu strecken. Die Wurzeln sollen von Kindern, welche dem Pflug folgen, gesammelt und an einem warmen Orte vorgetrocknet werden. anschließend in kleine Stücke zerhackt und in der Stube neben oder über dem Ofen hartgetrocknet und zu „Mehl" gemahlen werden. Beschrieben wird u.a. auch, wie sich mit an Bäumen wachsenden Flechten und mit Runkelrüben der Brotteig strecken lasse.

Der König ließ auch bekanntgeben, dass diejenigen Bauern, welche die diesjährige Brache ihrer Felder dazu nutzen, Brotgetreide und Kartoffel anzubauen, ausnahmsweise hierfür keinen Zehnt (Abgabe) zu zahlen brauchen. Ein Drittel mehr Grundnahrung käme somit zur Erntezeit auf dem Markt. (Die Äcker wurden damals in der sog. „Dreifelderwirtschaft" bearbeitet; d.h. ein Jahr Getreide, das andere Jahr Hackfrüchte und das dritte Jahr - es gab ja noch keinen Kunstdünger - wurden die Äcker zur Erholung des Bodens brach liegen gelassen).

Ab Juni wird „durch die Gnade Seiner Königl. Majestät" verfügt, dass unter Polizeiaufsicht für die „dürftigen Klassen der hiesigen Bevölkerung" aus den königlichen Mehlvorräten Brot gebacken und zu einem um 18 Gulden billigeren Preis abgegeben werde. Der Hunger wurde aber immer noch größer und in ihrer letzten Not, sowie aus Furcht vor Diebstahl beginnen die Bauern damit, unreife Kartoffeln und Obst zu ernten. Das Polizeikommissariat Passau weist in aller Strenge darauf hin, dass alle - ob Bauer oder Händler - die hierbei ertappt werden, mit „besonderen Strafen" geahndet werden.

Darüber, wieviele Bürger aus unserem Gebiet damals den Hungertod erlitten, sind bislang noch keine Angaben bekannt. In alten Sterberegistern ist lediglich hin und wieder „Tod durch Abzehrung" zu lesen. Mit Abzehrung wurden aber auch der Medizin damals noch unbekannte Todesursachen bezeichnet.

Dieser kurze Abriss über eine schwere vergangene Zeit mag uns vielleicht wieder etwas zufriedener mit der unsrigen stimmen.

Getroffen durch dieses furchtbare Ereignis arbeiteten nun Staat und Gesellschaft eifrig daran, die allgemeinen Lebensbedingungen und die Lage in der Landwirtschaft nachhaltig zu verbessern. Es sollte vor allem die Versorgung mit lebensnotwendigen Gütern gefördert werden. Jeder Bürger war dazu angehalten, und als besonderer Anreiz wurden von staatlicher Seite sachbezogene Ausstellungen forciert, öffentliche Belobigungen ausgesprochen und vor allem Anerkennungspreise vergeben.

Die Jahre nach der großen Hungersnot

Wenn im Folgenden besonders Bürger aus der ehemaligen Gemeinde Lembach erwähnt werden (die Gemeinde Lembach wurde in Anlehnung an den 1808 gegründeten Steuerdistrikt im Jahre 1818 neu gegründet und im Jahre 1972 in die Gemeinde Saldenburg eingegliedert), so liegt dies wohl daran, dass zur damaligen Zeit im Saldenburger Raum kaum selbstständige Bauern ansässig waren. Alle waren mehr oder weniger im Gutsbetrieb integriert und von der dortigen Herrschaft abhängig.

Die Preisverleihungen fanden an den jeweiligen „Landwirtschaftsfesten" (München, Passau, Straubing) statt. Wenn wir bedenken, dass den damaligen Bauern noch keine Schlepper, Lader und auch noch keine Hydraulik zur Verfügung standen, so kann man nur sagen, dass in unserem Gebiet wirklich hervorragende Leistungen vollbracht wurden. Veröffentlicht wurden die Preise stets in dem in Passau erschienenen Königlich-Bayerischen Intelligenz-Blatt für den Unterdonau-Kreis.

Einige Auszüge:

1826: Kajetan Englmaier aus Ebersdorf wird beim Zentralen Landwirtschaftsfest in München das erste Mal für seine vorbildliche Obstbaumkultur belobigt.

1829: Beim Landwirtschaftsfest des Unter-Donau-Kreises in Passau geht der zweite Preis an den Lehrer Michael Vornehm aus Preying; auch ein Lehrer betrieb zur damaligen Zeit oft eine eigene Landwirtschaft.

> Gleich den letzt verflossenen zwei Jahren hatte Lehrer Vornehm auch im heurigen Jahre wiederholt, sowohl den Werk- als auch den Feyertagsschülern [Werktagsschule war die heutige Volksschule, Feiertagsschule war damals die heutige Berufsschule, ihr Unterricht fand meist nach dem Sonntagsgottesdienst statt] zu Preying in besonderen Stunden in der Obstbaumzucht, im Kleebau und anderen Vortheilen der Landwirtschaft, nach Hazzis Katechismus, fleißigen Unterricht ertheilt und nebenbei 10000 Obstbäume, von denen er bereits 600 Stück veredelte, versetzt.

1830: Lehrer Vornehm erscheint bereits wieder unter den Preisträgern. Dieses Mal bekommt er den ersten Preis, eine Goldmünze, für einen heute bei uns völlig unbekannten landwirtschaftlichen Nebenerwerb, die Seidenzucht. Der Preis wurde verliehen, weil er

> seit 4 Jahren mit der Seidenzucht sich befaßt, - und bereits 900 hochstämmige Maulbeerbäume und mehrere 100 Sämmlinge versetzt, auch viele Tausende aus Saamen erzogen, - dann seit 3 Jahren 14030 Cocons von der schönsten Art erzeugt hat.

(Die Blätter des Maulbeerbaumes dienen als Futter für die Seidenraupe. Bei der Verpuppung erzeugt die Raupe einen mehrere Kilometer langen dünnen Faden, aus welchem sie ihr Kokon bildet. Kurz vor dem Schlüpfen des Falters werden die Konkons gesammelt und die darin enthaltenen Puppen in kochendem Wasser abgetötet. Der leere Kokon wird nun auf eine Spindel abgewickelt und aus diesen Fäden wird nun echte Seide gewonnen.) Im Namen „Seiner Majestät, des Königs" wird eigens darauf hingewiesen, dass

> nach der Bemerkung des Herrn Pfarrers Duschl zu Zwiesel … sogar die im Landgerichte Regen gepflanzten Maulbeerbäume durch den Frost gar nichts gelitten, während dem in diesem Theile des bayer'schen Waldes selbst die Kirschbäume nicht ohne Schaden geblieben sind.

1832: Auch der Gemeindevorsteher von Lembach, Johann Hauer, geht mit gutem Beispiel voran; er fühlt sich auch für die Verschönerung seiner Heimat verantwortlich. Er wird „öffentlich belobt",

wegen Verlegung der Düngerstätten an passendere Orte, Ausleitung der Mistjauche auf Wiesen, wegen Anbau von Klee und ausländischer Leinsaat u. wegen Verschönerung der von Grafenau nach Passau führenden Landstraße durch Anlegen einer Allee.

Auch der schon erwähnte Kajetan Englmaier, Bauer in Ebersdorf und Stiftungspfleger zu Preying, wird wieder mit Preisen bedacht. Er bekommt einen Preis in Gold, weil er

über 29 Tagw. ganz verwilderter Plätze zu Feldern und Wiesen umgeschaffen, einmädige Wiesen in zweimädige umgewandelt und aus oben gedachten öden Gründen, um sie zur Kultur zu bringen, über 20.000 Fuder [1 Fuder beläuft sich auf 54 und 60 kg] Steine ausgegraben und hinweggeführt hat.

Für die Pflege der Bienenzucht wurde Kajetan Englmaier mit einer Silbermünze nebst „zwei nützlichen Büchern" ausgezeichnet:

Dieser hat sich ausgewiesen, dass er die Bienenzucht mit dem besten Erfolge betrieb, dass er in dem Besitz von 59 guten Bienenstöcken sich befindet- dass er stets bemüht sey, auch die benachbarten Bauern zur Bienenzucht aufzumuntern, und dass auf solche Art letztere unter seiner Leitung daselbst sich auch immer mehr und mehr verbreite.

Der Lehrer Vornehm erscheint 1832 nicht mehr als Preisträger; er wurde nach Heining versetzt. Hatte er zu viel Obstbaumzucht betrieben und zu wenig unterrichtet?

1834: Der neue Lehrer in Preying, Joseph Uiberreiter, hat anscheinend die gleiche Leidenschaft wie sein Vorgänger, und wird wegen seiner Obstbaumzucht „öffentlich belobigt".

Mit einem zweiten Preis wird Johann Schlattl, Bauer zu Dießenstein, ausgezeichnet.

Schlattl hat in den letzten 3 Jahren 32 Tagwerk, theils öde, theils Waldgründe, durch Ausstocken und Reinigung derselben von Steinen, die über 1000 Fuhren erforderten, zur Kultur gebracht und hiervon 14 Tagwerk in zwei-und dreimädige Wiesen, 4 Tagwerk aber in einen Obstgarten umgeschaffen.

1835: Auch in diesem Jahr erscheinen der Dießensteiner Bauer Schlattl und der Preyinger Lehrer Uiberreiter wieder als Preisträger. Schlattl,

weil er 12 Tagwerk Ödgründe für den Kleeanbau gewonnen und 6 Tagwerk Ödland zu Ackerland erstellt hat. Außerdem erstellte er in der äußerst bergigen Ortsmarkung 6 neue Fahrwege. Weiters setzte er 400, in eigener Baumschule erzogene Obstbäume und pflanzte 26 Weinstöcke, welche üppig gedeihen.

Der Lehrer Uiberreiter

hat sich neben der Obstbaumzucht um die Ausbesserung der Vizinal-Straßenallee [siehe Johann Hauer im Jahre 1832] durch die Gemeinde Lembach verdient gemacht, indem er schadhafte abgestorbene Bäume durch 170 gesunde, mit Hilfe der Feiertagsschüler und der Erwachsenen, ersetzt hat.

1836: Der Halbbauer Johann Glashauser zu Matzersdorf erhält einen dritten Preis,

weil er 16 Tagwerk öden, mit Gesträuchern bewachsenen und mit Steinen überdeckten Grund von denselben gereinigt und in fruchtbares Acker- und Wiesenland umgewandelt hat.
In gleicher Sache verdient gemacht hat sich Jakob Segl, Müller zu Haberlmühle, und erhielt dafür öffentliches Lob.

1841: Zwei Silbermedaillen werden vergeben. Die eine geht an den neuen Gemeindevorsteher von Lembach, Mathias Schneider.

Er hat in den letzten 3 Jahren ein aus 7½ Tagwerk bestehendes, mit Stöcken und Stauden, Wurzeln, Felsstücken und Steinen überzogenes, ödes Land in nunmehr fruchtbare Wiesen in der Art umgeschaffen, dass wegen Ausgrabung ungeheure Massen von Felsstöcken und Steinklippen, deren Zerschießung, dann wegen erheischender hochaufsteigender Wasserleitung hierzu ein baarer Aufwand von 225 fl [Gulden] erforderlich war.

Die zweite Silbermedaille geht wieder an Kajetan Englmaier, jetzt als ¼ Gutsbesitzer von Ebersdorf benannt.

Er hat in den letzten 3 Jahren 1026 Obstbäume zweckmäßig erzogen, veredelt und mit solchem Erfolg ausgepflanzt, dass nunmehr ein sichtbar lohnendes Gedeihen derselben als Folge seiner unverkennbaren Bemühungen erscheint.

Viele dieser damals so mühevoll gerodeten Flächen prägen auch heute noch das abwechslungsreiche Landschaftsbild unserer Gemeinde. Wir sollten mit vollem Respekt dieser Pioniere gedenken, die eine solche Leistung vollbrachten und der damaligen Jugend eine Perspektive boten. Auch sollten wir alles daran setzen, dass unsere schöne Heimat auch weiterhin als solche erhalten bleibt.

Die nun überall aufblühende Landwirtschaft konnte sich aber nicht lange halten. Landesweit brachen wieder schlechtere Zeiten herein. Die Erlöse aus der Land- und Forstwirtschaft gingen immer weiter zurück. Die soziale Stellung der Knechte und Mägde verbesserte sich, sie bekamen nach und nach festen Lohn und mehr Freiheiten. Der Traum vieler großer Bauern von einem unbekümmerten Leben in Gutsherrenmanier ging zu Ende.

Das große Höfesterben

In unserem Gemeindegebiet hatten vor allem Einödhöfe und kleinere Rodungsdörfer mit dem Überleben zu kämpfen. Unter anderen mussten Hofbesitzer aus Hals, Dankesreuth, Senging, Sumpering, Sommerau, Miesberg und Spitzingerreuth ihren Besitz aufgeben. Sie waren völlig verschuldet. Zur Weiterführung selbst großer Höfe konnten keine Käufer gefunden werden. Viele dieser Höfe gingen letztendlich in Staatsbesitz über.

Die Notlage dieser Bauernhöfe und die Schwierigkeiten eines eventuellen Verkaufes möchte ich am Beispiel einiger Höfe etwas näher veranschaulichen.

Zuerst zu den zwei großen Spitzingerreuther Höfen. Beide waren große Vierseitbauernhöfe; sie standen etwa dort, wo die alte Passauer Straße die B85 in Richtung „Glasofen" verlässt. Der Liebel-Hof, ehemals Hs. Nr. 36, lag direkt unter der heutigen Bundesstraße, und vom Schneider-Hof, Hs. Nr. 37, ist der ehemalige Standort - genau im Zwickel zwischen der B85 und der Alten Passauer Straße – im Gelände gerade noch rekonstruierbar. Die Pläne sind noch vorhanden. Die Höfe wurden 1844 wie folgt beschrieben:[175]

„Der Bauer Anton Liebl": ½ Steinmetzhof mit Wohnhaus, Stallungen, Stadl und Hofraum, ein weiterer Stall und Stadl mit Nahrungshaus, ferner ein Stall und Stadl mit dem Inhäusel (Unterkunft für Knechte und Mägde). Etwas abseits - in Richtung Glasofen - stand das Brechhaus zu ½ Eigentum (die zweite Hälfte gehörte zum Schneider-Hof). Ein Schupfen mit Gras- und Baumgarten und ein Backofen - ebenfalls mit Gras- und Baumgarten. Dazu 253 Tagwerk Felder und Wald.

„Der Bauer Mathias Schneider": ½ „Segelhof" (vermutlich handelt es sich hier um einen Schreib- oder Übertragungsfehler und sollte Sedelhof heißen; diese Bezeichnung ginge dann auf eine gewisse frühere Steuerbefreiung zurück), Wohnhaus samt Nahrungshaus und Kuhstall unter einem Dach, Häuslstadl und Ochsenstall unter einem Dach, Stadl, Streu- und Wagenschupfen, Schaf- und Schweinestall unter einem Dach, Getreidekasten und Hofmauer; dazu die andere Hälfte des beim Liebl-Hof beschriebenen Brechhauses. Dazu 255 Tagwerk Feld und Wald.

Beide Höfe hatten noch einen gemeinsamen Brunnen. Dieser Brunnen wurde beim Ausbau der B85 im Jahre 1935 mit dem aufgeschütteten Damm überdeckt. Ein weiterer gemeinsamer „Brunnplatz" war nach dem Plan Nr. 558 gleich hinter dem heutigen Anwesen Ertl.

Die Verkaufsbemühungen für die Entschuldung dieser beiden Höfe dauerten ganze 25 Jahre. Die Höfe als jeweils ganze Einheit zu verkaufen war nicht möglich. Im Jahre 1845 boten die beiden Bauern vorerst einmal ihre zusammenhängenden Waldungen dem Staatsforst zum Kaufe an. Beim Liebl-Hof waren es 175 Tagwerk und beim Schneider 177 Tagwerk.[176] Dass aus diesen Wäldern damals für die beiden Bauern auch gar nichts mehr herauszuholen war, lesen wir in dem Bericht des zuständigen Försters Max Manhart an das Forstamt Schönberg; er schreibt u. a.: „Durch üble Wirtschaft über alle Gebühr herabgekommen; Stauden beinahe Zimmerhoch. Der Humus durch excessives Streurechen auf wenig verwittertem Granitsand abgeschunden. Ein Meer von Heidelbeersträuchern."

Diese Kaufverhandlungen zogen sich über 14 Jahre hin und kamen erst 1859 zum Abschluss. Dass sich bis dahin auch die umliegende Bevölkerung an den Spitzingerreuther Waldungen schadlos hielt, ersehen wir aus einem Schreiben des Forstamtes Schönberg vom 22.09.1859 an die Gemeinde Saldenburg. In ihm wird die Gemeinde vom vollzogenen Ankauf in Kenntnis gesetzt und darauf hingewiesen, dass „von nun an die Bewohner von Platten, Hundsruck und auch Saldenburg sich aller Eingriffe zu enthalten haben".

Liebl und Schneider versuchen weiter ihre Höfe zu verkaufen. Schneider findet zuerst einen Käufer. 1866 ist ein Apotheker Scholl aus Eichstädt Besitzer dieses Hofes mit derweil 73 Tagwerk Feld und Wald. Scholl bittet das Forstamt, gegen übliche Gebühr, die Aufsicht über den Hof zu übernehmen. Das Antwortschreiben des Forstamtes lässt tief blicken. Das Forstamt lehnt ab: „Da sicherlich Holz- und Streufrevel vorkommen. Auch weiß man nicht, ob anständige Leute oder Gesindel als Pächter auftreten. Der allgemeine schlechte Zustand des ganzen Anwesens lässt von einem Pächter nichts Gutes hoffen."

Scholl wittert wohl immer noch das große Geschäft in Spitzingerreuth und erwirbt 1868 auch noch den Liebl-Hof. Bald darauf stirbt Scholl; nun tritt seine Witwe in Vertretung für die nunmehrigen Besitzer, den Schollschen Kindern, auf. Die Familie Scholl muss gute Beziehungen zu Regierungskreisen gehabt haben. Gleich nach dem Ankauf des Liebl-Hofes, am 14. Mai 1868 bittet ein Regierungsassessor Zeitlmeier aus München, als Vertreter der Schollschen Kinder, „den Allerdurchlauchtigsten großmächtigsten König, allergnädigsten König und Herrn", sich für den Ankauf der beiden Höfe durch das Forstamt Schönberg einzusetzen.

Ob „Seine Majestät" persönlich interveniert hat, wollen wir dahingestellt sein lassen; bearbeitet wurde dieser Fall jedenfalls von höchster Stelle. Schon am 23.05.1868 bittet daraufhin die Regierung von Niederbayern, Kammer der Finanzen, „im Namen Seiner Majestät, des Königs von Bayern" zu prüfen, ob das Forstärar die zwei den Schollschen Kindern gehörenden Anwesen samt Gründen ankaufen könnte. Das Forstamt wird aktiv. Das Rentamt (etwa heutiges Finanzamt) in Schönberg, das Pfarrvikariat Preying und die Gemeinde Lembach werden um Mitteilung gebeten, welche Lasten auf den beiden Höfen ruhen. Vom Rentamt wurden die üblichen Steuern mitgeteilt. Dem Pfarrvikariat stehen keine Reichnisse zu; jedoch der Lehrer von Preying, welcher auch als Messner tätig ist, bekomme 1 Lander (Hohlmaß von 27,79 Liter) Läutkorn als Entschädigung für das Glockenläuten, und der Expositus zu Tittling (zuständiger Geistlicher für die Seelsorge im Bezirk Preying) 1 Lander Korn und 1 Lander Hafer. Die Gemeinde beanspruche 15 Gulden und 4½ Kreuzer an Steuergeld und einen nicht genau berechenbaren Betrag für die Armenverpflegung (von den Gemeinden wurden damals den einzelnen Höfen sporadisch Ortsarme zur Verköstigung und Beherbergung zugeteilt). Die von beiden Höfen zu unterhaltenden Wegestrecken beliefen sich auf 1.342 Schuh (1 Schuh war 29,2 cm).

Der Restwert der beiden Höfe (Liebl-Hof neben den Gebäuden 130 Tagwerk Grund; Schneider-Hof neben den Gebäuden 102 Tagwerk Grund) wird zusammen auf 17.431 Gulden taxiert. Der Staat ist sich seiner Rolle als einziger in Betracht kommender Käufer voll bewusst und bietet lediglich 10.000 Gulden an. Der Witwe Scholl (als Vormund für ihre minderjährigen Kinder) bleibt nichts anderes übrig, als dem Verkauf zuzustimmen. Der Traum vom großen Geld in Spitzingerreut ist für die Familie Scholl endgültig ausgeträumt.

Am 19. 11. 1869 ist der Kauf perfekt; Frau Scholl erhält 9.224 Gulden. Das Jagdrecht geht ebenfalls an das Forstamt über; die bisherigen Jagdpächter dürfen das Gebiet nicht mehr betreten. Die Übernahme der beiden Güter erfolgte am 24. 01. 1870. Der ganze Verkauf und die Auflösung dieser beiden Höfe dauerten somit ganze 25 Jahre. Vor der Übernahme durch den Staat musste Frau Scholl jedoch noch beide Güter total abbrechen und einebnen, sowie die Kellerräume völlig auffüllen. Mehrere Gläubiger aus der näheren und weiteren Umgebung mussten vorher ebenfalls noch dem Verkauf zustimmen. Noch im selben Jahr wurde mit der Aufforstung der Ankaufsflächen begonnen.

Über das auf der ca. 500 m nordwestlich gelegenen Rodungsinsel befindliche Anwesen des Martin Feichtinger (heute ebenfalls Feichtinger) wurde damals eigenartigerweise überhaupt nicht verhandelt. Dieses Anwesen war offenbar wirtschaftlich gefestigt, so dass es sich behaupten konnte.

Auch der Dankesreuther Hof, ein weiterer, ebenfalls mitten in dem großen Waldgebiet, der Öd, gelegener Hof von ähnlicher Größe wie die beiden Spitzingerreuther Bauernhöfe, überlebte diese traurige Zeit nicht. Bereits im Jahre 1406 ist Dankesreuth urkundlich erwähnt. Der damalige Besitzer der Saldenburg, der Ritter Ulrich Ecker, kaufte in diesem Jahr zwei Güter zu „Danckchleinsräut" von Eberhard Pfeil, dem Pfleger zu Neuartenburg (bei Viechtach). Diese beiden Höfe waren spätestens 1472 schon zu einem einzigen größeren Bauernhof verschmolzen, denn ab diesem Jahr erscheint nur noch ein einziger Hof als abgabepflichtig zur Herrschaft Saldenburg.[177]

Der Verkauf dieses Hofes an die Bayer. Staatsforstverwaltung zog sich ebenfalls über viele Jahre hin, es begann im Jahre 1860 und endete erst 1879.[178] Der letzte Besitzer und erste Pächter nach dem Verkaufsabschluss, Herr Franz Landgraf, war ein weit bekannter „Holzbitzler". Für das „Central Landwirtschaftsfest" des Jahres 1878 in München wurde von ihm ein „Bund von 500 Stück selbstgestoßener Holzdrähte zu je 3 Meter Länge" zur Ausstellung angefordert. Diese Holzdrähte waren so fein, dass aus ihnen Teppiche und Vorhänge gefertigt wurden.[179] Der Hof verfiel nun immer weiter, die Gebäude wurden eingeebnet und die Felder aufgeforstet. Die prächtige alte Hoflinde, das letzte Zeugnis dieses jahrhundertealten Hofes wurde im Jahre 1910 gefällt. Der Baumriese war so dick und innen hohl, so dass beim Fällen ein Holzhauer innerhalb und ein weiterer außerhalb des Baumes stehend die Säge bedienten.[180]

Dieser Hof - genaue Pläne sind noch vorhanden - ist auch heute noch im Gelände zu orten. Wenn wir vom Ödhäusel kommend die Sandstraße auf der Höhe der Sandgrube verlassen und den alten Forstweg nach oben gehen bis er sich mit dem Senginger Sträßchen kreuzt, finden wir kurz vorher Überreste des Hofgebäudes auf der rechten Seite des Weges, auf der linken Reste des Backofens; dieser stand, wie bei allen alten Höfen, wegen der Feuersgefahr außerhalb des eigentlichen Hofes. Das Ödhäusel war das „Hirtenhäusel" des Hofes und der davor aufgestellte große Wassergrand mit der Jahreszahl 1744 stand früher auf dem Hof. Das ehemalige, barocke Hofkreuz wartet darauf, im Zuge der nun laufenden Dorferneuerung, irgendwo in Saldenburg einen würdigen neuen Platz zu bekommen.

An diesen Hof erinnern heute noch der Name dieser Waldabteilung, die Dankesreuther Seite, und der in der hiesigen Gegend immer wieder vorkommende Familienname „Dankesreiter".

Gut zwei Kilometer nordwestlich vom Dankesreuther Hof lag der einsam im Wald versteckte Weiler Sommerau. Fahren wir vom Weiler Hals auf der Teerstraße nach Solla und parken wir unser Auto auf halber Strecke zwischen Hals und Loh links an der langsam zuwachsenden Sandgrube, so befinden wir uns auf dem direkten Umgriff dieser alten Hofanlage. Der Name Sommerau hat die gleiche Bedeutung wie die weit verbreitete Endsilbe „reuth" bei anderen Ortsnamen, nämlich Rodung. „Sommerauen" ist eine alte Bezeichnung für „roden". Sommerau dürfte also schon im Mittelalter entstanden sein. Im Jahre 1760 sind dort noch drei Güter erwähnt.[181] Es waren dies kleinere Anwesen, sie werden an anderer Quelle als 2 Stück 1/16 Höfe und 1 Häusel bezeichnet; sie gehörten zur Hofmark Fürstenstein. Die Größe eines dieser 1/16 Höfe ist im Königlich Bayerischen Kreisamtsblatt von Niederbayern des Jahres 1855 genau nachzulesen. Das verschuldete Anwesen der Weberseheleute Walburga und Mathias Karl (Hs. Nr. 89 der Gem. Saldenburg in Sommerau) war zur Versteigerung ausgeschrieben. Es umfasste das Wohnhaus mit Stadl, Stallung, Schupfe, Backofen und Hofraum, Garten, eine Wasserleitung und 35 Tagwerk Feld und Wald; dazu noch eine Webergerechtsame. Es fand sich kein Käufer, und das Anwesen wurde im gleichen Jahr noch einmal vergeblich ausgeschrieben. 1867 wird Sommerau statistisch als Weiler der Gemeinde Saldenburg mit drei Häusern und 29 Seelen erfasst.[182]

Die Schulden wurden auch hier immer höher, und die Höfe immer weniger wert. Erst im Jahre 1899 zeichnet sich eine Wende hinsichtlich der Verkaufschancen ab. Gemeinsam mit den Anwesen der Ortschaft Miesberg (zu Saldenburg gehörendes Dorf) werden die drei Anwesen zu Sommerau dem Königlichen Forstärar zum Kauf angeboten. Die Hauptgründe für die Aufgabe der Höfe waren die unrentable Landwirtschaft und das Fehlen von genügend Wasser zur jährlichen Bewässerung der Wiesen (das Wässern war Ersatz für den nicht vorhandenen bzw. nicht bezahlbaren Dünger). Die Wälder waren ausgeplündert, die Gebäude verwahrlost. Die Kaufverhandlungen zogen sich bis zum Jahre 1903 hin. Bereits im Jahre 1904/05 beginnt das Forstamt mit der Aufforstung der Hofflächen. Der alte Weiler Sommerau ist heute nur noch anhand alter Pläne im Gelände festzustellen. Wo jahrhundertelang Leben pulsierte, befindet sich jetzt ein geschlossener Waldgebiet.

Ein ähnliches Schicksal hatte auch der vielen von uns noch bekannte, an der Straße zwischen Tratzen und Hals in der Höhe des Wegkreuzes auf der noch gut sichtbaren kleinen Rodungsinsel gelegene Sumperhof. Der Sumperhof wird schon 1472 urkundlich genannt, er hatte Abgaben an die Herrschaft Saldenburg zu entrichten.[183] In allen folgenden Saalbüchern (Verzeichnisse über Steuern und Abgaben) usw., z.B. 1587,[184] 1579 bis 1581 (Hofinhaber Steffan Paur),[185] 1697 bis 1701 (Hofinhaber Valentin Sterr),[186] 1708 bis 1709 (noch V. Sterr),[187] 1786 bis 1796 (Philipp Söldner),[188] ist der Sumperhof verzeichnet. Heute wäre der Sumperhof als Musterbeispiel eines Viereckbauernhofes ein wahres Vorzeigeobjekt für unsere Gemeinde. Aber auch diesen Hof traf das gleiche Schicksal. Zwischen 1829 und 1868 wurden Hof und Flächen sukzessive vom Staat angekauft. Der Hof selbst und die landwirtschaftlichen Flächen wurden bis 1964 weiterverpachtet. Die Gebäude wurden 1964 abgerissen. Interessant am Wohnhaus waren die im Bayerischen Wald wohl einmaligen (im Laufe der Jahrhunderte allerdings abgewandelten) Runenzeichnungen auf den Vorschussbalken über dem Hauseingang. Zwei Belegstücke dieser Runenzeichen konnten damals von mir noch aus dem im Steinbruch Matzersdorf lagernden Abbruchmaterial gerettet werden und befinden sich in meinem Besitz.

Ganz in der Nähe starben etwa um die gleiche Zeit drei weitere große Bauernhöfe: die beiden Höfe zu Hals und das Mautner-Gut in Senging.

Hals zählt zu den ältesten Siedlungsplätzen in unserem Gemeindegebiet; es gehörte ebenso wie Haufang, Hundsruck, Lanzenreuth und Goben zu den „Babenberger Güteren".[189] Es sind Güter, die von Kaiser Heinrich II. im Jahre 1007 dem Bistum Bamberg zu seiner Gründung geschenkt wurden. Bis 1334 wird von sechs Gütern zu Hals berichtet.[190] Bis zum Jahre 1469 müssen diese sechs Güter zu zwei verschmolzen worden sein, da ab jetzt kontinuierlich nur noch zwei Höfe erwähnt werden.[191] Beide gehörten bis zur Bildung der Gemeinde Saldenburg im Jahre 1825 zur Hofmark Fürstenstein. Im Jahre 1846 brannten sie durch Blitzschlag ab.[192] Der 1849 abgeschlossene Wiederaufbau dürfte die damaligen Besitzer, die Familien Dannecker und Peter, noch weiter in Finanznot gebracht haben; auch diese stolzen Hofbesitzer mussten aufgeben und verkauften 1864 ihre beiden Höfe ebenfalls an den Bayerischen Staat. Zum Dannecker-Hof gehörten neben den üblichen Gebäuden noch 185 Tagwerk Grund, zum Peter-Hof 178 Tagwerk.[193] Bis zum endgültigen Abbruch ihres Hofes im Jahre 1960 lebte dort die Familie Dannecker als Mieter. Das Wohnhaus des Peter-Hofes wurde kurz nach dem Verkauf zu dem uns allen noch bekannten Forsthaus Hals. 1968 wurde die Forstdienststelle

Hals nach Gumpenreit verlegt. Das altehrwürdige Haus ist nun wieder in Privatbesitz.

Der Danneckerhof in Hals kurz vor seinem Abbruch im Jahr 1960

Gleichzeitig mit den beiden Halser Gütern kam auch das Maut-ner-Gut in Senging - das heutige Anwesen Steininger - in finanzielle Schwierigkeiten, und das Ehepaar Franziska und Mathias Mautner mussten ebenfalls verkaufen. Verkauft wurde der Hof mit insgesamt 110 Tagwerken Wald und Feld. Auch diese Veräußerung zog sich über mehrere Jahre hin, von 1860 bis 1869.[194] Sehr aufschlussreich ist eine noch vorhandene sechsseitig äußerst penibel verfasste Beschreibung sämtlicher damals zum Hof gehörender Gebäude.[195] Die Gebäude waren mit Legschindeln bzw. mit Stroh gedeckt. Jede Türe, jedes Schloss samt dazugehörendem Schlüssel, und jedes einzelne Fenster sind separat genannt. Als Möbel werden u. a. ein hölzerner Kleiderrechen und Schüsselkorb vermerkt. Die Sudkammer hatte neben zwei eisernen Sudkesseln sogar ein eingeglastes Fenster. In der „eingewölbten Kuchl" stand ein großes steinernes Breinfaß. In der gewölbten Stallung befanden sich sieben steinerne Viehbarren, im

Hofraum ein hölzerner Wassergrand mit fließendem Wasser. Das Inhäusel war teils gemauert und teils von Holz erbaut und sehr baufällig. Der Staat hatte nur an den Waldungen Interesse; die Felder und der Hof wurden weiterverkauft. Dieser heute noch in seiner Urform erhaltene Viereckhof ist übrigens das einzige denkmalgeschützte Wohnhaus in der Gemeinde Saldenburg. Weitere Baudenkmäler sind in Saldenburg selbst das ehemalige Schloss und die Wegkapelle an der Ritter Tuschl-Straße, in Dießenstein die Burgruine, in Entschenreuth, Hals, Lembach und Platten die Kapellen, in Preying die Pfarrkirche.[196] Beiläufig sei noch erwähnt, dass auch Senging bereits im 14. Jahrhundert nachgewiesen ist, es befand sich dort ein zum Kloster Osterhofen gehöriges Lehen.[197] 1867 standen in Senging drei Häuser mit 29 Bewohnern.[198]

Die beiden Halser Höfe, das Mautner-Gut in Senging und der Dankesreuther Hof waren nach vollzogener Kaufabwicklung noch Gegenstand eines länger andauernden Streits. Wäre damals die Not nicht so groß und nicht jeder auf jeden Pfennig angewiesen gewesen, ließe sich heute die ganze Angelegenheit mit einem gewissen Schmunzeln betrachten.

Bereits seit 1864 fordert das Pfarramt Thurmansbang vom Forstamt, dem „Staatsärar", je Hof eine unterschiedliche Anzahl von Lander Korn, sowie diverse „Reißl" (Bündel) oder Zöpfe Flachs als Gegenleistung für die Messnerdienste des damaligen Lehrers. Jährlich sollte für das Schulhaus eine Anzahl Leitgarben (ungedroschenes Getreide) Korn und Brennholz abgeführt werden, für das Pfarramt selbst je ein Laib Brot und acht Stück Beichteier. Das Forstamt bestand jedoch in mehreren Schreiben darauf, dass es die vier Güter „laut notarieller Kaufurkunden frei von Hypotheken und allen anderen, wie auch immer Namen habenden, privatrechtlichen Lasten und Verbindlichkeiten gekauft habe".[199]

Die Fronten verhärten sich. Das Pfarramt beruft sich darauf, dass diese Abgaben „nach uraltem Herkommen der jeweilige und nicht der frühere Besitzer zu leisten habe und dass diese Lasten auf Grund und Boden, nicht aber auf eine gewisse Person" haften. 1869 droht das Pfarramt sogar damit, sich an die hohe Königliche Regierung „um Schutz hierin zu wenden". Das Forstamt verweist auf seine verschiedenen ablehnenden Stellungnahmen. Bezüglich der geforderten Beichteier vermerkt das Amt zynisch, dass das Forstärar sowieso nicht zu beichten gedenke. Dem Pfarramt „bleibe es unbenommen, den Schutz der hohen Kreisstelle anzufordern". Es sind derzeit keine weiteren Unterlagen mehr zu eruieren; der Herr Pfarrer wird wohl nie seine Eier bekommen und das Ärar mit Sicherheit nie gebeichtet haben.

Abschließend sei noch der Anzenhof – ehemals mitten im Wald, zwischen dem Badesee Saldenburg und Auggenthal gelegen - erwähnt. Der Anzenhof, seit 1368 bekannt, war ja die Urzelle von Burg und Ortschaft Saldenburg. Der Hof wurde von 1472 bis zu seiner Auflösung im Jahre 1905 kontinuierlich innerhalb der Fam. Schneider weitervererbt und betrieben.[200] Auch der Anzenhof, der wohl größte Hof im Gemeindebereich, konnte sich nicht halten. Wann dieser Hof von dem damaligen Lehen in das Privateigentum der Familie Schneider überging, ist bislang nicht feststellbar. Im Jahre 1888 verkaufte die Familie Schneider den Hof mit 212 Tagwerk Grund, zwei Pferden, vier Ochsen und sechs Kühen für 33.000 Mark an die Gutsverwaltung Saldenburg.[201] Die Gutsverwaltung hatte - wie der Staat bei den anderen Höfen - hauptsächlich an den Grundflächen Interesse. Der Hof verkam immer mehr und wurde nach einem Brand nicht wieder voll instandgesetzt. Im Jahre 1904/05 wurden die Gebäude völlig abgerissen und die Saldenburger brachten in „Frondienst" (unentgeltliche Leistungen) das noch verwertbare Baumaterial auf Ochsenkarren nach Thurmansbang zur Erweiterung der dortigen Pfarrkirche.[202] Wenn wir heute die Pfarrkirche durch das Hauptportal betreten, so gehen wir unter jahrhundertealten geschichtsträchtigen Saldenburger Steinen hindurch.

Wie wir auch in diesem Kapitel gesehen haben, wirkten sich in früheren Jahrhunderten Brände verheerend für einen Hof aus. Wenn das Feuer in einem Einödgehöft von einer Nachbarsiedlung aus wahrgenommen wurde, war es für eine Hilfe meist schon zu spät. Organisierte Feuerwehren gab es noch nicht; im Ortsteil Preying wurde eine Freiwillige Feuerwehr 1865, in Saldenburg erst 1878 gegründet. Ich will im Folgenden an historische Feuerschutzvorschriften und einige größere Brände erinnern.

Feuersbrünste in der Gemeinde Saldenburg

In den vergangenen Jahrhunderten stellte ein eventueller Feuerausbruch für jede Ansiedlung ein großes Problem dar. Die Häuser waren, von einzelnen Steinmauern im Erdgeschoß abgesehen, durchwegs ganz aus Holz gebaut. Die Dacheindeckung bestand aus Holzschindeln oder aus Stroh; die beste Voraussetzung also für das Überspringen des Brandes auf die Nachbargebäude. Potentielle Brandgefahren, wie die Hausbacköfen, standen stets separat und nicht in baulicher Verbindung mit Haus, Scheune, Stall oder Stadl. Wenn es der Platz erlaubte, stand der Backofen sogar auf der gegenüberliegenden Seite des Zufahrtsweges. Die in größeren Ansiedlungen benötigten gemeinsamen Brech- oder Haarhäuser befanden sich wegen der Feuersgefahr sogar außerhalb des Siedlungsgebietes in freier Flur. In den Brechhäusern wurde der Flachs unter großer Hitze gedarrt, um die zum Spinnen benötigten Fasern mit dem sogenannten Brechel von den Flachsstengeln zu trennen. Das Brechhaus für Platten, Hundsruck, Altreuth, Lanzenreuth und Saldenburg stand früher an der jetzigen Straße zwischen Saldenburg und Hundsruck, dort wo die Abzweigung nach Thurmansbang einmündet. Die Flurbezeichnung „Brechhaushügel" erinnert auch heute noch an diesen Standort.

Wie genau diese Brechhäuser wegen des Brandschutzes stets überwacht wurden, lesen wir in einer Niederschrift vom 08.12.1888 bezüglich der Kontrolle des Brechhauses der Ortsgemeinde Lembach:

> Am Brechhaus ist herzustellen ein mit Ziegeln abgewölbter Ofen im Dürraum, ein Kamin mit Schiebefalle, über die Bretterdecke der gleichen Stube ein Fehlboden aus Lehm oder Sand. Der Boden des Dürraumes und der heize ist entweder zu pflastern, oder mit Lehm zu überdecken.[203]

Vom ehemaligen Brechhaus der Ortschaft Miesberg – ein ehemaliger Ortsteil der Gemeinde Saldenburg, seine letzten drei Häuser wurde 1959 abgerissen[204] und 1969 wurde der Ortsname Miesberg offiziell aufgehoben[205] -, existiert noch ein exakter Bauplan aus der Zeit um 1860. Das Gebäude hatte einen Grundriss von 13,43m auf 7,00 m.[206] Es war ein fester Ziegelbau, für die damalige Zeit äußerst aufwendig, dafür aber feuersicherer.

Von den jeweiligen Gerichten (im oberen Gemeindeteil war das Herrschaftsgericht Saldenburg zuständig, im unteren das Pfleggericht Dießenstein) wurden jährlich zwei bis drei „Rauchfangbeschauen" durchgeführt. Jedes Gebäude wurde peinlichst auf Feuersicherheit überprüft und bei Verfehlungen wurden harte Strafen ausgesprochen. Die Sicherheit des gesamten Ortes hing von jedem einzelnen Kamin ab. Nur einige Beispiele, entnommen aus den Gerichtsprotokollen der Herrschaft Saldenburg aus der Zeit von 1715-1751.[207]

1716: „Georg Steer, Paur [Bauer] zu Sumppering hat sich in solcher visitation mit einem ungekörten, löchrigen Rauchfang: und Kuchl [in der Küche war damals lediglich eine offene Feuerstelle mit direktem Rauchabzug durch das Dach] betretten [erwischen] lassen, dahero derselbe neben Uftrag beede zu seibern: und Khonftig Vleisige Ufsicht (Aufmerksamkeit) zehaben, zur Straf erlegen missen: 17 Kreuzer ½ dn [Pfennig]".

1723: „Martin Vischer zu Haufang, ist auch zu heyligen Ostern bey der Haizbschau in der Kuchl fählig erfundten worden, so Ihme hirmt verwiesen, besserer obsicht Uferladen, zur Straff 2 ß [Schilling] dn dictiert worden, id est [das ist] 17 Kreuzer ½ dn".

1724: „...weil bey dem Würt Josefen Blasini zu Thurmansbang der Camin ganz schadhaft gewesen und große Feuersgefahr zubesorgen, wie dann schon würkhlichen diesmahl Feuer im tach gewest (hat bereits einmal unter dem Dach gebrannt) ... dahero derselbe dißmahl wegen seiner Haußnachlessigkheit gestraft worden zu 34 Kreuzer".

1728: „Georg Rauch, Müller zu Häberlmühl hat sich bey vorgenombenen Rauchfang Bschau von darumben Strafbahr Befundten, weillen dessen rauchfang zimblich Unsauber und zottert gewesen, wesentwegen Er neben Bezallung der Gerichts: Costen condemniert [bestraft] worden 17 Kreuzer ½ dn".

1749: „Johann Poxleithner, Wöber zu Riggerting, hat sich beyder vorgenombenen Rauchfang Bschau, mit Dörrung der Schaitter unter dem Rauchfang hoch Feuersgefährlich Betretten lassen, Derentwillen derselbe punctiert worden zu 34 Kreuzer und 2 hl [Heller]".

Sicherlich sind nicht alle größeren Brände in den mir zur Zeit bekannten Archivalien verzeichnet. Einige wenige der dort genannten möchte ich anführen. Die ältesten bekannten Großbrände im Gemeindebereich waren zwar auf kriegerische Auseinandersetzungen zurückzuführen, wenngleich ich darauf schon in vorhergehenden Kapiteln eingegangen bin, sollen sie trotzdem noch einmal erwähnt werden.

1468: Bei der Einnahme der Burg durch Herzog Ludwig IX. v. Bayern-Landshut brannten große Teile der sich damals noch weit nach Westen erstreckenden Burganlage ab.

1646: Bereits vor dem militärischen Großbrand von 1742 zerstörte im Jahre 1646 ein durch einen Blitz ausgelöster Brand große Teile der heute noch stehenden Burganlage. Sämtliche Räume auf der Südseite des Turmes brannten aus.

1742: Im Österreichischen Erbfolgekrieg wurde am 25. Juni der noch intakte Ostteil der Burg durch eine Ungarische Kompanie bestürmt und teilweise geplündert. Als die Ungarn in die Burgmauern eingedrungen waren, legten die Verteidiger von außen Feuer an die verschlossenen Burgtore, um die Ungarn auszuräuchern. Der Meierhof - das Ökonomiegebäude -, der Stadl und die Stallungen brannten völlig nieder.

1809: Die Kinder des Hufschmiedes Josef Goldmann, wohnhaft in Entschenreuth, zündelten. Das Feuer war nicht mehr aufzuhalten. Die Häuser folgender Entschenreuther wurden ein Raub der Flammen: „Johann Miedls, Gastwirt; Josef Enzersbergers, Bäcker; Franz Mautners, Bauer; Lorenz Geyers, Bauer; Jakob Goldmanns, Hufschmied und Bauer, Maria Anna Stitzendorfers, Schneidermeisterin".[208]

1876: Eine der größten Feuersbrünste in unserer Gemeinde überhaupt ereignete sich am 3. Juni in Hundsruck. Ganze 17 Wohnhäuser und 23 Dachstühle brennen ab. Die Brandursache bleibt unerkannt.

Wie beim Brand 1809 in Entschenreuth zeigt sich auch hier, wie gefährlich ein Feuer in einer eng bebauten Siedlung mit Holzhäusern, die Schindel- bzw. Stroheindeckung haben, war. Dieses Feuer in Hundsruck machte bayernweit Schlagzeilen; Seine königliche Hoheit, Prinz Luitpold, hatte großes Mitgefühl für die Brandleider und spendete 200 Mark für den Wiederaufbau.[209]

1893: Im Gutshof Trautmannsdorf brannte es. Nach einem mir vorliegenden genehmigten Bauplan vom 28. Oktober 1893 werden die abgebrannten Stallungen, Waschküche, Arbeitsräume, Stall und Schupfen wieder aufgebaut.

1897: Wir lesen im Grundsteuer-Kataster von einem Totalabbrand in Trautmannsdorf und Wiederaufbau von Wohnhaus, Stallungen, Stadl und Wagenhaus. Wie auch bei vorher aufgezeigten Fällen, hat das Feuer zufolge der eng zusammenliegenden Holzbauten die Kapazität der damals noch unzureichend ausgerüsteten Feuerwehren weit überschritten.

1909: Im Dezember brennen in Hundsruck die Anwesen von Alois Klessinger und von Josef Sterr völlig ab. Brandursache war Selbstentzündung durch feuchte Streu.

1923: Am 23. Oktober nachts um 11.30 Uhr ein Großbrand im Gutshof. Alle Ökonomiegebäude wurden ein Raub der Flammen. In der Pfarrchronik von Thurmansbang lesen wir: „Es wird böswillige Brandstiftung angenommen; der Herr [Gutsbesitzer Stelzer] hat seine Taglöhner mit Hundelöhnen bezahlt".

Das Foto aus dem Jahr 1960 zeigt die Frontansicht des nach dem großen Brand neu errichteten Ökonomiegebäudes

Nach Aussagen eines Augenzeugen war damals das heutige Anwesen Seldenstraße 10, oberhalb der Ortsstraße, noch mit Stroh eingedeckt. Nur mit größter Anstrengung der Bevölkerung konnte dieses Dach so bewässert werden, dass ein Überspringen des Feuers durch Funkenflug verhindert wurde.[210]

Abschließend sei noch vermerkt, dass es in den zwanziger Jahren auch einige „sonderbare Brandfälle" zu verzeichnen gab. Nach glaubhaften Aussagen älterer Saldenburger Bürger aus den sechziger Jahren brannten damals einige völlig „leere Häuser" ab. Das Mobiliar wurde schon bei Nacht und Nebel vorher ausgeräumt und in Getreidefeldern oder anderswo versteckt. Man sprach von „warmen Abbrüchen"; die Brandversicherungen hatten viel zu tun. Für die Häuser und Höfe der anliegenden Bewohner waren diese Vorfälle wieder eine große Brandgefahr.

In Feuerwehranfahrtszonen gilt heute strenges Halteverbot. Früher dagegen gab es oftmals nicht einmal ordentliche Anfahrtswege, die einen Brandort hätten schnell erreichen lassen. Gleichwohl bestimmten auch in der Vergangenheit Sicherheitsfragen den Straßen- und Wegebau, nur ging es dabei um Herrschaftssicherung und -erweiterung. Das heute vorhandene, vergleichweise gut ausgebaute Wege- und Straßennetz verdankt sich aber nicht nur politischen und militärischen, sondern auch wirtschaftlichen Gründen, oftmals gingen sie auch miteinander einher, auch in unserem Gebiet. Bei alten Salzhandelswegen spielten auch fiskalpolitische Überlegungen keine geringe Rolle. Dazu u. a. im folgenden Beitrag. Anschließend möchte ich noch auf den Anschluss Saldenburgs an das Fernstraßennetz im Laufe der Jahrhunderte zu sprechen kommen.

Alte Salzhandelswege durch Saldenburger Gebiet

Zwei alte Salzhandelswege sind hier zu nennen. Der Goldene Steig, der von Passau nach Prachatitz führte, und die Gulden Straß, die ihren Weg von Schärding über Vilshofen und Grafenau nach Bergreichenstein nahm. Beide hatten ihre Zielorte also in Böhmen. Diese beiden alten Handelswege waren politisch bedingt: Passau war ein selbstständiges Fürstbistum mit festen Grenzen und Zollrechten, Bayern ein Herzogtum mit den gleichen Rechten.

Als sich nach und nach ein fester Salzhandel etablierte, wollten beide Seiten mit Zöllen am Geschäft beteiligt sein und richteten eigene Salzstadel ein, an welchem alles Salz abgeladen und vor dem Weitertransport mit festen Zöllen belegt wurde. Die zwangsweise hieraus resultierenden Streitereien machten beide Handelswege zu festen Einrichtungen.

Gehandelt wurde vornehmlich Salz aus Bad Reichenhall, das „reiche Salz", und Salz aus dem Salzburgischen Hallein, das „arme Salz". Das Salz wurde auf dem Rücken der „Säumer- Pferde" transportiert. Ein Pferd trug zwei Scheiben Salz zu je ca. 140 Pfund; zerstoßen wurde dieses Salz in Kufen (Holzkübel) transportiert und als „Sam" oder „Saum" bezeichnet. Die Transporteure dieses Handelsgutes waren die „Säumer" (der heutige Familienname „Sammer" hat sich hieraus entwickelt).

Da das Salz anfangs nur von Passau nach Prachatitz geführt wurde, ist es wohl nicht verwunderlich, dass der westlichere Teil Böhmens, ohne Zwischenzölle im Passauischen zu bezahlen, auf rein bayerischen Wegen einen Salzhandel anstrebte. Man brauchte also eine direkte Verbindung bis St. Nicola (Passau), dem Ort, an dem Bayern am weitesten ins Passauische hineinstieß. Und hier wird es für uns Saldenburger interessant. Schon Kaiser Karl IV. ließ eine direkte Wegeverbindung von dort nach Böhmen suchen. Die beste Strecke für diesen Salztransport durch den bis dahin weitgehend unerschlossenen Urwald führte direkt durch unser Saldenburger Gebiet.

1356 entlohnt Kaiser Karl IV. den Bauer Heintzlein, genannt „der Bader", von Rothsaifen bei Bergreichenstein, für die Auffindung einer Straßenverbindung in Richtung Passau und Bayern mit 64 Joch Grund. (Joch, ein altes, in Österreich noch übliches Feldmaß von 30 bis 55 Ar, entsprechend der Größe eines Feldstücks, das mit einem Gespann Ochsen an einem Tag gepflügt werden kann.) Schon früh dürften sich zwei Streckenvarianten ab Trautmannsdorf herausgebildet haben. Die in Passau beginnende Strecke führt über Tittling nach Trautmannsdorf und teilt sich dort. Von hier geht ein Seitenarm über Ebersdorf, Furth-Rettenbach, Haus i. W., Haselbach; Nendlnach, Ettelmühle und Grafenau nach Bergreichenstein. Der zweite Arm geht von Trautmannsdorf durch die Öd und über Gumpenreit, Ettelmühle nach Grafenau. [211] (Auf letzterer Strecke fand ich zwei eindeutige Säumerhufeisen.) Erfreulicherweise ist eine genaue Karte dieser Wege noch im Museum auf der Karlsburg bei Bergreichenstein vorhanden, beide Varianten ab Trautmannsdorf sind genau eingezeichnet. Gerade diese Strecken wurden auch später, als die Gulden Straß fest installiert war, immer wieder als Verbindung der beiden großen Fernhandelswege benutzt.

Kaiser Karl IV. verlieh 1376 dem damaligen Markt Grafenau das Stadtrecht (vermutlich wegen des Salzhandels).[212] Vilshofen nahm einen Aufschwung, da von dort aus eine Handelsverbindung in Richtung Böhmen bestand. „1503 gibt es eine Nachricht von einem Schärdinger Mautner, der Salz auf dieser Route [Gulden Straß] nach Böhmen gebracht hat."[213] 1509 gelingt es dem bayerischen Herzog ein landesherrliches Produktionsmonopol für die Saline Reichenhall durchzusetzen.[214] 1555 gewinnt Bayern das alleinige Vertriebsrecht zu „Lande und zu Wasser" über das Berchtesgaden-Fronreuther Salz.[215] Der Salzhandel durch unser Gebiet muss sich nun stark vermehrt und die Gulden Straß zu einem Handelsweg entwickelt haben, denn im Jahre 1560 ordnet Herzog Wilhelm V. einen Erkundungsritt durch das hiesige Gebiet an. „Wegen Instandsetzung der Gulden Straß". Der Ritt führt von Vilshofen über Reutern, Garham, Eging, Trautmannsdorf und über Grafenau zur böhmischen Grenze[216] (auch wieder Trautmannsdorf in Verbindung mit der Gulden Straß).

Böhmen und Grafenau führen im Jahre 1572 eine Generalinstandsetzung der Gulden Straß durch.[217] (Im gleichen Jahr lesen wir an anderer Stelle: Eine „recht uralt Gulden Straß" soll schon „vor mehr als 200 Jahren" an Grafenau vorbeigeführt haben, wodurch die Existenz der Gulden Straß und auch der Handel durch unser Gebiet um 1356 erneut belegt würde.[218])

Direkt am Innufer, nahe den Stiftsgebäuden von St. Nikola, wurde 1586 ein Salzstadel errichtet.[219] Hierdurch wurde das Fürstbistum hintergangen und erlitt große Zoll- und Steuerausfälle. Der Handel auf der Gulden Straß dürfte sich weiter vermehrt haben; die Grafenauer hatten an der „Blauen Säule", dem Grenzübergang am Lusen, ein eigenes Halsgericht (Recht zum Hängen am Galgen).[220]

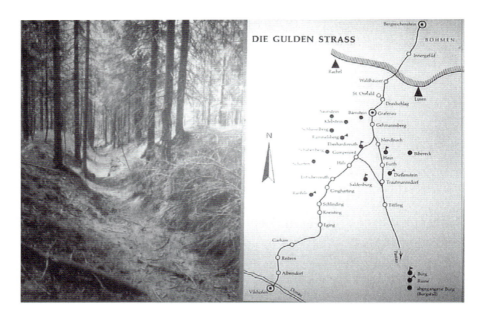

Schautafel im Museum der Burg Karlsberg bei Bergreichenstein (Tschechien)

Die Handelsmonopole wechselten öfters, wie die inzwischen lückenlose Erforschung des Salzhandels zeigt. Die Hohe Politik entschied über den Schwerpunkt des Salzhandels, bald bayerisch und bald passauisch.[221] Wir hier liegen stets dazwischen.

Nur noch einige Daten, die nachweislich unser Gebiet betreffen: 1590 werden die Schärdinger probeweise von Herzog Wilhelm beauftragt, Salz nach Böhmen zu transportieren.[222] Ab Grafenau werden hierzu immer wieder die alten Passauer Steige benutzt, vorher ging es durch Saldenburger Gebiet. Da diese Nutzung Passauer Interessen entgegensteht, werden die bayerischen Säumer öfters verprügelt und ihnen das Salz abgenommen.[223] Auch gibt es jetzt immer mehr Streitereien mit Bergreichenstein, dem alten Handelspartner. „Der Wald auf die Grafenau wurde verschlagen" – also der Handelsweg unpassierbar gemacht.[224] 1594 wird auch Saldenburg wieder mit der Gulden Straß konfrontiert, denn die Herrschaft Saldenburg, unter Konrad Fuchs von Edenkoben, wird ebenfalls zur Reparatur der Gulden Straß herangezogen.[225] Auf Befehl von Herzog Maximilian dürfen die Grafenauer aus den „Waldungen der zu Saldenburg gehörenden Nendelnacher

106

Bauern Specken (Holzprügel) für die Reparatur der Gulden Straß schlagen". Alle Proteste des Konrad Fuchs von Ebenhofen waren vergeblich.

1608 ist ein weiterer Salzkrieg zwischen Bayern und Passau offiziell beendet. Passau verzichtet auf eigenem Salzhandel aus Hallein, und kauft Halleiner Salz ausschließlich von Bayern. Es kann jetzt wieder auf den alten Steigen (also auch wieder über Trautmannsdorf und durch die Öd) Salz nach Böhmen führen. Der Handel donauaufwärts bleibt weiterhin Privileg der Bayern. Bayern kann nun den Salzhandel nach Westböhmen über Vilshofen und Grafenau einstellen; es war ja am Gewinn der Passauer beteiligt.[226] Für Trautmannsdorf eine gute Entwicklung, schließlich mussten die Säumer ja auch einmal rasten, - die Taverne bestand ja schon damals. Um 1690 beginnt das Ende des „offiziellen" Salzhandels über Vilshofen und Grafenau nach Böhmen; Grafenau hatte nie einen Salzstadel![227] Die alte Strassenverbindung wurde jedoch immer wieder für den Handel instand gesetzt. Im 18. Jahrhundert bricht der Salzhandel auf der alten Gulden Straß völlig ein, - wir lesen nur noch von einer Reparatur für den Transport von Brauereigetreide aus Böhmen nach Grafenau.[228]

Die Spuren und der Verlauf der alten Gulden Straß sind bei uns in Saldenburg an vielen Stellen in der Öd auch heute noch genau zu sehen. Die vielen noch vorhandenen, mit Wald überwachsenen, alten Hohlwege verweisen auf sie. Dass diese Gulden Straß häufig frequentiert wurde, zeigen parallel nebeneinander verlaufende Hohlwege. War einer dieser Hohlwege nicht mehr passierbar, so legte man gleich daneben einen neuen an. Auch mitten in der Öd sind Verbindungshohlwege zur Trasse Trautmannsdorf - Rettenbach - Nendlnach - Grafenau heute noch zu verfolgen. Zwei deutliche Beispiele hierfür sind der „Sandweg" und der alte „Postbotensteig". Diese beiden Wege verbanden die obere Variante des Salzhandelsweges durch die Öd mit der unteren über Ebersdorf und Rettenbach. War eine der beiden Hauptstrecken nicht begeh- bzw. befahrbar, wechselte man auf halber Strecke kurzerhand auf die andere. Die obere Variante durch die Öd wurde 1766 zu der uns allen bekannten Alten Passauer Straße umgebaut. Diese Strecke war somit schon ab dem Jahre 1356 (mit stets wechselnder Bedeutung) bis zum Bau der heutigen Bundesstraße 85

(1893 bis 1899) die einzige überregionale Wegeverbindung in unserer Gegend.

Saldenburgs Anschluss an das Fernstrassennetz

Wie wir gerade gesehen haben, gingen schon vor Jahrhunderten durch unser Gebiet Fernhandelswege, der Ort Saldenburg war aber an ihnen nicht angeschlossen.

Saldenburg, ein relativ junger Ort, - Hundsruck, Haundorf, Lanzenreuth, Goben und auch Entschenreuth sind weit älter [229] - ist eindeutig von Süden her erschlossen worden. Der 1905 aufgelöste Anzenhof - das Heinrich Tuschl im Jahre 1368 von Graf Leopold von Hals übertragene Lehen - , stand an der heutigen Verbindungsstraße zwischen dem Badesee und Auggenthal in Höhe des Trompischkreuzes und war damals nur aus Richtung Trautmannsdorf und Tittling zu erreichen. [230]

Vom Anzenhof aus wurde somit der „darob liegende Berg", der heutige Burgberg, erschlossen und darauf die Saldenburg errichtet. Im Schatten dieser Burg entwickelte sich im Laufe der Jahrhunderte die Ortschaft Saldenburg. Die folgenden Burgbesitzer, ob Fraunberger, Eckher zu Eckh, die Ortenburger, die Degenberger oder die Grafen von Preysing benötigten zum Besuch ihrer Burg eine Verbindung vom Westen bzw. vom Südwesten her. Die Fuchs von Edenkoben oder die Maegerle von Wegleuthen erreichten die Burg von Osten bzw. Südosten. Diese Verbindungen waren keine Straßenverbindungen, wie wir sie uns heute vorstellen. Es waren primitive Erdwege, Straßenkarten gab es damals auch noch nicht. Die heute im Osten verlaufende Hauptverkehrsachse, die B 85, gibt es ja erst seit etwa 1900, zu der Vorgängerin dieser Bundesstraße, die in unserem Sprachgebrauch als „Alte Passauer Straße" noch weiterlebt, hatte Saldenburg keinen direkten Zugang.

Diese alte Passauer Straße, „die Chaussee von der Boehmischen Gränze über Zwisl, Schönberg nach Passau" wurde zwar schon um das Jahr 1766 erbaut; sie machte aber gerade in Höhe des günstigsten Anschlusses an Saldenburg – geländemässig bedingt – einen Bogen, verlief also in einiger Entfernung vom heutigen „Autohäusl" und war erst bei Auggenthal/Trautmannsdorf wieder von Saldenburg aus erreichbar.[231] Diese Straße wurde eindeutig in Anlehnung eines bereits weiter ausgetretenen alten Saumpfades trassiert. Auf längeren Strecken, vor allem in der dicht bewaldeten Öd, suchte sie immer wieder einen geländemässig höheren Punkt mit guter Fernsicht. Die Säumer mussten ja immer wieder sehen, wie der nächste Berg mit ebenfalls guter Fernsicht zu erreichen war - und dann immer so weiter. Somit waren auf dieser Straße stets größere Steigungen zu bewältigen. Trotzdem eröffnete die Post schon 1830 auf dieser bergigen Strecke ihre erste Pferdepostlinie von Passau nach Cham.[232] Saldenburg war somit, wenn auch erst ab dem heutigen Bauhof, in Höhe der Stadl-Siedlung, an das erste größere Fernstraßennetz angebunden. Da also Saldenburg früher keinen direkten Zugang zu dieser „Alten Passauer Straße" hatte, musste auch die Brauerei Saldenburg für ihren Biertransport nach Westen eine andere Lösung finden. Ein altes Realrecht räumte dieser Brauerei ein, „ihr Bier und ihre Fässer vierspännig über das Diebsbrunnstraßl[233] und das Surstraßl zu ihren Wirten in Schönberg, Eberhardsreuth, Klebstein, Fronreuth, Grubmühle usw. zu bringen.[234]

Erstmals etwas detaillierter lesen wir über die Erreichbarkeit von Saldenburg, als Graf Kaspar II. v. Preysing im Juni 1788 seine Burg besuchen wollte. Von Plattling bis Hengersberg gab es offensichtlich schon eine gute Straßenverbindung. Dann aber wurde es schwieriger. Ab hier brauchte v. Preysing, wie schon früher erwähnt, eine ortskundige Begleitperson, welche ihn auf dem besten Weg, vermutlich lange Strecken querfeldein, zu führen hatte.

1884 lesen wir von einer Verbindung in Richtung Südwesten: „Von Saldenburg führt der Weg [also noch keine Straße!] über Altreuth nach Thurmansbang und erst ab da ein Fahrtsträßchen über Traxenberg und Roitham nach Ranfels. Von Engelburg ist Saldenburg in 1½ Stunden zu erreichen".[235]

Die große Wende in Verkehrsanschließung von Saldenburg begann im Jahre 1893. Das Königliche Forstamt Schönberg wird vom Strassen- und Flußbauamt Deggendorf angewiesen, eine Straßentrasse „etwa entlang der alten Staatsstraße zwischen Trautmannsdorf und Schönberg" zu suchen. Die Planungsarbeiten und der stückweise Ausbau dauerten bis zum 11. 10. 1899. Die neue Straße - die heutige B 85

– war, unter Umgehung der großen Steigungen der Alten Passauer Straße, fertiggestellt. Wie ebenfalls schon erwähnt, durften einige Straßenbauarbeiter aus dem Gemeindegebiet von Saldenburg, „weil sie vor und nach der Arbeit Jagdfrevel begehen und Pecheln (Harzgewinnung an Bäumen)", nicht mehr weiter im Straßenbau beschäftigt werden. Saldenburg selbst war aber immer noch nicht direkt an diese neuen Straße angebunden.

Ein weiterer wichtiger Beitrag zur Infrastruktur von Saldenburg war die Einrichtung einer Poststelle im Jahre 1901.[236] Jetzt verkehrte auch eine Karriolpostlinie (eine pferdegezogene Postkutsche mit Packraum für die Post und ein paar Sitzplätze für Reisende) zwischen Tittling und Saldenburg, aber immer noch auf der alten Verbindung: Trautmannsdorf, Bauhof, Badesee, Saldenburg. Diese „Karriolpost" verkehrte sogar mehrmals am Tage! Im Gegensatz zu heute konnte man also vor 100 Jahren Tittling und auch Passau direkt ab Saldenburg erreichen.

Als 1903 der damalige Gutsbesitzer Sauter dem Bischof Dr. Antonius v. Henle, Passau, die Saldenburg „nebst anschließendem Garten und Wiesen-Gründen als unentgeltliches Geschenk zu einem von Eurer Bischöflichen Gnaden zu bestimmenden guten Zweck" angeboten hatte, hat das Ordinariat einen genauen Fahrplan von Passau nach Saldenburg und zurück ermittelt:

1. Variante: Post ab Passau 4 Uhr morgens, 7.20 Uhr in Tittling, 8.45 Uhr ab Tittling, 10.00 Uhr in Saldenburg. Zurück: 2.45 Uhr nachmittags ab Saldenburg, 4.00 Uhr in Tittling, 4.40 Uhr ab Tittling, 7,45 in Passau.

2. Variante: Mit Eisenbahn von Passau nach Kalteneck um 1.45 Uhr, Ankunft dort um 2.17 Uhr, dann mittels Post um 2.45 Uhr nach Tittling, Tittling an um 4,20 Uhr, 4,30 Uhr ab Tittling mit der Post nach Saldenburg, Ankunft um 5.45 Uhr. Zurück: Mit der Post ab Saldenburg um 3.15 Uhr nachts nach Tittling, Ankunft in Tittling um 4.30 Uhr, Abfahrt um 4.45 Uhr nach Kalteneck, von dort mit der Eisenbahn weiter um 6.28 Uhr, Ankunft in Passau um 7.28 Uhr.[237]

Ein weiterer Fortschritt in der Verkehrsanbindung von Saldenburg erfolgte 1904, als die Kaufleute Ludwig und August Zeitz, aus Sulzbach und St. Johann bei Saarbrücken Eigentümer der Burg und des Gutes Saldenburg wurden. Die Gebrüder Zeitz waren sehr weitsichtig und verbesserten erst einmal die allgemeinen Straßenverhältnisse um

Saldenburg. 1905 beginnen sie mit dem Ausbau der Straßen von der Saldenburger Mühle nach Lanzenreuth und von der Mühle aufwärts zur Brauerei.[238] Den Anschluss an die geplante erste Motorpostlinie zwischen Passau und Schönberg ab etwa 1908[239] auf der neuen Straße – der heutigen B85 - wollten die Gebrüder Zeitz ebenfalls nicht versäumen und bauten äußerst aufwendig die heutige Staatsstraße von Saldenburg zur B 85.

Saldenburg und die Baustelle der heutigen Staatsstraße
Ansichtskarte mit Poststempel von 1911

Mit dem in der Kurve nach dem Saldenburger Kreuz abgetragenen Erdreich schütteten sie den sogenannten Damm auf und pflanzten zur Stabilität desselben rechts und links eine Birkenallee an. Diese Birken sind vielen von uns noch in bester Erinnerung. Diese erstmalige Direktverbindung von Saldenburg zur heutigen B85 auf kürzestem Wege war pünktlich zur Eröffnung der ersten Kraftpostlinie im Jahre 1908 fertiggestellt. Saldenburg hatte somit erstmals direkten Anschluss an ein Fernstraßennetz.[240]

Wie schlecht die innerörtlichen Straßen damals noch waren, erfahren wir, als 1920 der pensionierte Förster Xaver Leonard das Forsthaus in Hals räumen sollte und ihm in der Saldenburg eine zumutbare Wohnung angeboten wurde. Leonard lehnte dies mit der Begründung ab, dass zum Umzug die „Zufahrt zur Burg mittels Fuhrwerk" nicht möglich sei.[241]

1925 bis 1928 erfolgte der Straßenbau von Saldenburg nach Entschenreuth. Der Anschluss in Richtung Deggendorf war nun auch vollzogen. Erwähnt sei noch, dass die Saldenburger Kapelle ihren jetzigen Standort eben diesem Straßenbau zu verdanken hat; sie stand vorher genau auf dieser Ausbautrasse.[242]

Die eigentliche Ortsdurchfahrt in Saldenburg, so, wie wir sie heute kennen, wurde erst ab dem Jahre 1933 in Angriff genommen. Dabei wurde die große Stützmauer gegenüber dem späteren und inzwischen wieder abgerissenen Hotel Saldenburger Hof errichtet (das damalige Zollinger-Haus musste diesem Bau weichen), und die Ortsdurchfahrt - ehemals vorbei am Gasthaus Waldlaterne, hinunter in Richtung Villa und durch das Gut zum Ortsausgang – begradigt und nach oben verlegt.[243]

Die vielen weiteren Verkehrsanbindungen von Saldenburg gehören der neueren Zeit an.

Als 1825 die erste Gemeindebildung durch das damalige Landgericht Passau, wozu Saldenburg gehörte, abgeschlossen war, zählten insgesamt 24 Orte zur neu gebildeten Gemeinde Saldenburg, unter ihnen Entschenreuth, Hundsruck und Trautmannsdorf. (Bis zur endgültigen Selbstverwaltung dauerte es aber noch bis 1841). Zwar war von diesen drei Orten auch schon bisher die Rede, sie sollen aber, stellvertretend für die 21 anderen, in einem kurzen Abriss etwas näher betrachtet werden. Es sind alte Orte und sie sind schon vor der Entstehung Saldenburgs urkundlich nachgewiesen.

Beginnen wir mit Entschenreuth.

Die alte Hofmark Entschenreuth

Nach derzeitigem Forschungsstand ist Entschenreuth eindeutig der nachweisbar älteste Ortsteil der heutigen Gemeinde Saldenburg.

1152: In „Entliebsreuth" (Entschenreuth) sind vier Lehen (vom Grundherren an einem Untertanen verliehenes Land) nachgewiesen. Die „Herrin Richardis" von Scharten schenkte dem Kloster Osterhofen als Gegenleistung für ihre dortige Grabstätte u.a. diese vier Lehen. Ihr Mann hatte sich „der Religion hinterlassen" (war verstorben). Da sie nur diese vier Leben gab, nicht Entliebsreut selbst, darf angenommen werden, dass der Ort Entschenreuth damals schon bestand und größer war.[244] Erst 200 Jahre später hören wir wieder von Entschenreuth, und zwar ebenfalls durch Aufzeichnungen des Klosters Osterhofen.

1349: Es sind wieder vier Anwesen zu „Entliebsräut" genannt, und zwar zwei „curien" (1 curie 1/1 Hof) und zwei Lehen. Diese vier Anwesen mussten an das zum Kloster Osterhofen gehörende Klosteramt Zell (Innernzell) Pfennigdienst (Steuern) und Haferdienst (Naturalleistung in Getreide) leisten.[245] Diese Eintragung lässt den Schluss zu, dass Entschenreuth nicht nur aus diesen vier Anwesen bestand. Ganz „Entliebsräut" hatte nämlich noch 46 Pfennige für die Beleuchtung (Talglichter u. ä.) der Schartenkirche (in Solla) zu leisten. Zu welcher Herrschaft gehörten die restlichen Anwesen? Saldenburg entstand ja erst viel später.

1395: Wir vernehmen wieder von Entschenreuth, jedoch aus einer anderen Quelle. Im Saalbuch (Steuerbuch) der Grafen von Hals erscheint die „Herrschaft gein Pernstein" (Bärnstein bei Grafenau) und es wird ausgeführt, dass die Herrschaft Pernstein die „Vogtei", die Verwaltung und Schutzmacht, über zwei Osterhofener Güter in „Entzleinsrewt" hatte.[246]

1440: Die vier Güter in „Entliebreit" erscheinen nun zugehörig zur Hofmark Zenting. Die Hofmark Zenting gehörte damals als ganzes zum Kloster Osterhofen.[247]

Um die folgenden Ausführungen besser verstehen zu können, ist der Begriff „Hofmark" etwas zu erklären. Hofmarken hatten die niedere Gerichtsbarkeit. Sie waren also eine Vereinigung von Grundherrschaft und Gerichtsbarkeit.[248] Die ältesten Hofmarksrechte entstanden wohl schon im frühen Mittelalter aus in sich geschlossenen und deutlich abgegrenzten Bezirken um den eigentlichen „Herrenhof", sie waren wohl u. a. gedacht als Schutz vor Übergriffen des Vogtes. Es war dies die früheste Form eines grundherrlichen Niedergerichts.[249] Durch die „Ottonische Handfeste vom Jahre 1311" konnten sich zahlungskräftige Grundherrschaften die „Hofmarksrechte" kaufen.[250] Sie konnten nun geringere Vergehen selbst aburteilen und das Strafgeld behalten. Durch den Kaufpreis hatte ein Herzog größere Einnahmen und er ersparte sich auch Verwaltungsbeamte. Dem Herzog vorbehalten blieb jedoch die „Hohe Gerichtsbarkeit"; dies war vor allem die Bestrafung von Diebstahl, Totschlag und Notzucht. Die „Hohe Gerichtsbarkeit" wurde jedoch später immer wieder auf weitere Straftaten ausgedehnt.[251]

1472: Jetzt ist erstmals unzweideutig von einer eigenständigen „Hofmarch Enschnreytt" zu lesen. Sie gehörte zum „wolfleins ambtt" der Herrschaft Saldenburg. Namentlich sind als stiftpflichtige Entschenreuther aufgeführt: „Michel Weber, Conrad, der andere Weber, Michel Zand, Richter, Nagl, Lindl Sneyder, Jorg, Stefl, Schnisel und der Mulnar" (Müller).[252]

Leider fehlen uns bislang jegliche Unterlagen über damalige Hofmarksherren bzw. -herrschaften. Auch die erstmalige Entstehung dieser Hofmark liegt bis heute im dunklen. Die Hofmark Entschenreuth hatte sicherlich keine größere überregionale Bedeutung; aber sie hatte unzweifelhaft bestanden. Mit höchster Wahrscheinlichkeit war hier die Niedere Gerichtsbarkeit nur dem Inhaber eines „Edelsitzes oder Sedelhofes" verliehen. Auch eine solche Rechtsform war damals möglich.[253] Diese Vermutung wird durch heute noch rechtsgültige Flurnamen um Entschenreuth erhärtet. Südlich Entschenreuth (westlich der Kläranlage) bestehen heute noch die Flurnamen Sedlbichl und Sedelbühl (beide bezeichnen einen früheren Herrenhügel), sowie Burgstalläcker und Burgstallwiesen (diese beiden deuten auf eine primitive Burganlage hin). Diese über Jahrhunderte überlieferten und verwandten Namen wurden bei der ersten Erstellung des Grundsteuerkatasters (um 1820 bis 1840) amtlich übernommen und weisen somit auch heute noch auf einen „Edelsitz oder Sedelhof" hin.

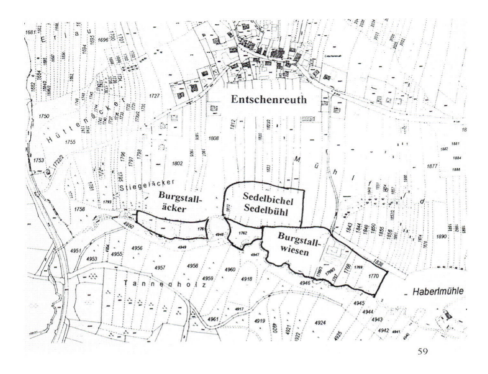

59

Bei intensiver und aufwendiger Geländeerforschung dürften noch Belege dieses frühen „Herrensitzes" zu finden sein. Doch nun wieder zurück zu belegten Daten.

1568: Wir lesen wieder von einer Hofmark Entschenreuth. Beim Tode des Grafen Ulrich III. v. Ortenburg (nicht zu verwechseln mit dem schon mehrmals erwähnten Osterhofen) gehörte neben der Hofmark Saldenburg auch die Hofmark „Eischenzreit" zu seinen Besitzungen".[254]

1587: Erneut hören wir von der Hofmark: „Aus der Hofmark Entschenreuth zahlen die Stift [Steuern] nach Saldenburg: Balthasar Sigl, Martin Grezz - pflöger zu Saldenburg - , Mathaus vom Pecken guett, Balthasar Pokerl, Paulus Werckel, Wolfgang Gmeiner, Georg Hauser, Hans Kramer, Wolfgang Wiesinger, Mathaus Haberöder von der Mil".[255]

1682: In diesem Jahr, also vor gut 320 Jahren, ist letztmals eine eigenständige Herrschaft Entschenreuth verzeichnet. Am 31. Okt. 1682 verfasst Graf Joh. Ferdinand, Albrecht v. Preysing sein Testament und nennt sich hierin „Herr der Herrschaften ... Saldenburg und Endsreit (Entscherreit) u.s.w."[256]

Soweit die bis jetzt bekannten Hinweise auf eine eigenständige Herrschaft bzw. Hofmark Entschenreuth. Nur ein Zufall kann uns weitere Archivalien zur Geschichtsforschung über Entschenreuth bescheren.

Abschließend und zusammenfassend die bis jetzt bekannten verschiedenen Schreibweisen von Entschenreuth. Es konnten ja nur wenige Bürger schreiben und lesen und die amtlichen Schreiber waren ja keine Bürger vor Ort. Diese Schreiber überlieferten uns alle Namen nur so, wie sie die von den Einheimischen in bodenständigem Dialekt vorgesagten auffassten.

1152: Entliebreidt	1349: Entliebsräut	1395: Entzleinsrewt
1440: Entliebreidt	1472: Enschnreytt	1568: Enetsreit
1568: Eischenzreit	1587: Entschenreuth	1682: Endsreith
1708: Enschenreith	1728: Entschenreuth	1809: Enzerreith
1867: Entscherreuth bzw. Entscherreit.		

Auch der immer wieder als Pertinenzgut (zugehöriges Gut) zur Herrschaft Saldenburg genannte Ort Hundsruck ist schon weit früher als Saldenburg entstanden.

Hundsruck

Wann Hundsruck entstand, ist derzeit noch unbekannt. Erstmals genannt finden wir den Ort 1252.

1252: In diesem Jahr ging die „Vogtei" (Amtssitz eines landesherrlichen Verwaltungsbeamten) über die „Babenberger Güter" von den Ortenburgern an die Wittelsbacher. Auch Güter aus Hundsruck gehörten dazu.[257]

1270/80: Im „zweiten Herzogsurbar" sind als Gesamtkomplex Güter aus 78 Orten zwischen Schöllnach und der Ilz, die auf eine Dotation (Schenkung) Kaiser Heinrichs II. an das Bistum Bamberg im Jahre 1007 zurückgehen, exakt aufgelistet. Fünf Güter aus Hundsruck gehörten zu dieser Dotation.[258] Wenn auch erst 1280 erstmals schriftlich belegt, dürfte Hundsruck aber schon im Jahre 1007 zum Gesamt-komplex dieser 78 „Babenberger Güter" gehört haben, die auch 1310 (mit einer Ausnahme) wiederum als gleicher Gesamtkomplex genannt werden.[259] - Auch der Name „Hundsruck" zeugt für eine sehr frühe Entstehung. Vom Namen eines Ortes können wir aber nur dann auf seine Entstehungszeit schließen, wenn wir seine früheste Schreibweise kennen. Bereits im zweiten Herzogsurbar aus dem Jahre 1280 findet sich die Schreibweise „Huntsruck". Die Vorsilbe „hunt" erscheint in der althochdeutschen Sprache (5. bis Mitte 11. Jh.) als „hunto", das ist der Vorsteher einer Hundertschaft, und in der mittelhochdeutschen Sprache (12. bis 15. Jh.) als „etwas Minderwertiges, oder von schlechter Qualität". Die Nachsilbe „ruck" bedeutet im Althochdeut-schen wie im Mittelhochdeutschen schlichtweg „Bergrücken". Bezie-hen wir „Huntsruck" auf das Mittelhochdeutsche, meint es einen Hü-gel oder Bergrücken von schlechter Bodenbeschaffenheit; - wie auch immer, Vor- und Nachsilbe legen nahe, dass Hundsruck schon um die Jahrtausendwende bestand.

1425: In diesem Jahr erfolgt die nächste, bislang bekannte Nennung von Hundsruck. „Hans von Huntzruck hat 4 Tagwerch Wismadth (Wiesen) verliehen in Miesberg".[260] Die inzwischen aufgehobene Ort-schaft Miesberg gehörte damals zur Herrschaft Bärnstein (Grafenau).

1472: Wir lesen wieder von fünf Gütern zu Hundsruck. Bei ihnen handelt es sich mit Sicherheit wieder um die schon vorher erwähnten „Babenberger Güter". Für sie musste nämlich auch jetzt „voytt Habrn" (Vogt Hafer, also eine Abgabe für die Bevogtung) gezahlt werden. Jetzt war diese Abgabe jedoch an die Herrschaft Saldenburg zu leis-ten. Saldenburg war damals im Besitz der Ortenburger, folglich mussten in den vergangenen 200 Jahren diese fünf Güter in Hunds-ruck von den Wittelsbachern wieder an die Ortenburger übergegangen sein.[261]

1563: In Philipp Apians „Topographie von Bayern" wird Hunds-ruck als Dorf auf einem Hügel bezeichnet.

1568: Mindestens ein Hof in Hundsruck - aus dem Besitz des Gra-fen Ulrich v. Ortenburg - gehört zur Herrschaft Saldenburg.[262]

1587: Es erscheinen wieder die alten fünf Güter, wobei bereits zwei aus der Pflicht der Vogt-Abgabe befreit sind. Alle fünf sind wieder gegenüber der Herrschaft Saldenburg steuerpflichtig.[263]

1589: Hundsruck gehört als „Pertinenzgut" ganz zur Herrschaft Saldenburg.[264]

Ab dieser Zeit entwickelte sich Hundsruck unter der Herrschaft Saldenburg zusehends zu einer selbstständigen Ortschaft und wird immer größer.

1715: In alten Gerichtsprotokollen werden folgende Personen aus Hundsruck als Täter bzw. als Geschädigte erwähnt: Neun Söldner (Kleinbauern), ein Amtmannssohn, eine Amtmannstochter, eine Söldnerstochter, ein Weber, ein Bauer, ein Häusler und eine Bauernstochter.[265]

Da wir kaum annehmen können, dass alle Bewohner gerichtlich aktenkundig wurden, dürfte sich Hundsruck schon damals zu einer größeren Siedlung mit vielen Bewohnern entwickelt haben.

1782: Es entstehen ganze zwölf selbstständige Erbrechtshöfe in Hundsruck. Die Herrschaft Saldenburg verkauft ihren dortigen Allodialbesitz (Maierhof) am 21. Oktober mit Erbrechtsbriefen in zwölf Teilen an dortige Bewohner.[266]

1825: In diesem Jahr ist die Gemeindebildung (damals noch Landgericht Passau) endgültig abgeschlossen. Hundsruck gehört zur Gemeinde Saldenburg. Ab jetzt entfallen Abgaben an Grundherren.[267]

1867: Nach einer Statistik des Bistums Passau zählt Hundsruck bereits zwanzig Häuser und 160 Seelen, - für Saldenburg werden ebenfalls 160 Seelen, aber zweiundzwanzig Häuser genannt.[268]

Ein noch nicht endgültig abzuschätzendes Ereignis zur Deutung der Frühgeschichte von Hundsruck ist der bereits erwähnte, im Jahre 2001 freigelegte Erdstall unter dem abgebrochenen Wohnhaus der Auto-Firma Karl Klessinger. Der Gang ist eindeutig ein echter Erdstall; vielleicht erlaubt er uns einmal noch völlig neue Erkenntnisse über die früheste Besiedlung von Hundsruck. Dankenswerterweise hält die Firma Klessinger diesen Gang auch weiterhin zu Forschungszwecken offen.

Nun noch zum dritten angekündigten Ortsteil, dem ehemaligen Weiler Trautmannsdorf. Auch Trautmannsdorf ist älter als Saldenburg. Interessant ist auch der bislang unbekannte Zusammenhang mit dem Wallfahrtsort Altötting.

118

Erdstall unter dem Autohaus Klessinger. Rechts im Bild eine Lichtnische

Trautmannsdorf und seine schwarze Madonna

Viele ältere Gemeindebürger erinnern sich noch gerne an die Schwarze Madonna, die bis vor gut fünfundzwanzig Jahren aus einer Wandnische im Gastzimmer der alten Taverne zu Trautmannsdorf, durch ein Glastürchen geschützt, den emsigen Wirtshausbetrieb beobachtete.

Altem Volksglauben entsprechend, soll diese spätmittelalterliche Figur als einziges Inventar einen früheren Gasthausbrand überlebt und dadurch ihre schwarze Farbe erhalten haben. Die Schwärze war jedoch nach meinem Urteil eindeutig ein Farbanstrich, auch zeigte die Figur keinerlei Brand- oder Russzeichen. Wie zu zeigen sein wird, ist die Statue eine Kopie des Gnadenbildes von Altötting, der „Schwarzen Madonna". Bevor ich aber darauf eingehe, will ich erst einmal einen kurzen Rückblick auf die Vergangenheit dieses alten Weilers geben.

Älter als alle uns bislang bekannten Daten zu diesem Weiler sind mit Sicherheit einige Elemente in dem geheimnisumwobenen unterirdischen Gang, welcher durch eine Treppe unter dem heutigen Gastzimmer zu erreichen ist. Er war zu einem Verbindungsgang zu dem ehemals gegenüberliegenden Gebäude (mit großem Keller) ausgebaut worden; der Gang verlief unter der alten B 85. Der Betrachter erkennt jedoch unfehlbar, dass für diesen Gang ein alter, bereits seit vielen Jahrhunderten bestehender „Erdstall" weiter ausgebaut wurde, dessen Entstehung in die Zeit der Völkerwanderung einzuordnen sein dürfte.

Die Frage, ob „Trautmannsdorf der Wirtschaftshof der [nicht mehr erhalten gebliebenen] benachbarten frühmittelalterlichen Burg Hohenwart (Lkr. Passau)"[269] gewesen ist, lässt sich nicht eindeutig beantworten. Die ersten geschichtlich belegten Daten über Trautmannsdorf finden sich im Jahre

1356: Kaiser Karl IV. lässt eine neue Straßenvariante für den Salzhandel von Bergreichenstein (Böhmen) über Grafenau nach Passau suchen (später auch die Gulden Straß genannt, - im Gegensatz zum Goldenen Steig von Prachatitz nach Passau). Zwei Varianten dieser neuen Strecke treffen sich bei Trautmannsdorf.[270]

1462: Hans Tragenrauter, Pfleger zu Saldenburg, überlässt seinem Bruder Erasmus u. a. die Hälfte seines Hofes zu Trautmannsdorf. Dieser Hof und ein weiteres Gut zu Trautmannsdorf waren damals noch Lehen von Hals (bei Passau) und gehörten zur Pfarrei Neukirchen v. W.[271]

1501: Jetzt lesen wir erstmals von einer Taverne und von der über Jahrhunderte dort ansässigen Familie Wieninger. Perchtold Wieninger erhält das Recht Bier und Met auszuschenken. Für dieses Schankrecht muss er jährlich dem Herzog Georg dem Reichen von Landshut eine beträchtliche Summe zahlen. „Das gleiche Recht hatte schon sein Vater". Also geht das Wirtsrecht schon mindestens eine Generation weiter zurück.[272]

1517: Es lichtet sich das Geheimnis um unsere schwarze Madonna. Durch Zufall fand ich unter hunderten von alten Votivbildern in der Wallfahrtskirche zu Altötting eine große Tafel mit Bild und folgender Inschrift:

Fraw [Frau] Anastasia des Edln Vestenn hern Andreen zähes hausfrau [Ehefrau], geborn von Trautmannsdorf Ist am Montag in den pfingstfeyern im dreyzehend [im dreizehnten Jahr – 1513] in an unwissend Krankhayt [Ohnmacht] gefallen, an baiden augen erplindt bis auf den mitwoch darnach genslich für todt geacht und in der krankhayt hat si das vergicht [Schüttelkramf] so lang und hertiglich gearbeit bis sy ain khind unwissend [in Ohnmacht befindlich] geborn. In solcher bekhümmernüs, ist sy von obbemellten [obengenannten] Irrem hauswirt [Ehemann] andächtigly allher versprochen, mit ainem großen Wächsen pild [Gemalten Bild] selbs zeantwotten, nach solchem versprechen hat die gemelt fraw, vonstundan ir vernunft und gesicht [Augenlicht] nach der gepurd des khinds widerumb enntpfangen und sy das vergicht genntzlich verlassen, sind baide selbst mit andacht und danckberkhait hi gewesen. das gelub und kirchfahrt [Gelübde und Wallfahrt] verricht, auch das zaichen angesagt. Anno 1517

Welches Aufsehen dieses Wunder in dem damals noch nicht allzubekannten Wallfahrtsort erregte, zeigt ganz deutlich, dass es von dem 1520 hauptamtlich eingesetzten Mirakelschreiber in seinen Aufzeichnungen so eindrucksvoll festgehalten wurde.

Um diese wundertätige Altöttinger Madonna stets gegenwärtig zu haben, wurde sodann diese oben genannte Kopie in Trautmannsdorf aufgestellt.

Wer war dieser „Edle Veste Herr" Andreas? Zeitlich, inhaltlich und textbezogen dürfte es sich bei ihm um Andreas III. v. Schwarzenstein handeln. Dieser Andreas war und nannte sich zu dieser Zeit „Herr zu Engelburg und Fürstenstein".[273] Aber lassen wir diese Deutung offen und begeben wir uns wieder zu belegten Daten.

1561: Trautmannsdorf erscheint wieder in Verbindung mit der Gulden Straß. Ein vom Herzog angeordneter Erkundungsritt zur Generalinstandsetzung dieses Handelsweges geht über Trautmannsdorf und Grafenau nach Böhmen.[274]

1587: Ab jetzt gehört Trautmannsdorf zur Herrschaft Saldenburg.[275]

1764: Ein bei uns längst vergangener Erwerbszweig in der Landwirtschaft wird erwähnt. Der Wirt Wieninger zu Trautmannsdorf verkauft acht Zentner Hopfen (zum Preis von je 60 Gulden) an die Brauerei Moos bei Plattling.[276] Auch die Klosterbrauerei Niederaltaich bezog bevorzugt Hopfen aus Trautmannsdorf.[277]

1798: Der Wirt Wieninger, Besitzer von Trautmannsdorf, heiratet die Tochter des Glashüttenbesitzers Hilz aus Waldhäuser, und wird als bis jetzt einziger Saldenburger Mitbesitzer einer Glashütte.[278]

1830: Nach mehreren Jahrhunderten im Besitz der Wieninger geht Trautmannsdorf nun an Mathias Veicht (für 10.750 Gulden) über.[279]

1862: Trautmannsdorf besitzt eine „radizierte Tafern-Gerechtsame" (ein Ausschankrecht, welches beim Verkauf an den neuen Besitzer übergeht, es ist an das Gebäude gebunden und nicht an die Person), dazu noch eine „reale Bäcker, Metzger und Eisenhandelsgerechtsame" (dieses Recht ist nicht an das Haus, sondern an den Ort gebunden und kann an jede Person des gleichen Ortes vererbt werden). Ferner gehörten zu Trautmannsdorf ein Ziegelstadl mit Lehmgrube, ein Baumgarten und ein Kellerhaus.[280]

1890: Die Familie Veicht übergibt den Gesamtbesitz Trautmannsdorf an Josef Möginger, Hohenwart, und dessen Braut Maria, der Tochter von Veicht.[281]

1892: Wohl der bereits erwähnte Totalbrand von Trautmannsdorf.

1893: Planeinreichung für den Wiederaufbau.

1897: Im Katasterblatt ist der Wiederaufbau der abgebrannten Ökonomiegebäude mit Fremdenstallungen (z.B. für den Pferdewechsel bei den Postkutschen usw.) festgehalten.

1945: Alt-Trautmannsdorf besteht aus drei Gebäuden. Bis 1980 entstehen in Trautmannsdorf einundvierzig Neubauten, ein Gebäude wurde abgerissen.[282]

Mit Orten, die ehemals zur Gemeinde Lembach gehörten, haben wir uns bisher noch nicht direkt beschäftigt. Bei ihrer Gründung am 25. 6. 1818 zählten dazu Dießenstein, Dießensteinmühle, Ebersdorf, Furth-Rettenbach, Hüterhäusel, Lembach, Ohmühle, Preying und Spitzingerreuth. Die beiden Ortsnamen Dießensteinmühle und Hüterhäusel (bei Furth-Rettenbach) sind seit 1840 nicht mehr verzeichnet. Mit der Eingliederung von Lembach zum 1. 1. 1972 wurden auch diese ehemaligen Gemeindeteile zu Saldenburger Orten. Dass wir von ihnen wenigstens noch Dießenstein und seine Geschichte, Dießensteinmühle und die Kirche St. Brigida in Preying etwas näher betrachten, ist wohl selbstverständlich. Beginnen möchte ich aber mit Lembach selbst.

Der Name des 1818 neu gegründeten Steuerbezirkes und somit auch der Sitz der politischen Gemeinde war Lembach. Hier standen schon seit langer Zeit drei große Bauernhöfe. Auch lagemäßig war Lembach das Zentrum dieser Gemeinde. Der heute wegen seiner Infrastruktur, seiner großartigen Kirche und Schule etwas bekanntere Ort Preying entwickelte sich ja erst Jahrhunderte später. Relativ früh schon wurden die weiten Wälder der Pflege Dießenstein von Lembach aus bewirtschaftet.

Das erste Försterhaus des heutigen Saldenburg stand in Lembach

Eine flächendeckende Betreuung unserer Wälder durch Forstbeamte ist relativ jung. Bis in das 16. Jh. bestand die Behandlung des Waldes ausschließlich in der Nutzung des hiebsreifen (starken) Holzes (bis hin zum fast gänzlichen Einschlag) und in der Nutzung durch die Jagd.[283] Die einzelnen Großgrundbesitzer oder Herrschaftsgebilde, wie die Hofmark Saldenburg, hatten eine Art Waldaufseher beschäftigt, ebenso auch die Pfleggerichte, sofern sie Waldungen besaßen, wie in Dießenstein.

1620: Um diese Zeit reichte die „Pflege Dießenstein" bis hinauf nach Hilgenreit, Mangelham, Ort, Freundorf, Gmünd, Schöfweg, Schlag, Mutzenwinkel und Haunstein.[284] Es handelte sich dabei um ein in sich geschlossenes, großes Waldgebiet.

1698: Ein Rentamtsbefehl vom 12. Juni gewährt Holzbezug als Amtsnutzung.[285]

1725: Der „Holzförster" zu Dießenstein verkauft das zum Eindecken der „Turmdachung beim Schloß Saldenburg" benötigte Holz, da in Saldenburg „nichts mehr zu haben ist".[286]

1739: Der „Pfleger [erhielt] 150 Klafter [Einem Klafter entsprechen drei Ster] aus dem kurf. Forst Öd als Amtsnutzung. Verpflichteter Holzförster war Joseph Sieß aus Lembach".[287]

1788: Utzschneider notiert: „Die Holz-Auszeige in der Öd hat das Gericht Dießenstein [also von Lembach aus] ... - obwohl die Passauischen kein Holz aus Bayern herausführen dürfen, wird im Winter doch viel Scheiter Holz aus der Öd zum Verkauf geführt".[288]

1789: Nach verschiedenen fehlgeschlagenen Versuchen werden nun in Bayern unter Kurfürst Karl Theodor im Jahre 1789 erstmals hoheitliche „Forstmeistereien" eingerichtet.

Für unser Gebiet war das neu geschaffene Forstamt Zwiesel zuständig. Im Gericht Dießenstein wird das Revier Nr. 12 - „Lembach, mit Sitz daselbst" - eingerichtet. Die Nachbarreviere waren Langfurth und Bärnstein.[289] Kurios aus heutiger Sicht ist, dass damals die für das Forstpersonal üblichen Hoheitszeichen auf Schulterklappen usw. Rosen zeigten, später Eicheln. (Hoheitszeichen sind heute in Bayern nicht mehr üblich.).

1800: Als „Kurfürstlicher Revierförster und Pflegjäger" ist in Lembach Josef Mauser stationiert. Er hatte den „Schloßwald" und Teile der heutigen Öd zu betreuen.[290] Zwischen 1800 und 1802 wurde der „Schloßwald Dießenstein" an Privat verkauft.[291]

1804: Die Bayerische Forstverwaltung wird umorganisiert. Das Forstamt Zwiesel wird als Oberförsterei der Forstinspektion Deggendorf weitergeführt. Das Revier Lembach ist nun Teil der Oberförsterei Zwiesel, zugehörig der Inspektion Deggendorf.

1824: Zwiesel wird wieder selbstständiges Forstamt, jedoch mit Sitz in Schönberg. Also jetzt: Revier Lembach im Forstamt Zwiesel in Schönberg![292]

1829: Eine Arbeitsteilung der verschiedenen Forstleute zeichnet sich ab. Die Trift auf der Ilz wird nicht vom Lembacher Förster, sondern vom „Forsteiförster" Mengert zu Schönberg betreut.[293] In der Waldbewirtschaftung wird das Revier Lembach aufgewertet.

1834: In Lembach arbeitet sogar ein Forstlehrling, Philipp Mauser.[294]

1838: Schönberg wird nun ein selbstständiges Forstamt – jetzt „Revier Lembach im Forstamt Schönberg".[295]

1844: In dem 1807 angelegten und 1844 abgeschlossenen Grundsteuerkataster Lembach erscheint als Anwesen Hs.Nr. 19 (das jetzige Anwesen Lembach, Hs.Nr. 6) das staatliche Försterhaus mit 35,25 Tagwerk Grund. Es bestand aus Wohnhaus und Stadl unter einem Dach, sowie einem Schuppen und Getreidekasten, ebenfalls unter einem Dach. Bei der Rubrik Vorbesitzer ist vermerkt: „Unfürdenkliches Staatseigentum". In dieser Forsteinrichtungsperiode wird das Forstrevier Lembach aufgelöst und nach Hals (Hals war eine Wartei des Reviers Schönberg) verlegt. Der Forstwart wohnt jedoch vorerst noch weiter in Lembach und versieht von hier aus seinen Dienst.[296]

1845: Durch die in den Jahren 1845 bis 1871 vom Staat angekauften zwei Spitzingerreuther Bauernhöfe mit je ca. 300 Tagwerk Wald und Feld, vergrößert sich das Aufgabenbereich des Lembacher Försters erheblich.[297] (Durch diese ehemaligen Höfe verläuft heute die B 85). Die dazugekommenen Flächen waren von Lembach aus günstiger zu bewirtschaften.

1859: Der kgl. Forstwart Ernest wohnt immer noch im Försterhaus Lembach.[298]

1864: Der 1854 auf Betreiben der Kirche wegen seines „Concubinats" (damals gesetzlich unerlaubte außereheliche Gemeinschaft) in die „temporäre Quieszenz" versetzte Förster Narholz wird als „funktionierender Forstwart" an das Revier Lembach versetzt. Er bezieht die „geräumige Dienstwohnung mit 5 Tagwerk Dienstgrund" zu Lembach.[299]

1866: Die Dienstwohnung des Forstwartes Narholz wird an seinen Dienstsitz Hals, in das inzwischen vom Staat angekaufte Danneckeranwesen, verlegt.[300] Der inzwischen schwerkranke Narholz zieht mit „Ökonomiegerätschaften nebst dem nötigen Futtervorrat, dem Melkvieh und seinen inzwischen 8 unversorgten Kindern" in das neue Dienstanwesen nach Hals. (An diesen letzten Förster in Lembach, gestorben am 18. 5. 1875 in Hals, erinnert heute noch eine Marmorplatte in der nördlichen Außenwand der Pfarrkirche zu Thurmansbang.[301]

Das war das Ende des Förstersitzes in Lembach. Da Hals zur Gemeinde Saldenburg gehört, blieb diese erste Staatliche Forstdienststelle im Gemeindebereich und wurde erst 1968 nach Gumpenreit verlegt.

Die heute im Gemeindebereich einzige Forstdienststelle Saldenburg ist wesentlich jünger. Als Waldaufseher (ohne festen Förstersitz) für die jeweilige Herrschaft Saldenburg sind uns noch bekannt: Um 1900 ein Herr Jackermeier; später ein Herr Schneider und ab 1913 Herr Wedel.[302]

Vermutlich durch die großen Sturmwürfe des Jahres 1926 in den Wäldern um Saldenburg bedingt, verkaufte der damalige Gutsbesitzer, Herr Domänendirektor Konrad Stelzer, das gesamte Gut Saldenburg an den Bayerischen Staat. Der Staat behielt die Waldungen für sich und aus den landwirtschaftlichen Flächen wurde eine neue Gutsverwaltung gegründet. Die nun neu dazugekommenen Waldungen (in etwa die heutigen Waldabteilungen Hochbuch, Schlossberg, Tummelplatz, Edt, Rochberg und Altreuth, sowie Teile der Abteilungen Goldhügel, Fuchsberg, Anzenhäng, Straßhäng und Mühlberg) waren der Anlass, in Saldenburg im Jahre 1926 eine eigene Forstdienststelle zu errichten.[303]

Kommen wir nun zu Dießenstein. Nach dem derzeitigen Forschungsstand ist die „Entstehungszeit der Burg Dießenstein […] eindeutig eingegrenzt. Der Bau kann nicht vor Sommer 1345 begonnen worden sein, 1347 war er sicher noch nicht völlig abgeschlossen."[304] Ob schon früher auf dem markanten Felskopf über der Ilz eine Burg, oder etwas Ähnliches vorhanden war, bleibt vorerst im dunkeln. Die offiziellen Erbauer der Burg Dießenstein sind, wie bereits eingangs erwähnt, fünf Herren aus dem Hause und Geschlecht der Tuschl von Söldenau.

Die späteren Besitzer der Burg wollen wir übergehen. Da wir uns aber in den vorgehenden Kapiteln mit der Herrschaft (also dem Privatgericht) von Saldenburg auseinandergesetzt haben, so liegt es nahe, auf sein Gegenstück, nämlich auf das öffentliche Gericht, das Pfleggericht zu Dießenstein, etwas einzugehen. Schließlich war Dießenstein ja das Zentrum jeglicher staatlicher Verwaltung im weiten Umkreis. Auch die Dießensteinermühle mit dem geschichtsträchtigen Ilzsteg, sowie die Zerstörung der Burg Dießenstein und nicht zuletzt auch der legändäre Pandurenoberst Freiherr von der Trenck sollen in den folgenden Kapiteln nicht unerwähnt bleiben.

Dießenstein, ein Grundpfeiler unseres heutigen Landratsamtes

Bereits 1378 war Dießenstein fest in bayrischer Hand und es wurde dort eine sogenannte Hofmarkspflege eingerichtet. Bereits 1381 ist der wittelsbachische Pfleger, Herr Wernhard Dietreichinger, auf Dießenstein urkundlich belegt. In einer Hofmarkspflege wurde das gesamte Gebiet verwaltet. Das heutige Notariat, Forstamt, Finanzamt (früher als Rentamt bezeichnet), die gesamte öffentliche Verwaltung und das Gericht waren in einer Hand vereint.

Gerichtsmäßig konnte in Dießenstein - wie im benachbarten Herrschaftsgebiet Saldenburg - nur die Niedere Gerichtsbarkeit abgeurteilt werden. Die eingenommenen Strafgelder flossen aber sämtlich in die Staatskasse; erwähnt sei, dass zumindest von 1739-1761 die Gerichtstätigkeit des Pflegers viel mehr kostete als sie einbrachte.[305]

Die Niedere Gerichtsbarkeit ist in der Ottonischen Handfeste aus dem Jahre 1311 bis ins Detail geregelt. Von dieser Gerichtsbarkeit ausgenommen waren die sogenannten Malefizfälle, wie Mord, Strassenraub, Notzucht und Diebstahl, für sie war die Hohe Gerichtsbarkeit zuständig. Sie oblag speziellen herzoglichen Landrichtern. Hierzu wurden eigene Gerichtstage und Gerichtsstätten eingerichtet.[306]

In Dießenstein wurde genau darauf geachtet, dass hier begangene Delikte von Personen aus fremden Herrschaftsgebieten auch hier abgeurteilt wurden. Wohl auch deswegen wurde das Pfleggericht Dießenstein gerade hier an der Ilz, der Grenze zwischen Bayern und Passau, errichtet. Von ihm aus wurden der Grenzverlauf und der Handel zwischen den beiden Ländern peinlichst überwacht. Eine eigene Mautstation (Zollstation) mit eigenen Beamten, den „Mautnern", war der Pflege Dießenstein unterstellt. Der Zuständigkeitsbereich des Pfleggerichts Dießenstein, als untere bayerische Verwaltungsebene, dehnte sich im späten Mittelalter flächenmäßig immer weiter aus.

Die älteste uns bekannte Gerichtsbeschreibung stammt aus dem Jahre 1538. Dießenstein war damals so groß, dass es in drei Unterämter aufgeteilt wurde; und zwar:

a) das Amt Breitaich mit Gütern z. B. in der Gegend von Hilgartsberg, Garham, Alkofen und Künzing.

b) das Amt Sandbach, mit Gütern z. B. in der Gegend von Heining und Sandbach.

c) das Altzinger Amt mit Gütern z. B. in der Nähe von Neukirchen v. W., Thurmansbang, Eberhardsreuth, Witzmannsberg, Aicha v. W., Lembach, Ebersdorf und viele andere mehr.[307]

Auch damals gab es schon ständige Umorganisationen. Das Amt Sandbach wurde 1598 nach Vilshofen abgetrennt und Dießenstein in zwei neue Ämter aufgeteilt; und zwar in:

a) das Innere oder Obere Amt mit Gütern in Unterpolling, Lodersdorf, Ebersdorf, Anschiessing, Allmunzen, Thurmansbang, Lembach, Ruderting, usw.; dazu zählten insgesamt 23 Höfe, 35 Gütl, 1 Sölde und 5 Mühlen.

b) das Amt Praitaich mit Gütern in Garham, Irlham, Praitaich, usw.; hier wären 5 Höfe, 11 Gütl, 1 Mühle und 1 Sölde zu nennen.

Um 1620 wird die Zuständigkeit von Dießenstein um die sogenannten Haimgüter (Hilgenreit, Gmünd, Schöfweg, Schlag, Mutzenwinkel und Haunstein) erweitert.[308]

1704, im Spanischen Erbfolgekrieg, besetzten die Österreicher ganz Bayern und nahmen es unter kaiserliche Verwaltung. Dabei wurde das Amt Bärnstein (somit auch Dießenstein) der Regierung Amberg zugeteilt, später kam es zu Landshut, und schließlich wieder zu Straubing.[309]

1716 wird die Pflege Dießenstein verwaltungsmäßig mit der Pflege Hals (bei Passau) vereint.[310]

1742, während der Österreichischen Administration, mussten der Pfleger von Hals (bei Passau) und der Gerichtsschreiber von Bärnstein die „Pflege" Dießenstein verwalten.

1752 erscheint erstmals eine genaue Statistik, die sogenannte Güterkonskription. Jetzt verwaltet die Pflege Dießenstein insgesamt 249 Anwesen in 64 Orten.[311] Dieses Werk wird 1760 durch ein neues Hofanlagebuch ergänzt. Dießenstein ist nun in drei Hauptämter unterteilt:[312]

1.) Das „Amt Breiteich" mit Anwesen um Hilgartsberg, Garham, Alkofen, usw.

2.) Das große „Innere Amt", welches in fünf eigene Obmannschaften (Sickenberg, Kollnberg, Witzingerreuth, Ebersdorf und Polling) unterteilt ist.

3.) Das „Amt Haimgut" mit insgesamt 14 Obmannschaften (alle um Schöfweg, Hilgenreit, Mangelham, Mutzenwinkel, usw. gelegen).

Unser Pfleggericht Dießenstein, mit all seinen vorher genannten Aufgaben, stand nur noch für kurze Zeit in voller Blüte.

1789 beginnt der Niedergang. Kurfürst Karl Theodor richtet in Bayern erstmals eigene „Forstmeistereien" ein. Hierbei wurden die bisher von Dießenstein verwalteten Wälder dem neu geschaffenen Revier Lembach (des Forstamtes Zwiesel) zugeteilt. Die erste der bislang eigenständigen Verwaltungsbereiche des Pfleggerichtes ist somit schon abgetrennt. 1799 setzen sich mit dem angeordneten Verkauf der Pfleggerichtsgründe (zur Aufbesserung der Staatskasse) die Auflösungserscheinungen fort.[313] 1803 wird der Sitz des Landgerichtes Bärnstein nach Schönberg verlegt. Dießenstein, als kleineres Gericht, wird diesem neuen Landgericht Schönberg einverleibt (Teile von Dießenstein gehen an die Landgerichte Passau, Deggendorf und Vilshofen).[314] Die Selbständigkeit Dießensteins ist nun für immer aufgelöst.

Im Zuge dieser 1803 erfolgten Neuordnung wurde auch die erste Ämterteilung durchgeführt. Die Tätigkeit der Finanzverwaltung wurde vom Landgericht abgetrennt; die jetzt als „Rentamt" bezeichnete Behörde war völlig eigenständig. Sitz dieser neuen Behörde war Grafenau. Der zuständige Rentbeamte wollte aber in Schönberg wohnen, und so bezeichnete man dieses Amt schlichtweg „Rentamt Grafenau in Schönberg". Erst 1919 wurde die Bezeichnung „Finanzamt" eingeführt.[315] Da der Bärnsteinsche Landrichter sich jedoch weigerte nach Schönberg umzuziehen, der Streit dauerte acht Jahre, wurde 1811 Grafenau als Landgerichtssitz bestimmt.[316]

Als letztes Aufgabengebiet der alten Pfleggerichte wurde am 10. November 1862 der Justizbereich als selbstständiges Amt abgetrennt und nannte sich weiter Landgericht; der verbleibende reine Verwaltungsbereich nennt sich jetzt Bezirksamt. 1879 wird das nun selbstständige Landgericht als Amtsgericht bezeichnet und das verbliebene Bezirksamt wird 1938 Landratsamt Grafenau genannt.[317]

Bei der letzten großen Gebietsreform im Jahre 1972 wurden die beiden eigenständigen Landratsämter - unser Landratsamt Grafenau und das jenseits der Ilz („im Bistum") gelegene Landratsamt Wolfstein - aufgelöst und zu dem heute für uns zuständigen neuen Landratsamt Freyung-Grafenau verschmolzen.

Wurde das Pfleggericht Dießenstein einst als Bollwerk gegen das jenseitige Ilzufer, dem Hochstift Passau, eingerichtet, so ist es nun mit diesem Gebiet unter einer gemeinsamen Verwaltung, dem Landratsamt Freyung-Grafenau, eng verbunden. Es hat sich nach Jahrhunderten zusammengefunden, was geographisch letztendlich doch zusammengehört.

Auch heute noch werden wir immer wieder mit dem ehemaligen Pfleggericht Dießenstein konfrontiert. So wird z.B. der Name „in der Maut" (unterhalb der Kläranlage Ebersdorf) noch allgemein verwendet, - hier stand einst das sogenannte Mauthäusel. Diese Mautstation wurde erst 1806 völlig aufgehoben.[318] Auch der Hausname „Bombauer" für das Anwesen Hs. Nr. 5 in Dießenstein ist den meisten ein fester Begriff. Bombauer leitet sich vom Begriff „Botenbauer" ab. Das heutige Anwesen Liebl war einst der Wohnsitz des Gerichtsboten, des Botenbauers.

Was wäre ein Bericht über Dießenstein, der nicht auch die historische Dießensteiner-Mühle etwas näher behandelt! Dießensteinmühle war einstmals sogar ein eigener Ortsname.

Die Dießensteiner Mühle und der Ilzsteg
Ein geschichtsträchtiger Ort

Direkt am romantischen Ilzfluß gelegen, am Fuße der einst so stolzen Burg und an der historischen Mautstation zwischen Fürstbistum und Bayern, fristet die alte Mühle, heute fast völlig unbeachtet, ihr einsames Dasein.

Aus den wenigen uns noch erhaltenen Archivalien können wir ihren Bestand und das sie einst belebende emsige Treiben 660 Jahre zurückverfolgen.

1345: Ein bislang nur bezüglich der Burg ausgewertetes Dokument gibt uns den eindeutigen Beweis, dass die Dießensteiner Mühle bereits im Jahre 1345, also mindestens schon zwei Jahre vor dem Bau der

Burg, bestand. Das Hochstift Passau war damals bemüht, nach kurzer Weiterverleihung, u. a. auch diese Mühle wieder in seinen Einflussbereich zu bekommen. Ein Auszug aus dem Originaltext:

> ... des dritten Theils am Dorf lengenbach (= Lembach [Dießenstein gehörte schon immer zum Dorf und bis 1972 auch zur politischen Gemeinde Lembach]), auch der Mühl daselbst, verzeihet sich [verzichtet] Marquard Hautzenberger gegen Bischof Gottfried II. [Gottfried v. Weißeneck, Fürstbischof von Passau[319]] [1342 bis 62] anno 1345. Und dass sie wirklich in des Hochstifts nutzung kommen.[320]

1538: Ein Scharwerksregister (Verzeichnis über Hand- und Spanndienste) für die drei zum Pfleggericht Dießenstein gehörenden Ämter aus dem Jahre 1538 erwähnt wieder namentlich die „Tiessenstainmull".[321] In einem ähnlichen Verzeichnis aus dem Jahre 1598 erscheint dieser Eintrag wieder.[322]

1566: Wir erfahren, dass damals an der Ilz nicht nur in der Mühle reges Leben pulsierte, es wird auch auf die Ilzbrücke - den heutigen Steg direkt vor der Dießensteinmühle - verwiesen.[323]

1610: In diesem Jahr ist die Brücke wieder einmal in aller Munde. Zwischen Bayern und dem Hochstift Passau gab es politische Schwierigkeiten. Unsere Brücke gehörte damals halb zu Passau und halb zu Bayern. Die vom Passauer Fürstbischof Leopold zusammengezogenen Landsknechte kamen wiederholt „stehlend und raubend" auf unser Gebiet. Kurzentschlossen ließ daraufhin der Befehlshaber von Dießenstein die Brücke abreißen. Dies traf Passau schwer, denn der so nötige Lebensmitteltransport auf dieser Nebenstrecke von Böhmen nach Passau, teilweise auf bayerischem Gebiet, wurde dadurch unterbrochen. Lange diplomatische Verhandlungen waren nötig, bis die Brücke wieder hergestellt war.[324]

1628: Wieder erscheint die Mühle (Inhaber war ein Christoph Listell) als dem Pfleggericht und der Herrschaft Dießenstein abgabepflichtig.[325]

1633: Im 30 jährigen Krieg wurde auch das Gebiet um Dießenstein nicht verschont: „einzelne Banden aus dem Feldlager Regensburg [plünderten] das Bärnsteiner Gebiet. ... Im Oberen Amt des Gerichtes Dießenstein verdarben Reiter die vier Mühlen",[326] also auch die Dießensteiner Mühle. In diesem Zusammenhang spielte auch die Ilzbrücke wieder eine große Rolle: „die fremde Soldateska [brachte] noch einen leidigen Gast mit, die *Pest*."[327] Weil diese sich damals auch in Anschiessing zeigte, ließ die Dießensteiner Pflege kurzerhand die Ilzbrücke abreißen, um ein Übergreifen dieser Seuche auf unser Gebiet zu verhindern.

1698: Dass sich auf diesem damals so wichtigen Handelsweg über die Ilzbrücke weitgereiste und geschäftstüchtige Handelsleute bewegten, zeigt uns deutlich der am „Vorabent St. Geörgen, de anno 1698 vom Dissenstainischen Dinstpoden" gefundene Geldbeutel; damals noch ein echter Beutel im wahrsten Sinn des Wortes. Er enthielt u. a. folgende Münzen bzw. Währungen: Dukaten aus England, Türkei, Augsburg, Nürnberg, Frankfurt, Holland, Churmainz, Böhmen Schweden, Sachsen, alte Kaiserliche aus den Jahren 1586 und 1610, sowie Dukaten aus Brandenburg. Ferner Thaler aus Mainz, Augsburg, Hamburg, Sachsen, Ungarn, Cassel, Burgund und Fuggerische. Noch erstaunlicher ist aber, dass die Pflegeverwaltung von Dießenstein die Umrechnungsfaktoren dieser fremden Währungen kannte. Sie errechnete als Wert des gesamten Münzfunds 208 Gulden und 8 Kreuzer heimischer Währung.[328]

1739: Bei den Ausgaben des Pfleggerichtes erscheint u. a. der Eintrag „Ilz- oder Dießensteinermühl-Brücke mit kurf.[ürstlicher] Beimaut und Zollstatt, Landstraße geht darüber, Handel mit dem Bistum, hin und her".[329]

1746: Genannt wird der Betreiber der Mühle mit Namen, nämlich Gregory Schärdinger. Um 1750 hatte die Mühle unter Schärdinger bereits 3 Mahlwerke.[330]

1752: In der Güterkonskription von 1752 werden für Dießenstein vier Anwesen statistisch erfasst; wobei die Dießensteinmühle mit ¼ Hofgröße damals weit größer war, als die drei anderen Anwesen (zwei zu 1/16 und eins zu 1/32).[331]

1755: Der 1746 genannte Betreiber der Mühle, der Müller Gregory Schärdinger, hat nun immer wieder an die Dießensteiner Gerichtskasse etwas zu bezahlen, - er wird immer wieder zu Geldstrafen verurteilt. So mehrmals wegen diverser „Mühlvergehen" und Rauchfangvergehen". Auch 1760 wird er wegen eines „Mühlvergehens" wieder erwähnt.[332]

1761: Seinem Nachfolger, dem Müller Paul Jäger, erging es nicht besser. Er wird ebenfalls wegen Mühlvergehen bestraft, und zwar im Jahre 1761 und 1764.[333]

1788: Auch in dem schon erwähnten Reisetagebuch des Hofkammerrates Joseph v. Utzschneider aus dem Jahre 1788 wird die Dießensteinermühle erwähnt: „Vom Markt Tittling kommend in Richtung Saldenburg rechts von der Straße liegt das Pfleghaus Dießenstein, wo nur noch ein Mauth- und Bothen-Häusel und eine Mühle steht".[334]

1828: Die Dießensteiner Mühle und vor allem die Brücke wurden nun immer mehr von der Holztrift tangiert, die Triftstrecken sukzessive ausgebaut. Zum Schutz der Mühle wurden z.B. im Jahre 1828 ein Vorrechen mit 36 Spreißel (Vorrichtung zur Absicherung des Mühlkanals vor Beschädigungen durch Triftholz), eine Rolle (Einwurfstelle für das Triftholz) und ein Steinhaus (Befestigung rechts und links der Rolle) eingebaut.[335]

Wie wir sehen, tritt jetzt eine ganz neue Funktion an der Ilz in Erscheinung. Das Holz aus den großen Waldungen zwischen Rachel und Lusen, welche im Jahre 1803 durch die Säkularisation an den Bayerischen Staat fielen, wurde zum Teil auf dem Wasserwege, der Trift, bis nach Passau, ja sogar bis nach Wien, transportiert.

1831: In einem Commissionsprotokoll über Triftanlagen vom 13. März 1831 werden als Inhaber der Mühle die Müllerin Anna Maria Jäger und ihr Sohn Joseph genannt. „Der beschädigte Teil des Wehres [Stauvorrichtung am Triftbach] von 2 Quadratklafter ist neu herzustellen und die Rolle [Einwurfvorrichtung für Sterholz] auszubessern".[336]

1832: Ein Teil des Wehres „zu ungefähr 4 Quadratklafter" ist durch Hochwasser abgerissen.[337]

Auch unsere Ilzbrücke erscheint in Aufzeichnungen. Am 20. 05. schreibt der Gemeindevorsteher von Lembach an das Königlich Bayerische Landgericht zu Grafenau:[338]

Es wird angezeigt, dass in der Dießensteiner Mühle die Brücke durch die Holzschwemmung [Trift] verrunnieret worden ist, in den Seiten der Mauer das Holz einige Steine herausgestossen hat und wird solches dem kgl. Landgericht übergeben.
Es emphielt sich mit Achtung der gehorsame Gemeindevorsteher Johann Hauer.

1833: Nur ein knappes Jahr später, am 19. Februar, berichtet das Forstamt Schönberg an die Regierung des Unterdonaukreises, dass durch „heftigen Eisgang" die Trifteinrichtungen in Höhe der Dießensteiner Mühle zum Teil weggerissen wurden.[339]

1868: Die Ilzbrücke hat an Bedeutung weiter zugenommen und wird in der Mitte durch einen steinernen Pfeiler befestigt, da „die Spannweite für die darüber fahrenden Fuhrwerke zu groß ist". Um durch den Pfeiler aber die Trift nicht zu behindern mussten aus dem Bachbett Felsen beseitigt werden.[340]

1888: Wie auch 1892 hören wir von einer neuen Besitzerfamilie der Mühle: Familie Johann Schmalzbauer. Sie richtet auch zusätzlich eine Schneidsäge (Sägewerk) ein.[341]

1893: Erneute Reparaturen an der Brücke wegen Triftschäden.[342]

1900: Inzwischen muss die Mühle an einen Herrn Müller aus Wismühle (o. ä.) übergegangen sein. Zwischen den Besitzern Schmalzbauer und Müller war ein Herr Lorenz Besitzer der Dießensteinmühle.[343]

In der Mühle vollzieht sich eine grundlegende Nutzungsänderung. Jetzt wird u. a. mit 4 Wasserrädern erstmals Strom erzeugt, - auch für die umliegenden Gebäude.

Von diesem Herrn Müller geht die Mühle (jetzt E-Werk) an einen Herrn Stockbauer.[344]

1901: Unter dem 12 .04. lesen wir von einer amtlichen „Triftbeschau für die Stockbauertrift auf der Schönberger Ilz". Herr Stockbauer war Holzkaufmann und betrieb die Trift.[345]

1910: Herr Müller modernisiert seine Stromerzeugung und baut 1910 erste Turbinen in das Kraftwerk ein. Er verkauft die gesamte Anlage an den vorher erwähnten Herrn Stockbauer und dieser wieder an Herrn Maier. (Die Familie Maier ist auch heute noch Besitzer der Dießenstein-Mühle.)

Neben der Mühle (jetzt E-Werk) befand sich damals noch ein weiteres Gebäude. Im Erdgeschoß standen Kühe und darüber waren die Wohnräume der Bediensteten. Wie mir Herr Maier erzählte, brach eines Nachts der Schlafraum durch und die Bewohner lagen plötzlich zwischen den Kühen, - passiert ist niemanden etwas.

Von dem über Jahrhunderte pulsierenden Leben und der Geschäftigkeit dieser alten Mühle zeugt heute nichts mehr, wir sehen ein teilweise eingestürztes Bauwerk, das in seinem intakten Teil ein kleines E-Werk birgt. Die einst so wichtige Brücke zwischen Fürstbistum

Passau und Bayern ist zu einem Steg für Fußgänger, und die alte Handelsstraße zu einem Wanderweg zusammengeschrumpft. Die früher so aufwendigen Triftanlagen sind nur noch teilweise zu erkennen. Wer weiß, wie lange diese Einrichtungen noch bestehen werden. Möge dieser kurze Abriss dazu beitragen, dass sie nicht völlig in Vergessenheit geraten.

Doch nun endlich zur Burg Dießenstein, die wie die Saldenburg viele Höhen und Tiefen erlebte. Ich will mich aber, wie schon gesagt, nicht mit ihrer Geschichte und ihren Besitzern näher beschäftigten, sondern nur mit ihrer Zerstörung.

Die Einnahme der Burg Dießenstein im Österreichischen Erbfolgekrieg

Vermutlich schon am 18. Juli 1742 fiel Dießenstein dem im gesamten ostbayerischen Raum wütenden Pandurenobersten Franz Freiherrn von der Trenck, zum Opfer. Bevor ich darauf näher eingehe, einige Bemerkungen zum Österreichischen Erbfolgekrieg (1740-1748).

Ausgelöst wurden diese Auseinandersetzungen dadurch, dass Kaiser Karl VI. ohne männlichen Erben am 20. Oktober 1740 starb und die Thronfolge der Donaumonarchie seiner Tochter Maria Theresia, Erzherzogin von Österreich und Königin von Ungarn, durch die Pragmatische Sanktion gesichert hatte. Dieses am 19. April 1713 von Karl VI. erlassene Habsburger Hausgesetz sah die weibliche Erbfolge für den Fall vor, wenn kein männlicher Thronerbe zur Verfügung stünde, um Unteilbarkeit der habsburgischen Länder zu sichern. Ein weiblicher Thronfolger war zur damaligen Zeit aber ein Novum, Kurfürst Karl Albrecht von Bayern erkannte Maria Theresias Thronfolge nicht an und erhob selbst, als vermeintlicher männlicher Thronanwärter, Anspruch auf das Habsburgische Erbe. Albrecht war direkter Nachkomme der älteren Tochter von Kaiser Ferdinand I. (1503-1564).

Maria Theresia verteidigt jedoch ihre Erbfolge und geht hierzu ein Bündnis mit England und den Niederlanden ein. Ihr Gegenspieler,

Kurfürst Albrecht - allein zu schwach - verbündet sich mit Preußen, Frankreich und Spanien gegen Maria Theresia. Er besetzt Oberösterreich und Böhmen, - womit wir bereits in unserer näheren Heimat angelangt sind. Bereits 1741 überrumpelt er Passau und Linz. Dort lässt er sich als Erzherzog von Oberösterreich huldigen und schlägt alle Kompromissangebote Österreichs ab. Mit Hilfe französischer und sächsischer Truppen konnte er auch Prag erobern, wo er sich zum König erheben und im Januar 1742 in Frankfurt gar als Karl VII. zum Kaiser krönen ließ. Nominell zwar Kaiser, war er aber nicht einmal Herr von Bayern, das die Österreicher inzwischen besetzten. Maria Theresia hatte 1741 Ungarn um Hilfe gebeten und den damals schon sehr zwielichtigen Freiherrn Franz von der Trenck angeheuert. Obwohl Preußen mit Bayern verbündet war, steht es ihm nicht bei, - Preußen war an seiner Schwächung interessiert, um selbst eine gewisse Vormachtstellung zu erreichen. Am 28. Juli 1742 schließt Maria Theresia Frieden mit Preußen, der „Schlesische Krieg" war beendet. Am 26. Juni 1743 wird die bayerische Armee neutralisiert und das Land unter österreichische Administration gestellt. Erinnert sei noch an die große Schlacht von Dettingen (bei Aschaffenburg) am 27. Juni 1743, wo sich England stark für Maria Theresia gegen Frankreich engagierte und mit als Sieger hervorging. Am 20. Januar 1745 stirbt Karl VII. und sein Nachfolger Max II. erkennt die Erbfolge des Hauses Habsburg an und verzichtet auf alle Ansprüche. Bayern war damit als internationale Macht in Europa gescheitert. Am 22. April 1745 wird der Vorfrieden von Füssen geschlossen. 1748 wird der Österreichische Erbfolgekrieg mit dem „Frieden von Aachen" beendet. Die Pragmatische Sanktion wird endgültig anerkannt. Österreich erhält die von Frankreich eroberten österreichischen Niederlande zurück, tritt Parma und Piacenza an Spanien, und einen Teil des Herzogtums Mailand an Sardinien ab. Preußen behält Schlesien und Glatz.

Die Österreicher (Habsburger) haben somit außer Schlesien keinerlei Gebietsverluste erlitten. Wir im Bayerischen Wald jedoch wurden, obwohl unbeteiligt, durch große Brandschatzungen, Plünderungen, Zerstörungen und Kontributionen von seiten beider Kriegsparteien betroffen.

Soweit zum Österreichischen Erbfolgekrieg, dem die Burg Dießenstein zum Opfer fiel. Es kursieren mehrere Varianten über die Zerstörung dieser mächtigen Burganlage. Vor allem ist heute das bislang als verbindlich angesehene Datum der Zerstörung, nämlich der 24. Juli 1742, sehr in Frage gestellt. Zweifel bestehen auch, ob v. Trencks Autobiographie, in welcher detailliert die Einnahme der Burg beschrieben wird, überhaupt von ihm selber verfasst wurde. Kritiker versuchen dies immer wieder zu widerlegen;[346] sofern sie aber nicht von Trenck war, muss der wirkliche Autor, Geschichtsforschern zufolge, doch in engster Verbundenheit mit ihm gestanden haben. Wilhelm Owen, der Trencks Buch im Jahre 1747 ins Englische übersetzte und in London herausbrachte, will mit Trenck persönlich bekannt gewesen sein. Owen bestätigt sogar, dass Trenck dieses Buch wirklich selbst verfasst habe. Ein erst viel später vom Österreichischen Kriegsarchiv in Wien zugängig gemachter Bericht des damaligen Österreichischen Oberbefehlshaber Graf Khevenhüller an Maria Theresia vom 21. Juli 1742 deckt sich in vielen Passagen mit Trencks angeblichen eigenen Biographie. Lediglich beim Datum der Einnahme Dießensteins dürften die Kritiker Recht haben. Die Einnahme muss vom 17. Juli bis 19. Juli 1742 stattgefunden haben, nicht am 22./23. Juli, wie Trenck schreibt.

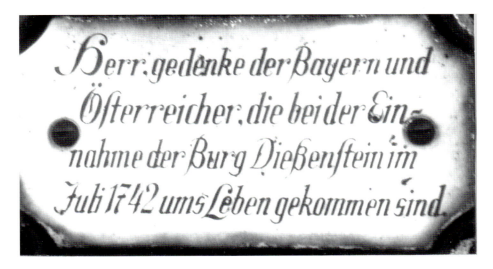

Inschrift auf dem heute noch stehenden Wegkreuz am Weiler Dießenstein

Im Matrikelbuch (Sterberegister) der Pfarrei Preying werden die im Zuge der Einnahme Dießensteins zu beklagenden neun Toten einzeln genannt. Einige von ihnen führt der eintragende Ligglederer – der damalige Preyinger Vikar - schon unter dem 18. Juli an, und zwar mit dem Vermerk „bey der belagerung des Schlos Diessenstein". Die Einnahme dürfte dann am 19. Juli erfolgt sein. Interessant ist, dass einige Tote an Ort und Stelle, nämlich „ohnweit dem Waschhaus unter dem Stiegl" beerdigt wurden, - wo sie wohl noch heute liegen.

Dieses Matrikelbuch wurde vom vorgenannten Preyinger Vikar Ligglederer, welcher gleichzeitig Benefiziat der Burg Dießenstein war, neu angelegt. Bedauernd schreibt Ligglederer, dass die „originale Matrikel als unermeßliche Beute von den Barbaren (Trencks Leuten) fortgeschafft wurden und dass es nicht möglich war, die Matrikel von den Blutsaugern wieder zu bekommen". Da er bei der Einnahme Dießensteins selbst dabei war, darf man dieser seiner Eintragung wohl vertrauen.

Bevor wir der (angeblichen) Selbstbiographie Trencks zuwenden, sei noch ein kurzer Auszug aus dem oben angeführten Bericht Graf Khevenhüllers an Maria Theresia wiedergegeben. Khevenhüller versuchte offensichtlich seinen Haudegen von der Trenck gegenüber der Kriegsherrin wegen der Zerstörung Dießensteins in Schutz zu nehmen. Am 21. Juli berichtet er „Ihrer Königlichen Majestät" u. a., dass es notwendig war Dießenstein einzunehmen. Es war eine „ohnumbgängliche Nothdurfft" gewesen, das „bishero feindliche und von lauther land und scharffschützen, auch sonstigem Gesindel besezt und gegen Böhmen situierte Schloß Dießenstein wegzunehmen und zerstören zu lassen. Sintemahlen selbes ein Aufenthalt schlechter Leuthe und Deserteurs gewesen", usw. usw. Auch habe Trenck vor der Einnahme „Feuer und Verheck [?] aus den Waldungen und Anhöhen von den darin postierten Schützen ausstehen müssen". Nachdem er aber „ein und andere Todt und Blessierte (Verwundete) bekommen", habe er [Trenck] Artillerie angefordert und angefangen das Schloß zu „canonieren".
Bei genauerem Studium aller gegensätzlichen Ausführungen in der Literatur kann sich jeder näher Interessierte seine eigene Meinung bilden. Was die Einnahme Dießensteins betrifft, so lassen sich mit wenigen Ausnahmen - Datum der Einnahme und Anzahl der Gefangenen - alle Aussagen aus Trencks (Auto)Biographie heute bestätigen

bzw. noch in der Natur nachvollziehen.[347] Wer letztendlich dieses Buch geschrieben hat, wird wohl kaum noch zu eruieren sein; für uns ist dies auch zweitrangig.

Das Buch muss zu seiner Zeit ein richtiger „Renner" gewesen sein, da es in wenigen Jahren gleich mehrmals neu aufgelegt wurde; ja sogar - wie schon erwähnt – in England erschien. Allein der Titel ist für uns schon achtungsgebietend, - hier nur ein Titel von mehreren:

Merckwürdiges Leben und Thaten Des Welt-berühmten Herrn FRANCISCI, Frey-Herren von der TRENCK, Ihro Römisch und Kaiserlich und Königl. Majestät von Ungarn und Böhmen würklichen Obristen und Inhaber eines slavonischen Panduren Regimentes von den Herrschaften Pellika - Pestrovasc - Pleternica - Pacratz und Nostar von ihm selbst bis zum Ende des Jahres 1747 fortgesetzt erschienen Frankfurth / Leipzig. 1748

Lesen wir aus diesem Buch zu der Einnahme Dießensteins:

Ich bekam ein Commando von 500 Freywilligen vom Löbl. Baron Andrea-sisch- und Graf Forkadischen Regiment, zu meinen Banduren, nebst vier zwölfpfündigen Canonen und zwey Mörsern, mit welchen ich den 20. Juli abgeschickt wurde, das Schloß Dießenstein, worinnen sich alle das Schützen-Gesindel unter Commando des Baro Schrenck, als Pfleger des rühmlichen Dießensteiner Gerichts, und der Obrist Drackler hinein geworfen, und aus welchem sie durch ihre Excursionen unseren ausgeschickten Parthien großen Schaden verursachten, ingleichen unsere Gefangene, die sie machten, auf eine unerhörte Art ermordeten. Ich ließ des Schloß also den 22. in der Nacht, ohne dass sie das geringste gemerkht, durch die Banduren dergestalt umringen, dass kein einziger mehr heraus, und niemand zu ihnen hinein kommen konnte. Den 23. des Nachts rückte ich mit den Canonen an, und faßte Posto mit dem zum Schloß gehörigen und an desselben Lauff-Graben gelegnen Brey-Haus [andere Autoren schreiben Bey-Haus, was sicher richtig ist. Das Bräu-Haus stand nämlich innerhalb der Burganlage[348]], brach die hinteren Wände aus, und machte zwei Schieß-Scharten in die vorderen Wände [das heutige Anwesen Dießenstein Hs. Nr. 7], und führte zwey Canonen auf, um das Schloß in Grund zu schießen; zwey Canonen aber führte ich in die Höhe auf eine dazu verfertigte Batterie hundert Schritte vom Schloß, um in den obern Stock, wo die Mauer gantz dünn, und jeder Schuß durch alle Zimmer durchschlug, die daselbst befindlichen Schützen zu beängstigen; vor die zwey Mörser aber ließ ich das Bett 150 Schritt vom Schloß hinter einer verdeckten Anhöhe machen, welches aber erst am andern Tag um 8 Uhr fertig wurde. Gleych bei meiner Ankunft forderte ich das Schloß auf, bekam aber mit sechs Kugel-Büchsen, die auf einmal auf mich losgingen, die Antwort; Worauf dann das Canonieren anging. Ich hatte auch bis den andern Tag früh mit zwey Canonen nur 60 Schuß an den Fuß des Schlosses thun lassen, so lag die ganze Mauer in einer Bresche. Endlich um 7 Uhr früh, hatten die Canonen von der oberen Batterie auch das obere Theil des Schlosses völlig durchlöchert. Zuletzt wurden vier Bomben geworfen, wovon die vierdte hineinfiel, drey Menschen und 23 Stück Pferd und Vieh tödtete und beschädigte. Hierauf fielen sie heraus, in der Meynung durchzugehen; sie geriethen aber in der Banduren Hände, und mußten ihren Geist aufgeben, die anderen gingen wieder in das Schloß zurück, und steckten ein weißes Tuch aus. Es wurde zu feuern aufgehört, und die zwey Commandanten erschienen auf der Bresche, und verlangten mit mir schriftlich zu Capituliren: ich aber schlug ihnen solches ab, und sie ergaben sich endlich an mich auf Discretion, mit dem beding, dass ich mit ihnen machen könnte, was ich wollte, nur dass ihnen am Leben nichts geschehe. Ich versprach ihnen dann das Leben zu schenken, doch sollten sie ohne Ausnahme, so lange sie lebten, auf Ungerischen Schantzen arbeiten, welches sie gar willig annahmen und damit zufrieden waren. Hieraus ist leicht zu schlüssen wie ich sie beängstigt habe.

Nachdem nun das Schloß über war, in welchem ich noch 193 lebendige Schützen fand, ging ich mit vier Officiers von mir und die Commandanten und der Bayerische darinn gewesene Schützen Pater [dies war der bereits erwähnte Preyinger Vikar Ligglederer - siehe nächstes Kapitel] hinein, um alles ordentlich zu übernehmen; sie übergaben mir auch ihre Pulver-Patronen und Vivres, was sie noch übrig hatten, und noch eine ziemliche Menge war. Endlich führten sie mich in einen Keller, der eine Communication hatte mit den Rondelen (Zugang zur Befestigungsmauern), so mitten im Schloß von Quader-Stücken gebaut stund. Ich ließ mir ein Glas Bier geben, und als ich das austranck, erblickte ich grad über eine von Stroh auf die Art gemachte Thüre, wie man die Sessel in Italien zu wickeln pfleget. Ich fragte den Schrenck [damaliger Pfleger auf Dießenstein], was dies für eine Thür sey? Er gab mir aber ganz erschrocken zur Antwort: es sey ein Gefängniß. Weil er sich so entsetzte, so meynte ich, es müssen Gefangene von uns vilelleicht, die sie wo aufgefangen hätten, sich darinn befinden, ohne zu wissen, auf was vor Fallen, die mir gestellet waren, ich treten würde. Ich eröffnete die Thür, und sah fünff Fässel 40 Schritt hinunter in den Thurm, als wie in einer Hölen liegen, auch dabey etliche verstreute Patronen. Ich fragte den Schrenck, was das für Fässer wären, und ich wollte nicht hoffen, dass sie noch Pulver versteckt hätten. Er schwor mir hoch und theuer mit Verpfändung seines Lebens, dass er alles getreu offenbart hätte. Ich verlangte ein Licht um es recht zu sehen, und man brachte mir ein brennendes Kien-Scheitel, mit welchem ich den Thurm hinunter leuchtete, und gar klar also gleich die Patronen und die Pulver-Fässer erblickte, meinem Unglück aber nicht ganz entrinnen konnte. Dann als ich hierauf sagte, es ist Pulver im Thurm, so ging alles dieses Pulver in die Lufft, mit einem solchen Knall, als wann das ganze Gerüst des Schlosses mir schon auf dem Kopf läge, welches auch darauf angesehen, und gewiß geschehen wäre, wann das Pulver nicht Lufft gefunden, und das gantze Dach von den Rondelen in die Lufft geworffen hätte.

Der Dampff und das Feuer dieses Pulvers warff mich, an beyden Händen und Gesicht miserabel verbrannt, zum Keller hinaus, dass ich auf das Gesicht fiel, und wann ich nicht in einem Augenblick die andere Thür im Aufstehen funden, und mich salviert (in Sicherheit gebracht) hätte, so hätte mich der Rauch erstickt. Mir gingen noch zum Überdruß zwei Pulver-Hörner voll feines Pulver, so ich in der Tasche hatte, los, so dass ich keinem Menschen gleich sahe. Der Baron Schrenck wurde auch mit mir und noch besser als ich verbrannt; dann er hatte keine Stiefeln an, und verbrannte beyde Schienbeine. Nun weiß ich schon, wie es denen zu Muthe ist, die ersauffen, die todt geschossen, verbannt werden und ersticken sollen. Was ich aber vor Schmerzen ausgestanden, ist nicht zu beschreiben. Ich lieff demnach so voller Feuer, ohne Haar auf dem Kopfe aus dem Schloß heraus, und rufte meinen Leuten, sie möchten mir die Kleider helfen vom Leibe reißen, die alle brannten. Aber alle meine Leute glaubten, dass noch mehr Minen in die Luft gehen würden, und lieffen von mir. Endlich schmisse ich meine Patron-Tasche mit 36 Patronen noch gefüllt, hinweg, welche auch, als sie kaum auf die Erde kam, los ging. Darauf machte ich die Degen-Koppel los, und mir blieben die Nägel und Haut an den Schnallen hängen. Nach diesem zog ich das Kleid aus; über die linke Hand ging es gut, an der rechten Hand aber überstreifte sich der Rock, und ich risse ihn samt der Haut von der ganzen Hand herunter; welches auch die Tage meines Lebens wird zu sehen seyn. Die entsetzlichen Schmerzen übermannten mich, und ich fiel im Brau-Haus [stand noch innerhalb der Mauern] in Ohnmacht, allda wurde ich taliter qualiter [so gut es halt ging] von meinem Feldscherer verbunden, und auf 8 Meil Wegs nach Passau zurückgeführt. Ich habe auch bey dieser Enterprise nicht mehr als einen Büchsenmeister todt, und drey Banduren samt mir Bleßirte [Verwundete] gehabt.

Der Einzug von mir [in Passau] war remarquabel [bemerkenswert]. Ich lag in meiner Chaise, die gefangenen 193 Mann lieffen um mich mit ihrer Wacht her, auf des Kutschers Sitz saß der gefangene Geistliche [der Preyinger Vikar Ligglederer], der mich zum Tode disponierte [der auf meinem Tode rechnete], hinten auf der Chaise war der bleßirte Baron Schrenck wie ein Sack aufgebunden.

Trenck schildert nun noch ausführlich seine Wiedergenesung in Passau. Am Ende dieses Kapitels kommt jedoch noch ein bis jetzt kaum beachteter Satz für unsere nähere Heimatgeschichte: Nach fünfzehn Tagen der Genesung machte Trenck, noch voller Pflaster, einen Besuch bei „Ihro Excellentz den Grafen Khevenhüller. Ich bekam von ihm das Dekret als Obrist-Lieutenannt, welches mir auf seine Recommendation [Empfehlung] von Ihro Majestät der Königin geschickt wurde. Dießenstein aber und noch zwey Schlösser wurden von uns in die Lufft gesprengt". (Welche zwei weitere Schlösser damals in die

Luft gesprengt wurden, ist bis jetzt mangels schlüssiger Dokumente noch unklar.)

Hiernach wurde Dießenstein also nicht bei der Einnahme durch Trenck am 19. Juli, sondern erst mindesten 15 Tage später, wahrscheinlich sogar erst nach Trencks Genesung, völlig zerstört. Auch im schon vorher erwähnten Bericht Khevenhüllers an Maria Theresia vom 21. Juli, also zwei Tage nach der Einnahme durch Trenck, steht nichts von der völligen Zerstörung Dießensteins während der Einnahme. Auch in einem Bericht des Jahres 1745 von dem aus der Gefangenschaft zurückgekehrten Pflegers Schrenck heißt es, dass, „nach ausgestandener formblicher Belagerung das Schloß von dem Feind samt Städl, Stallung, Mayr- und Preuhaus totaliter ruiniert und zu einem Steinhaufen raisiert worden ist", also auch erst später, vermutlich sogar ohne Trenck.

Es sei nun noch als eine kleine Episode über den im vorherigen Abschnitt öfter erwähnten Geistlichen, den Preyinger Vikar Michael Ligglederer, berichtet, der als Benefiziat auch die Burg Dießenstein betreute. Ligglederer war eingefleischter Patriot und konnte sich eine weibliche Thronfolgerin, noch dazu eine Österreicherin, ganz und gar nicht vorstellen.[349]

Der Preyinger Vikar Michael Ligglederer
Ein eingefleischter Patriot

Ligglederer kam es ganz gelegen, dass Kurfürst Karl Albrecht v. Bayern Anspruch auf das habsburgerische Erbe erhob. Als direkter Nachkomme der älteren Tochter von Kaiser Ferdinand I. (1503-1564) war er somit, wie Ligglederer fest glaubte, der einzige rechtmäßige, männliche Thronerbe. Hierfür lohnte es, sich einzusetzen. Und so schwor Ligglederer, als eingefleischter Patriot, in seinen Predigten das Preyinger Volk ganz auf die Seite von Kurfürst Karl Albrecht ein. Selbst als der berüchtigte Freiherr v. der Trenck im Auftrag von Maria Theresia im Bayerischen Wald sein Unwesen trieb, um ihr das Erbe zu sichern, gab Ligglederer noch nicht auf. Hatte er ja die als uneinnehmbar geglaubte Burg Dießenstein als Rückhalt, hinter deren

Mauern er sein Bayernland auch gegen Trenck zu verteidigen versuchte. Schade!, denn eine schöne Burganlage wurde zerstört, die dem Beschuss der Angreifer nicht standhalten konnte. Kaum dass von Trenck mit seiner Truppe angerückt war und der Beschuss begann, mussten sich er und 192 weitere Personen auf Gnade und Ungnade ergeben.

Der bei der Eroberung von Dießenstein schwer verwundete Trenck sah anfangs in Ligglederer nicht den Kämpfer, sondern den Priester und nahm ihn als einzigen nicht gefangen, sondern bat ihn als geistlichen Beistand mit ihm und den anderen Gefangenen nach Passau zu ziehen. In Passau war Liggleders patriotische Einstellung anscheinend hinreichend bekannt und er wurde „in Arrest" genommen.

Auch ein Bittschreiben des Passauer Bischofs an Trencks Vorgesetzten, den General Khevenhüller, „um gütige Freilassung des Religiösen" blieb erfolglos. Der General ließ wissen, „dass Ligglederer das dortige (Preyinger) Landvolk zu mehrerer Hartnäckigkeit, sogar in Predigten in der Kirche, animiert habe". Der Bischof stellt nun eigene Nachforschungen an und Ligglederer wird auf einmal sehr kleinlaut. „Kein Wort wisse er [Ligglederer] von einer Aufhetzung des Volkes zu Retinenz und Widerstand. Es hätten ja gar keine aufhetzende Predigten stattfinden können, weil die Leute aus Furcht gar nicht in die Kirche gekommen seien." Dass er sich jedoch mit seiner eigenen Flinte bewaffnet zum Widerstand in die Burg begeben habe, musste er aber kleinlaut zugeben. Allerdings schwächte er dies gegenüber dem Bischof damit ab, dass er dies nur auf Bitten der „Widerständler" getan habe. Er habe „seine Flinte aber nicht wider die Panduren gebraucht oder losgeschossen. Zudem sei er ein schlechter Schütze und hätte nie schießen können".

Seine Ausführungen fielen jedoch auf taube Ohren, und Ligglederer blieb weiterhin in Haft. Erst am 22. August erhielt der Bischof vom kommandierenden General die Erlaubnis, „den kriegerischen Vikar" aus dem Arrest zu entlassen und ihn, zwar nicht nach Preying, sondern gleich zurück in sein Stammkloster nach Osterhofen, zu schicken. In seiner geistlichen Karriere schadete dieser Zwischenfall dem „kriegerischen Vikar" aber nicht. 1765 wurde Ligglederer sogar zum Abt seines Klosters Osterhofen gewählt.

Über von Trenck haben wir aus seiner (Auto)Biographie schon etwas erfahren, seine Person und seine Taten sind aber so interessant, dass sie doch noch näher betrachtet werden sollen.

Wer war „Trenck der Pandur" und was suchte er bei uns?

Vielen von uns ist der legendäre „Trenck der Pandur", der Zerstörer von Dießenstein, ein Begriff. Aber was wissen wir letztendlich über ihn? Mit diesem kleinen Abriss möchte ich versuchen, diesen Haudegen politisch wie zeitlich richtig einzuordnen.

Als sich Kurfürst Albrecht am 25. Januar 1742 in Frankfurt als Karl VII. zum Kaiser krönen lässt, ist unser Trenck bereits mit der Besetzung Münchens beschäftigt und Bayern schon fast wieder fest in Österreichischer Hand. Karl VII. hat zwar jetzt die Kaiserkrone, aber kein Land! Und wir im Bayerischen Wald hatten wieder einmal bald Freund und bald Feind zu versorgen, denn die blutigen Auseinandersetzungen zwischen Bayern (vereint mit den Franzosen) und den Österreichern (vereint mit den Ungarn) in unserem Gebiet gingen erst richtig los; wir liegen genau zwischen den Fronten. Preußen wurde hier nicht tätig, - die Preußen schädigten Maria Theresia in Schlesien.[350]

Was unsere Bevölkerung in dieser schweren Zeit alles durchstehen musste, ist uns durch das peinlich genau geführte Tagebuch des damaligen Abtes des Klosters Niederaltaich, Marian Pusch, exakt überliefert.[351] In Niederaltaich waren, je nach Frontlage, abwechselnd französische, bayerische, österreichische oder ungarische Truppen einquartiert bzw. zu versorgen. Die gesamte Bevölkerung des Bayerischen Waldes war betroffen. Die Bauern versteckten ihr Vieh in den Wäldern und von dort wurde es bald von den eigenen Truppen und bald vom Feind entwendet. Die Felder waren zum Teil verwüstet und die verbliebene Ernte musste zur Verpflegung der Soldaten und als Futter für deren Pferde abgeliefert werden. Kirchen, Gemeinden und Klöster hatten Geldleistungen zu erbringen, andernfalls wurden sie in

144

Schutt und Asche gelegt. Um diese Geldbeträge für die Österreichische Kriegskasse einzutreiben, wurde unser v. Trenck von Maria Theresia angeheuert. Dass man für diese Aufgabe wenig zimperlich sein darf, liegt nahe. Wer und was war v. Trenck, wo kam er her und was hat er alles angerichtet? Sein ganzes Leben scheint ein einziges Horrorszenario gewesen zu sein.

> Ich ward gebohren … in Calabrien zu Regio An.[no] 1710 den letzten December um 1. Uhr nach Mitternacht, oder den ersten Jenner A.[nno] 1711. und das ohne dem geringsten Lebenszeichen; wurde aber von einer verständigen Hebamme so lange in warmen Wein gebadet, bis ich zu leben anfing. Kaum war ich 6. Monate alt geworden, als meine Amme mich in einen hohen Kinder-Stuhl, bey einer Bratiere oder Kohl-Pfanne … stehen liesse, und ich heraus, und dergestalten in die glüenden Kohle fiel, daß meine Amme, die auf mekn Schreyen zu Hülffe kam, mich fast halb gebraten fand. Ich bin auch mit großer Mühe, doch nicht so gut, davon curiret worden, daß man die Zeichen nicht noch bis diese Stunde sehen könnte.[352]

Trenck galt als schwer erziehbar und war in seiner Jugend schon viel unterwegs. Sein Vater hatte Landgüter in Südungarn im Dorf Pandur, wo Trenck ebenfalls längere Zeit lebte. Auf einer größeren Reise bekam Trenck die Blatternkrankheit, wurde dadurch auf „beyden Augen blind, und auf einem Fuß krumm, doch aber glücklich restituirt". Ein anderes Mal war der jugendliche Trenck dem Tode nahe, als er beim Fischen in ein geschlagenes Eisloch fiel, unter die Eisdecke gespült wurde; „ich … würde auch darinnen ersoffen seyn, wenn mein Bruder mir nicht wieder, da mich der Schwall vor das Loch triebe, heraus geholfen hätte."

Trenck, aus der heimischen Armee wegen ständiger Raufereien usw. ausgeschieden, verpflichtete sich 1737 im Russisch-Türkischem Krieg auf russischer Seite zu kämpfen. In einem verzweifelten Nahkampf stieß ihm ein Tartar einen Spieß „in das Rückgrad hinein, der vorn bey der Miltz wieder heraus gieng". Auch dies überlebte Trenck und genaß in beneidenswert kurzer Zeit. Später erkrankte er an einem „hitzigen Fieber …, daß iedermann, auch ich selbst an meinem Aufkommen zweifelte. … Dann dachte ich, was wird mein alter Vater wol sagen, wenn er meinen, als seines einzigen Kindes, Tod erfahren wird?" Nach seiner erneuten Gesundung war Trenck wieder der alte Raufbold und bei Handgreiflichkeiten mit einem russischen Hauptmann bei einem gemeinsamen Essen wurde ihm der Daumen durchstochen. Nach zwölf Tagen wieder genesen, forderte er den Hauptmann zu einem Pistolenduell. Der Hauptmann schoss zweimal daneben, und als er darauf mit gezogenem Degen auf Trenck zurannte, schoss ihn dieser aus nächster Entfernung auf die Stirne, „so dass er Knall und Fall zu Boden fiel; aber doch curiert wurde." Als Trenck später auch noch seinen Vorgesetzten in der russischen Armee vor versammeltem Regiment niederschlug, wurde zum Tode verurteilt. Wegen schwerer Krankheit konnte er am Hinrichtungstag, am 10. Januar 1740, nicht selbst das Bett verlassen. Er wurde „im blossen Schlaf-Rock" zum Hinrichtungsplatz geführt. Als man ihm die Augen zubinden wollte, begehrte er dagegen mit letzter verfügbarer Kraft noch auf: „Niemand wird mir wehren können die Ursache meines Todes mit offenen Augen anzusehen!" Daraufhin wurde er begnadigt und zu sechs Monaten Schanzarbeit verurteilt und anschließend für immer aus Russland verwiesen.

Wieder auf seinen Gütern in „Sclavonien" (Slowenien) angekommen, ist er beim Baden im reißenden Fluss Orlava hinweggerafft worden. Fischer retteten ihn vor dem sicheren Tode. „Ich war voll Wasser, und muste es geschehen lassen, dass man mich stürtzte und mir wol überzehen Maaß Wasser aus dem Halse schossen, und ich deshalb acht Tage im Bette liegen muste."

Die politische Großwetterlage kam Trenck entgegen; er witterte wieder Morgenluft. Noch 1740 bekommt er einen Termin bei „Ihro Majestät, der Königin [Maria Theresia]". Die Monarchie war in großer Bedrängnis. „... da just zu selbiger Zeit der König in Preussen in Schlesien einrückte, und sich so viele Monarchen gegen meine Souverainin empörten, und ihr Land und getreue Unterthanen mit Krieg überschwemmten; so offerirte ich Ihro Majestät zur Bekräfftigung meiner Treue 1000 Banduren mit Gewehr un Montur auf meine Unkosten, gegen ihre Feinde in das Feld zu stellen, und sie selbst anzuführen. Dieses wurde auch gantz willig angenommen." Endlich konnte Trenck wieder raufen, plündern, zerstören und überall Furcht und Schrecken verbreiten. Er war Maria Theresia ergeben, - eine der wenigen guten Eigenschaften dieses Haudegens.

Wie nun Trenck zu dem gefürchteten Beinamen „Pandur" kam und warum seine Soldaten die „Panduren" genannt wurden, ist bis heute noch nicht schlüssig geklärt. „Der Ausdruck ‚Pandar' leitet sich von dem italienischen Wort ‚Bandiera' (= Fahne) her, daraus entwickelte sich das ungarische Wort ‚Bandurium' und der ‚Bandierist'. Bandieristen waren im alten Ungarn Züge von berittenen Streitern …. Anfang des 18. Jahrhunderts wird mit dem Ausdruck ‚Panduren' die berittene Truppe der Ungarn schlechthin, einschließlich der Husaren bezeichnet."[353] Da Trenck auf den Gütern seines Vaters im Orte Pandur aufgewachsen war, lag es nahe, ihn den „Panduren" zu nennen. (Wir verwenden ja auch heute solche Beinamen, wie der Saldenburger, der Preyinger oder der Hundsrucker.) Dieser Beiname wurde bald zu einem ihm anhaftenden Mythos und man bezeichnete seine Soldaten kurzweg nach ihm, die Panduren. Es gibt und gab keinen Landstrich und keinen eigenen Stamm, der sich entsprechend nannte. Auch waren seine 1000 Soldaten keine Reiter, sondern reine Fußtruppen und darüberhinaus wurden sie aus allen Gebieten Südungarns und auch noch von weiter entfernt rekrutiert. Es waren ausnahmslos verkommene Existenzen, Raufbolde, Wegelagerer und Abenteurer. Trenck führte ein strenges Regiment und nahm nur solche Männer in seine Truppe auf, wie er sie für seine Unternehmungen brauchte, - sie mussten „rennen können wie ein Reh, schwimmen wie ein Fisch und klettern wie ein Eichhörnchen"; weitere Bedingungen stellte er nicht. Wer ihm nicht bedingungslos gehorchte, wurde auf der Stelle erschossen.

Soweit zur Vorgeschichte unseres Trenck, jetzt aber zurück zum Jahr 1742, einem Schicksalsjahr unserer engeren Heimat. Trenck hatte von Maria Theresia den Auftrag erhalten, in den bayerischen Städten gewaltsam Kontributionen (Kriegsentschädigungskosten) einzutreiben, um damit die österreichische Kriegskasse aufzufüllen. Da er ja auch noch seine eigene Truppe versorgen musste, war er hierbei besonders eifrig. Die beiden großen Heere – auf der einen Seite Österreicher und Ungarn, auf der anderen Bayern und Franzosen - lieferten sich das ganze Jahr über mit ihren Haupttruppenverbänden ständige Gefechte und Belagerungen. Trenck war nur ein kleiner Hecht in diesen großen Verbänden. Im Folgenden seien nur die belegbaren Begebenheiten des Jahres 1742 angeführt, an denen Trenck selbst beteiligt war; bereits sie geben uns einen Einblick in die damals aussichtslose und trostlose Lage unserer Bayerwaldbevölkerung. Die Belastung der Bevölkerung unter den anderen Streitkräften, den Österreichern, Ungarn, Bayern und Franzosen, übergehe ich.

Januar: Schon in den ersten Januartagen rückt Trenck als Vorhut des großen österreichischen Heeres bis an die Ufer des Inn vor. Er bereitete die Einnahme Schärdings am 8. und die Rückeroberung von Passau mit Oberhaus am 15. vor. Am 13. erscheint Trenck vor Vilshofen und raubt große Vorräte an Fourage und Korn. [354]

Februar: Am 5. steht Trenck vor Deggendorf und verbrennt vor seinem Rückzug nach Metten alle auf der Donau liegenden Schiffe, um den Bayern den Rückzug zu vereiteln. Dann stehen Trencks Panduren vor Plattling. Trenck selbst, als Priester verkleidet, erscheint in der Stadt und jagt den Bürgern solche Angst vor den Panduren ein, dass sie die Stadt freiwillig übergeben und schwere Kontributionen leisten.

März: Anfang März siegt Trenck über die Bayern bei Lenggries, er raubt 675 Pferde und treibt eine Summe von 15000 Gulden ein. Die Panduren brandschatzen die ganze Gegend. - Vom 10. bis 31. immer wieder vergebliche Versuche der Österreicher und u. a. der Panduren, die Stadt Landsberg zu erobern. Vom 29. bis 31. nimmt Trenck mit seinen Panduren Reichenhall ein und legt Feuer. Durch Vermittlung des Fürstbischofs von Salzburg zieht Trenck unter Mitnahme der im Magazin lagernden Salzvorräte in Höhe von 125000 Gulden wieder ab.

Mai: Am 10. berichtet der Benefiziat von Fürstenstein an das Bistum Passau, dass die Panduren alles verwüstet und ihm alles Geld abgenommen haben.

Juni: Am 2. rücken die österreichischen Truppen des Khevenhüller, des Menzel und des Trenck auf 80 Flössen und vielen Wagen von München nach Plattling/Osterhofen vor. Monatelang liegen sich beide Lager gegenüber, - der gesamte ostbayerische Raum wird von beiden Heeren zugrundegerichtet. Am 4. Juni plündern Panduren die St. Johannis-Kapelle von Flintsbach (Kirchen waren begehrte Plünderungsobjekte wegen der darinnen vermuteten Goldparamente und Geldverstecke), am 7. Beginn des Sturmes auf Hofkirchen. Auch Trenck ist dort zweimal mit seinen Panduren aufgetaucht. „Die Toten verfaulen halb in ihren Häusern". Am 21. klagt Martin Gayer, Priester zu Eging, dass die Panduren die gesamte Kirche samt Messgewändern, dem Allerheiligsten und den Kirchgeräten ausgeraubt haben. Am 28. zünden die Panduren Unterwinzer an, und am 30. wird die Kirche in Außernzell geplündert und die kirchlichen Gefäße werden geraubt.

Juli: Anfang Juli fällt Trenck über das Schlösschen Klebstein her, plündert es und sprengt es anschließend in die Luft. Am 7. berichtet der Pfarrer Johann Egydi Mayr zu Schöllnach ausführlich über Verheerungen und Plünderungen der Panduren und über seine Vertreibung aus Schöllnach. Das gleiche berichtet Josefy Greisz, Ortspfarrer von Grattersdorf, an das Bistum. In Winzer gehen einige Häuser in Flammen auf. Am 16. fallen die Ungarn (auch Trenck) in Grafenau ein und plündern u. a. den Pfarrhof. Das Schloss Bärnstein wird angezündet, das übrig gebliebene Jägerhaus und die Kapelle in die Luft gesprengt. Vom 17. bis 19. Einnahme und Beginn der Zerstörung von Dießenstein. Im Anschluss daran wurden von Trenck noch Witzmannsberg und eine weitere Burg, die aber nicht bekannt ist, zerstört. - Im gleichen Zuge „besucht" Trenck den Markt Tittling. Damit Tittling nicht geplündert und in Schutt und Asche gelegt wird, fordert Trenck so hohe Kontributionen, dass der „Wohlstand der Bürger vernichtet war." Vieles von dem, was die Bürger an Schmuck, Vorräten und Vieh noch verstecken konnten, raubten die Truppen vor ihrem Abzug.

August: Am 10. haust Trenck mit seinen Panduren in Regen und Rinchnach. Beim Versuch das nahe gelegene Schloss Au zu überrumpeln wird er mit Verlust zurückgeschlagen und nimmt in der nahen Burg Weißenstein eine feste Stellung ein. Am 13. rauben die Ungarn dem Probst von Rinchnach 10 Rinder, Trenck selbst nimmt ihm ein gutes Pferd ab. Am 27. wird der Abt von Niederaltaich gezwungen, dem Trenck eine größere (nicht entstandene) Rechnung zu quittieren, welche dieser Maria Theresia zum Begleichen vorlegt. Etwa zur gleichen Zeit lässt Trenck die verpflichteten Perlfischer des Pfleggerichtes Linden nach Regen kommen und verpflichtet sie sämtliche Perlwässer auszufischen und ihm die Perlen abzuliefern. Ende August erscheint Trenck im Kloster Metten und nahm mit einigen Husaren die dortige französische Sauve-Garde gefangen.

September: Am 3. kommt Trenck mit 50 Panduren in Arnbruck an und erhebt 600 fl Kontribution. Am 4. rückt Trenck von Arnbruck ab und begibt sich nach Cham, das er am 9. zerstört total niederbrennt. Bayerische Soldaten kapitulieren und müssen nach Ungarn in Gefangenschaft. Am 15. rückt Trenck in Waldmünchen ein und verlangt 212 Gulden unter Androhung von Plünderung und Niederbrennen.

November: Am 04. wütet Trenck in Deggendorf. Am 6. lässt Trenck vor der Stadt Bogen Feuer legen, ebenso in Helfkam und Schaching. Am 7. wird Deggendorf an die Ungarn übergeben. Allein an Trenck mussten 600 Gulden Brandsteuer gezahlt werden. Am 9. quartiert sich Trenck in Niederaltaich ein. Am 11. wird Trenck an der Zerstörung des Schlosses Winzer gehindert, das später dennoch zerstört wird. Am 17. ist Trenck auf Schloss Schönau. Am 20. verlangt er von Nesselbach aus Kontributionen von den Probsteien Rinchnach und St. Oswald. Am 22. plündern die Trenckschen auf dem Marsch nach Aldersbach einen Pfarrhof; der Pfarrköchin wird eine Hand abgeschlagen.

Anschließend verlässt Trenck für immer Bayern. Der Krieg geht aber bis zum Frieden von Füssen (22. April 1745) bzw. bis zum endgültigen Frieden von Aachen im Jahre 1748 noch weiter, und es wird noch viel Unheil in Bayern durch irreguläre ungarische Truppen angerichtet.

Und wie ging es mit Trenck weiter?

„Vieler Übeltaten wie Notzucht, Kirchenraub, Betrug und sogar vorsätzlicher Schädigung des Staatssalärs angeklagt, wurde er nach zwei langwierigen Prozessen in Wien zum Tode verurteilt. Maria Theresia wandelte das Todesurteil angesichts der hohen Kriegsverdienste für die Krone in eine lebenslange Haftstrafe um, die in der Festung Spielberg bei Brünn in Südmähren zu verbüßen war. … Dort starb der furchtlose Pandurenbaron nach kaum anderthalbjähriger Gefangenschaft am 4. Oktober 1749."[355] In seinem Testament sah er Mittel für den Kauf und Unterhalt eines Spitalhauses vor, das

in einem anständigen … kleinen Städtlein oder Marktflecken in dem Erzherzogthume Österreich … für 30 Personen erbauet und erkaufet, und mit den Erfordernissen eingerichtet werden solle. In diesem Spital und Hause nun sollen beständig 30 erarmte, des Almosen würdige und bedürftige Personen beiderlei Geschlechts … verpflegt und unterhalten werden. Vor allem aber vorzüglich sollen diejenigen Armen und bedürftigen Personen in diese meine Stiftung und Spital eingenommen werden, welche sich legitimieren werden und können, daß sie in der Stadt CHAM oder im Isarwinkel oder an dem

Fluß Iser in Bayern, von dem letzten Kriege her verunglückt oder verarmt sein. [356]

Desweiteren bedachte er die Kapuziner von Brünn, die ihn zum Dank dafür in ein Ordenshabit kleideten und in ihrer Gruft beisetzten. 1872 wurde er dort in einen Zinnsarg mit Glaseinsatz umgebettet, wo er noch heute liegt. Der Sarg kann von jedermann besichtigt werden. [357]

Trenck hinterließ seinem Cousin ein riesiges Vermögen, das aber vom damaligen Hofkriegsrat komplett konfisziert wurde. [358]

Nachdem wir uns mit Dießenstein und in diesem Zusammenhang auch mit dem Österreichischen Erbfolgekrieg und dem Freiherr v. Trenck beschäftigt haben, wollen wir uns jetzt noch dem Ort Preying zuwenden, der heute, wie gesagt, nach der Eingemeindung vom Lembach auch ein Ortsteil von Saldenburg ist.

Preying hat eine der schönsten barockisierten gotischen Kirchen des gesamten Bayerischen Waldes; eine Kirche ist hier schon seit 1263 nachzuweisen. Warum hier am Ort diese Kirchen? Es bleibt wohl für immer ein Rätsel, warum das Prämonstratenser-Stift Osterhofen hier, auf einsamer Flur, eine so prächtige Kirche erbauen ließ. Die heutige Kirche, erbaut zwischen 1461 bis 1484, ist, wie auch ihre Vorgängerin es schon war, der Hl. Brigida geweiht. Brigida war eine irische Königstochter. Wohl deshalb auch finden wir schon relativ früh - erstmals schon 1366 - die irisch-englische Bezeichnung „St. Preyden", anstatt „St. Brigida".

Aus diesem Namen „St. Preyden" hat sich im Laufe der Jahrhunderte der Name Preying, der spätere Ortsname, entwickelt. Die Kirche selbst stand bis in das 18. Jahrhundert ganz alleine da. 1752 wird erstmals ein Messnerhaus neben der Kirche erwähnt. Messnerhaus oder Schulhaus waren damals nicht zu unterscheiden. Der Messner hielt Schule und der Lehrer besorgte die Messnerdienste. 1820 wird eine neue Schule gebaut und 1831 lesen wir: „Preying ist ein Weiler mit zwei Häusern [dem Messnerhaus und dem neuen Schulhaus] und einer Pfarrvikariatskirche, in einer bergigen und ziemlich unfruchtbaren Gegend". Erst Mitte des 19. Jahrhunderts beginnt sich der Weiler Preying zu vergrößern; ein Wirtshaus kommt hinzu, und im Jahre 1867 leben dort zweiundzwanzig Seelen, vier Gebäude, eine Kirche und eine Schule sind vorhanden. Es folgen verschiedene Neubauten, 1902 ein weiteres Schulhaus, 1904 der Bau des damaligen großen Pfarrhofes, und sukzessive einige Wohnhäuser.

Da sich die Ortschaft Preying eindeutig erst sehr spät entwickelte, lesen wir in früheren Jahrhunderten immer nur von der Kirche St. Brigida (St. Preyden) und nie vom Ort Preying selbst. Auch wenn die Pfarrei Preying erst 125 Jahre besteht, sie hat eine sehr lange Vorgeschichte, die es wert ist, etwas eingehender beschrieben zu werden.

125 Jahre Pfarrei Preying
Ein langer Weg zur Selbstständigkeit

Am 11. Dezember 2004 gedachte der Ort Preying seiner Erhebung zur selbstständigen Pfarrei im Jahre 1879. Die folgenden Ausführungen sollen die seelsorgerische Vorgeschichte dieser Pfarreierhebung beleuchten; der schmuckvolle, prächtige Bau der Kirche St. Brigida ist ja im Kirchenführer ausführlich beschrieben.

Kirche und Seelsorgetätigkeit der heutigen Pfarrei gehen aber viele Jahrhunderte weiter zurück. Lange bevor es die heutige Ortschaft Preying überhaupt gab, stand schon unsere jetzige Kirche und vor ihr noch eine andere, und zwar jeweils allein auf weiter Flur. Damals zählten diese Kirchen zur Ortschaft Ebersdorf. Auch die früheren Seelsorger und das spätere Pfarramt waren in Ebersdorf ansässig (im Anwesen Engelmeier). Erst im Jahre 1904 wurde mit dem Bau des Pfarrhofes in Preying begonnen, der 1906 feierlich eingeweiht wurde.

Bereits vor dem Bau der heutigen Pfarrkirche stand hier schon ein Gotteshaus. 1263 lesen wir von einer „ecclesia", also von einer Kirche, in Ebersdorf.[359] Gut 100 Jahre später erfahren wir, dass dieses Gotteshaus zum Prämonstratenser-Stift Osterhofen gehörte, und vermutlich auch von dort erbaut wurde. „Am achten Tag der heiligen Auffahrt unseres Herrn Jesu Christi", am 22. Mai des Jahres 1366, stiftete Schweyghardt Tuschl zu Dießenstein ein Meßbeneficium zum Stift Osterhofen, welches von „zwey erber briester" (ehrbare Priester) alle Feiertage und jeden Freitag in St. Preyden (St. Brigida) gelesen werden sollten.[360] Zehn Jahre später, 1376, stiftete Heinrich Tuschl -

der Erbauer der Saldenburg - eine tägliche Hl. Messe.[361] Dieses Benefizium wurde unter Einwilligung des damaligen Abtes Wilhelm dem
Kloster Osterhofen mit der Bedingung überlassen, dass vier Konventualen (Priester) von Osterhofen in Ebersdorf ihre Wohnung nehmen
und von hier aus täglich eine Messe in Dießenstein und Saldenburg
lesen sollten. Auch die Aufschrift auf der Glocke, die im Jahre 1973
zersprang und jetzt unter der Kanzel steht, deutet auf eine Vorgängerkirche hin; die Glocke trägt die Jahreszahl 1377, - also hing sie
hier bereits 84 Jahre vor dem Baubeginn der heutigen Pfarrkirche.
1434 begegnet uns diese Vorgängerkirche erneut, „Erasmus Puech-
perger zu Winzer [gibt] den Zehent auf dem Hof zu ,Thrautmanstorf'
zum Gotteshaus Preying".[362]

Im Kopialbuch (Besitzverzeichnis) des Klosters Osterhofen aus
dem Jahre 1440 sehen wir erneut, dass unsere Kirche „ad sanctam
Brigidam" dorthin gehörte. Für sie sind sogar Einnahmen und Ausgaben verzeichnet.[363]

Ob die Vorgängerkirche abbrannte, baufällig war oder einfach nur
abgerissen wurde, wissen wir nicht. Jedenfalls wurde 1461 mit dem
Bau der jetzigen Pfarrkirche begonnen. Dies bezeugt eine intensive
seelsorgerische Tätigkeit im Bereich Preying, - warum sonst wurde
eine so prächtige Kirche durch das Kloster Osterhofen hier gebaut!
Am 27. September 1501 wird hier durch den offiziell zuständigen
Pfarrer aus Neukirchen v. W. eine „exponierte Kaplanei" errichtet,
eine „curia animarum" (Versammlungsort der Seelen), welche jedoch
bald wieder verfällt.[364] Interessant ist, dass diese Kaplanei eine ge-
meinsame Stiftung des damaligen Pfarrers Balthasar Steger von
Neukirchen und der hiesigen Filialgemeinde war. Der Sitz dieser
Kaplanei war Lembach.[365] Die Seelsorge ging wieder allein auf den
Benefiziaten zu Preying über.[366]

Die Jahre 1542 bis 1627 ist Preying ohne eigene Seelsorge und
wird vom Benefiziaten zu Dießenstein betreut.[367] Auch wenn wir des
Verständnisses wegen von „Preying" sprechen, diesen Ortsnamen gab
es immer noch nicht. In Apians Topographie aus dem Jahre 1563 zählt
unsere Kirche samt Seelsorge immer noch zu Ebersdorf: „Eberstorf p.,
templ. S. Brigitae in monte positum [Kirche St. Brigida, auf einem
Berg gelegen]".[368] Erst 1627 wird die verwaiste Benefiziatenstelle, die
im Auftrage des Klosters Osterhofen die beiden erwähnten Stiftungen
der Tuschls zu verrichten hatten, wieder besetzt.[369] Kurz darauf, im

Jahre 1628, ist die Bedeutung dieser selbständigen Seelsorge erneut schriftlich festgehalten. Die drei großen Bauern aus Lembach zahlen ihren Zehnt, „zwo Garb" (zwei Getreidegarben), dem Benefiziaten nach Eberstorff, die „dritte garb dem herrn Pfarrer zu Neukürchen".[370] Hier ist Ebersdorf also höher eingestuft als die Mutterpfarrei Neukirchen.

1739 sollen mit Aufzug des Paters Elias Weber die beiden Benefiziatenstellen Dießenstein und Ebersdorf endgültig (mit Sitz in Ebersdorf) vereint worden sein.[371] An anderer Stelle wird hierfür das Jahr 1742 genannt.[372] Dies blieb so, bis zur Auflösung des Klosters Osterhofen im Jahre 1783. Die einzelnen Benefiziaten sind bis zum Jahre 1768 lückenlos bekannt.[373] In der Güterkonskription der Pflege Dießenstein vom Jahre 1752 erscheint in Ebersdorf wieder das Anwesen des Benefiziaten des Klosters Osterhofen (also eigener Seelsorger hier in Ebersdorf) und das „Häusl" des Messners des „Gottshaus Eberstorf".[374] Nach der oben erwähnten Auflösung des Klosters Osterhofen im Jahre 1783 wird im Jahre 1784 das bisherige Benefizium in ein Vikariat (eine selbstständige Seelsorge) umgewandelt,[375] das der Pfarrei Neukirchen v. W. zugehörig ist. 1831 lesen wir wieder von diesem Pfarrvikariat in Ebersdorf, das also eine fest installierte, selbstständige Seelsorgestelle geworden ist. Das Vikariat ist sogar mit einem „Wittum" (ein einem Kirchenamt verbundenes, zum Unterhalt des Amtsinhabers bestimmtes Vermögen) versehen.[376] Die eigenständige Seelsorge St. Brigida wird auch durch die „Statistische Beschreibung des Bistums Passau" aus dem Jahre 1867 bezeugt. Der Pfarrhof befinde sich in Ebersdorf und 1855 habe bereits eine Mission stattgefunden. Bei der Vikariatskirche bestehe eine Skapulierbruderschaft (freiwillige, ordensähnliche Vereinigung frommer, ein Skapulier tragender Männer) und ein Jungfrauenbund.[377]

Die letzte Hürde zu einer völlig eigenständigen Pfarrei wurde freilich erst 1879 genommen. Selbst von hoher kirchlicher Seite wurde erkannt, dass es sich um eine seit vielen Jahrhunderten bestehende selbstständige Seelsorge handelt. Auf Antrag des „hochw. Herrn Bischofes Josef Franz v. Weckert zu Passau" wurde am 11. Dezember Preying zu einer säkularisierten Pfarrei.[378]

Obgleich ich hier nicht auf die Leistungen der einzelnen Benefiziaten, Kuraten oder Pfarrherren und ihre Beziehung zur örtlichen Bevölkerung näher eingehen kann, einige kleine Begebenheiten seien noch angeführt. Bereits erwähnt habe ich unseren „Patrioten", den Vikar Michael Ligglederer aus dem Jahre 1742. Pech hatte der erste Preyinger Pfarrer, Herr Georg Hackl; er wurde im Jahre 1891 das Opfer eines Raubüberfalles.[379] Auch Herrn Pfarrer Löffel (1909-1946) will ich nicht vergessen; er war sehr sozial eingestellt. Er kaufte von Rettenbacher Bauern billige Gründe und erbaute für eine arme Familie in der Flur „Scheibenäcker" ein kleines Häuschen. Dieses Haus verwahrloste und kam durch Kauf an den Münchner Makler Loisinger, dem es die inzwischen verstorbene Familie Willi Biebel abkaufte; heute ist es das Anwesen Scheibenberg Hs.Nr. 16. Die restlichen Scheibenberger Häuser wurden in Anlehnung an dieses erste Haus, erst später erbaut. Aus der Flurbezeichnung Scheiberäcker ist der Ortsname „Scheibenberg" entstanden.[380] Auch das heutige Anwesen Hofmeister, Fichtenweg 6, in Preying, ließ Pfarrer Löffel erbauen. Probleme mit der Weltlichkeit hatte der Pfarrer Lorenz Mitgutsch (1956-1962). Er dürfte sich mit Lehrer und Bürgermeister nicht gut verstanden haben, denn 1961 beantragte die Gemeinde Lembach beim Ordinariat Passau dessen sofortige Versetzung: „Das Verhalten des Pfarrers gegenüber Gemeinde und Lehrer wird als untragbar angesehen".[381]

Die zweite Säule in der Entwicklung der Ortschaft Preying war der bereits erwähnte, im Messnerhaus neben der Kirche sich etablierende Schulbetrieb. Die Bevölkerung der ganzen Umgebung besuchte ja das Gotteshaus und so bot sich - wie in allen anderen älteren Orten - auch die Möglichkeit, nach dem jeweiligen Gottesdienst gleich mit einem bescheidenen Lehrbetrieb zu beginnen. Sehen wir, wie dies in Preying vonstatten ging:

Seit 1765 geregelter Schulbetrieb in Preying

Dass in Preying mindestens schon einhundert Jahre früher als in Saldenburg Kinder unterrichtet wurden, hat nichts mit der Größe des Ortes zu tun, denn noch im Jahr 1900 war Preying ja nur ein unbedeutender Weiler.[382]

In kleineren Landgemeinden gab es früher kein geregeltes Schulwesen. Der Schulbetrieb war eng an das kirchliche Leben gebunden. Pfarrer und Mesner traten als Lehrmeister auf. Oft war auch nicht genau zu unterscheiden, ob der jeweilige Mesner in erster Linie als Lehrer, oder der Lehrer in erster Linie als Mesner auftrat. Die Kirche in Preying war das Zentrum jeglicher Fortbildung.

Erste Schulordnungen sind uns schon seit um das Jahr 1569 bekannt. Eine Lehrerausbildung im heutigen Sinn gab es aber damals noch nicht. Ein Lehrer ging damals schlicht und einfach bei einem anderen offiziell bestellten Lehrer „in die Lehre". Es konnte auch sein, dass ein selbstbewusster Mann seine Lehrerfähigkeit davon ableitete, dass er besser lesen und schreiben zu können glaubte, als die anderen. Der Schulbesuch war noch freiwillig, der Verdienst des Lehrers miserabel und die Abhängigkeit des Lehrers von der Kirche war festgeschrieben. Nach dem 30jährigen Krieg mussten sich die Lehrer sogar einer Religionsprüfung unterziehen um „das Volk von Lutherischen Tendenzen" zu schützen. Unter diesem Verdacht standen damals die weit verbreiteten wandernden Schulmeister; unter ihnen war schon auch einmal ein Anhänger des Lutherischen Glaubens, dem die Verwendung der sogenannten ketzerischen Bücher streng verboten wurde.[383] 1659 erschien die „Schul- und Zuchtordnung für Teutsche- und Lateinische Schulmaister und Kinder". Diese Schulordnung aber hatte hauptsächlich den Lebenswandel der Lehrer zu überwachen: „Statt zu fluchen, Gott zu lästern und zu zechen, möge er täglich eine heilige Messe hören."[384]

In der Güterkonskription des Pfleggerichtes Dießenstein vom Jahre 1752 findet sich, wie schon erwähnt, ein „Gottshaus" und ein „Mesner-Häusl" in „Eberstorf" (Preying war ja noch kein eigener Ortsname) nachgewiesen. Ein Mesner als Lehrer, oder ein Lehrer als Mesner waren somit schon vorhanden.

Wollte ein Lehrer eine bestimmte Stelle, so musste er die Witwe des Vorgängers - wenn noch am Leben - versorgen. Der erste hauptamtliche Lehrer von Preying, Zachäus Staudacher, löste vor der offiziellen ersten Schulgründung in Preying, 1765, das Problem auf eine ganz elegante Weise. Er heiratete kurz entschlossen die Tochter des vorher unterrichtenden Mesners Alexander Fischer - so blieb alles in der Familie.[385]

Unter Kurfürst Maximilian erschien 1770 ein „Plan der neuen Schuleinrichtung in Bayern", das „berühmte Dekret über die Einführung der Normalschule". Alle Lehrer mussten ab jetzt die „Musterschule" in München absolvieren. Ältere Lehrer wurden nachqualifiziert und hatten sich anlässlich einer Visitation einer nachträglichen Prüfung von 20 Fragen zu unterziehen. Dass es recht handfest zu Sache ging, lesen wir in einem Protokoll über die Prüfung des von 1768 bis 1795 in Grafenau tätigen Lehrers Alexander Heigl. Unter anderem ist vermerkt, „dass man mit dem dermaligen Schullehrer nur fragweise verfahren müsse, seine angeborene Dummheit lasse keine andere Art zu" (!). Ich hoffe, dass es dem damaligen Preyinger Lehrer etwas besser erging. Ab jetzt scheint das gesamte Schulwesen einen geregelteren Verlauf zu nehmen. 1771 wird die erste allgemeine Schulpflicht eingeführt, - aber nicht beachtet.[386]

1802 wurde durch Regierungsverordnung die Schulpflicht für alle Kinder von 6 bis 12 Jahren eingeführt. Da der Schulbesuch jedoch damals noch mit einem gewissen Schulgeld verbunden war, konnten nur wenige Bürger ihre Kinder zur Schule schicken. 1804 wurde die allgemeine Lehrerbesoldung eingeführt. Von dem Jahresverdienst von 300 Gulden konnte aber kein Lehrer leben, und so war dieser auf einen mehr oder weniger ertragreichen Nebenverdienst angewiesen. Der Lehrer war fast immer nebenbei als bezahlter Organist, Chorleiter, Gemeindeschreiber und Mesner tätig. Auch für das Reinigen des Schulraumes war er zuständig.

Wie es mit dem Schulbetrieb in Preying um das Jahr 1804 aussah, können wir dem Bericht des damaligen Schulinspektors Greipl entnehmen:

Die Schule in Preying ist in einem elenden Zustand. Es ist kein Schulstübel da, Wohn- und Schulzimmer ist eines, wo man kocht, spinnt und plaudert, vor und nach dem Gottesdienst. Ich habe zwar den Eingang in das Schulhaus den Leuten schon untersagt, aber vergebens, sie wollen zur Winterszeit vor und nach der Meß einen Unterstand haben. So füllt sich die ohnehin erstickende Luft noch mit ekelhaft scheußlichen Ausdünstungen. Wenn die Eltern alle Kinder zur Schule schicken würden, wäre kein Platz mehr, aber es sind einige so arm, dass sie nicht im Stand sind, das taxierte Schulgeld zu bezahlen.[387]

So oder ähnlich mag es damals auch in anderen Gemeinden ausgesehen haben. „In Schöfweg ist der Schulraum für 90 Kinder, 16 Schuh lang und breit. Es gibt da so viele Wanzen, daß die Schüler ‚die Plage kaum überwinden können.‘"[388] Reine Schulsäle gab es noch nicht; alles spielte sich in der Mesner- oder Lehrerwohnung ab.

Die große Wende für Preying kam im Jahre 1820. Anstelle des alten Mesnerhauses wurde das „Schulhaus, zugleich Mesnerhaus, in ziemlich hoher, freier Lage und in unmittelbarer Nähe der Kirche" erbaut. Das Erdgeschoß war aus Bruchsteinen, das Obergeschoß aus Holz, und das Dach war mit Legschindeln gedeckt. Das Haus war im Eigentum der Kirchen- und Schulgemeinde; die Baupflicht oblag mit ¾ der Kirche, mit ¼ der Schulgemeinde; bezüglich der Stallung und des Wasch- und Backhauses war die Baulast von der Kirche und Schulgemeinde gleichheitlich zu tragen, kleinere Baufälle im Schulhaus hatte die Schulgemeinde, kleinere im Mesnerhaus die Kirche zu tragen, die kleinen und großen Baufälle an den Ökonomiegebäuden Kirche und Schulgemeinde zu gleichen Teilen. Das Schulzimmer im oberen Stockwerk belief sich auf 7,35 m. Länge, 6,85 m. Breite und 2,4 m. Höhe. Kuh- und Schweinestallung, Stadl und Grastenne waren dem Haus angebaut. Gegenüber befanden sich Wasch- und Backhaus. Beim Haus war ein Brunnen mit fließendem Wasser.[389]

1861 und 1872 wurden zwar Mindestgehälter für die Lehrer festgelegt, aber auch diese reichten bei weitem für das Leben nicht aus. Die Gemeinden hatten ja immer noch selbst für ihre Lehrer aufzukommen.

1872 wurde die Lehrerwohnung in Preying einer umfassenden Reparatur unterworfen. Sie bestand nachher im Erdgeschoß aus einem beheizbaren Wohnzimmer (5,7 x 5,6 x 2,35), einem heizbaren Schlafzimmer (3,7 x 3,0 x 2,43) und einer Küche; im Obergeschoß ein heizbares und ein unheizbares Zimmer.[390] Ein geregelter Schulbetrieb zeichnet sich nun ab.

Das gesamte Schulwesen wird 1876 erstmals statistisch erfasst. In Preying waren Kinder aus folgenden Orten eingeschult: Dießenstein, Ebersdorf, Lembach, Ohmühle, Preying, Rettenbach, Spitzingerreuth, Anzenhof, Auggenthal, Matzersdorf, Stadl, Trautmannsdorf, Böhmreuth, Hohenwart, Kotingrub, Windorf und Schneidermühle. Es wurden 62 Werktagsschüler und 30 Feiertagsschüler (heutige Berufsschüler) unterrichtet. Die Einkünfte des Lehrers setzen sich zusammen aus: Schulgeld für Werktags- und Sonntagsschüler, freier Dienstwohnung, sonstigen Einnahmen, Einnahmen aus Kirchendienst und aus der Schulkasse, aus dem Kreisfond, aus der Gemeindeschreiberei und aus der Vergütung für das Heizen und Reinigen des Schulzimmers. Dazu kamen noch ein befriedeter Gemüse- und Wurzgarten, 3,14 Tagwerk Acker und 1,2 Tagwerk Wiesen.[391]

Einige Jahre lief alles in bester Harmonie. Schwierigkeiten bereitete den Preyingern im Jahre 1895 ihr Lehrer Mayerhofer. Die Gemeinde Lembach wollte die von Mayerhofer geforderte Instandsetzung des baufälligen Wasch- und Backhauses nicht in seinem Sinne verwirklichen. Man ärgert sich gegenseitig. Mayerhofer zahlt keine Hundesteuer mehr und die Gemeinde kürzt ihm die Menge des Schulholzes. Das Bezirksamt in Grafenau und das Hauptzollamt in Zwiesel sollen vermitteln bzw. entscheiden; fünfzehn Amtsschreiben wechseln die Behörden.[392]

Nur sechs Jahre später haben die Preyinger schon wieder Probleme mit ihrem Lehrer. 1901 läuft am Bezirksamt ein Verfahren gegen den Lehrer Josef Deisenberger wegen „Sittlichkeitsverbrechen". Im Laufe des Verfahrens treten auch noch Unterschlagungsdelikte auf. Das traurige Ende ist die Einweisung des für geisteskrank erklärten Deisenberger in die „Kreisverwahranstalt Deggendorf". Die Gemeinde versucht die auf ihr lastenden dortigen Verpflegungskosten von der Ehefrau des Deisenberger zurückzubekommen. Noch im Jahre 1901 löst der Lehrer Viktor Hörhammer aus Buchberg den kranken Deisenberger ab. Das Strafverfahren geht 1902 noch weiter.[393]

Ansicht der Kirche und des alten Schulhauses, Poststempel Juni 1906.

Mit der Erstbesetzung einer Hilfslehrerstelle in Preying werden die Räumlichkeiten im Schulhaus zu eng. Der Bau des sogenannten Kleinen Schulhauses (das jetzige Anwesen Brigidastr. 20) wird 1902 in Angriff genommen. Die neue Schule bestand nur aus Erdgeschoß und Dachraum, sie war bereits mit einem Ziegeldach gedeckt und verfügte über einen Blitzableiter. Das Schulzimmer maß 54 qm und hatte neun Fenster.[394]

Die nunmehrige Kompetenzverteilung zwischen Lehrer und Hilfslehrer entnehmen wir der Schulstatistik aus dem Jahre 1906. Der Hilfslehrer unterrichtet die Klassen 1 bis 3 der Werktagsschule (49 Schüler) und die Mädchen der Sonntagsschule (25 Schülerinnen). Seine Wohnung wurde im neuen Schulhaus eingerichtet und bestand aus einem kleinen heizbaren Zimmer mit zwei Fenstern im Erdgeschoß und einem größeren nicht heizbarem Raum mit zwei Fenstern unter dem Dach. Die lukrativen Nebenbeschäftigungen waren ihm verwehrt; diese behauptete der Stammlehrer weiter für sich allein. Das Einkommen des Hilfslehrers wird mit 820 Mark/Jahr angegeben, während der Lehrer mit seinen Nebenbeschäftigungen doch schon auf 1400 Mark/Jahr kam.

Die offizielle Lehrerwohnung verblieb im ersten Stock des alten Schulhauses, eigens wird angegeben, dass der Abort bereits im Haus war. Die Dienstgründe und Nebengebäude (ein Stall für fünf Stück Vieh, ein Schweinestall, eine Holzlege, eine Scheune, ein Backofen, ein Waschhaus mit Waschkessel, und ein Brunnen mit gutem, laufendem Wasser) wurden vom Lehrer selbst beansprucht. Der Lehrer unterrichtete die Klassen 4 bis 7 der Werktagsschule (56 Schüler) und die Knaben der Sonntagsschule (15 Schüler).[395]

Die totale Abhängigkeit der Lehrer von den jeweiligen Schulgemeinden endete erst im Jahre 1919. Die Lehrer wurden jetzt Staatsbeamte, und die althergebrachte Personalunion zwischen Lehrer und Mesner wurde offiziell aufgehoben.[396]

Im Zuge der Errichtung eines modernen Schulhauses in Preying wurden 1953 das alte, 1820 erbaute Schulhaus und 1955 das neue, 1902 erbaute Schulhaus veräußert.[397]

Wir haben uns nun etwas mit der Kirche und Pfarrei in Preying beschäftigt, die Frage, wo und wie die Bürger von Saldenburg früher kirchlich betreut wurden, liegt nahe. Saldenburg gehört schon seit alters her zur Pfarrei Thurmansbang und wurde stets (auch heute noch) von dort seelsorgerisch versorgt.

Zwar bestand in der Burg schon immer eine Kapelle, in welcher die jeweiligen Pfarrherren von Thurmansbang Gottesdienste abhalten mussten, da dies jedoch stets mit Umständen und Zeitaufwand verbunden war, gab es hierbei öfter Differenzen. Auch war der Altar dieser Kapelle nicht ununterbrochen geweiht, nicht immer durften darauf also Gottesdienste abgehalten werden, die Saldenburger mussten daher zuzeiten wohl oder übel an Sonn- und Feiertagen die Pfarrkirche zu Thurmansbang aufsuchen. Dies wiederum war aus ganz praktischen Gründen oft nicht einfach. Deshalb bittet im Jahre 1702 der damalige Thurmansbanger Pfarrer den Fürstbischof zu Passau um eine Neueinweihung der Burgkapelle: „Da die Pfarrkirche ... eine Stunde entfernt liegt, können nicht alle Ehalten [Bedienstete] dorthin zum Gottesdienst kommen, da einige wegen des Viehs und wegen eventuellen ausraubens dann zu Hause bleiben müßten."

Im Jahre 1962 hat sich Saldenburg nun eine neue Kirche gebaut, in welcher jetzt - immer noch von Thurmansbang aus - die Gottesdienste gehalten werden. Die Burgkapelle verdiente zwar eine nähere Betrachtung, sie wäre aber für dieses Buch zu umfangreich. Für sie ist eine eigene Publikation in Vorbereitung.

Aber Saldenburg besitzt schon seit langem noch ein kirchliches Kleinod, die alte Wallfahrtskapelle „Maria Bründl", sie wollen wir nicht ganz übergehen.

Die Kapelle Maria Bründl

Das Bründl-Kirchlein ist ein sehr altes Gotteshaus, - der genaue Ursprung liegt bis heute noch im dunkeln. Dass seit vielen Jahrhunderten immer wieder Gläubige dorthin pilgerten, um mit der heilsamen Quelle[398] ihre Augenleiden zu heilen, ist von vielen Autoren belegt. Auch der legendäre Bründl-Kirta (das örtliche Kirchweihfest) wird in alten Aufzeichnungen immer wieder erwähnt, - aber hierzu erst später.

Die Kapelle soll bereits 1482 geweiht worden sein. Dieses Datum wird dem Pergamentsiegel auf dem Reliquienstein des Hauptaltares entnommen. Damals weihte, laut Inschrift, ein Bischof Georgius von Chiemsee diesen Altar(stein).[399] Hierbei dürfte es sich aber lediglich um ein Portatile handeln, einen Tragaltar und Reliquienstein, wie er früher zum Lesen einer Hl. Messe auf einem nicht geweihten Altar (oder auch bei einer Feldmesse) mitgeführt wurde. Dieser Stein ist vermutlich nicht für unseren speziellen Altar geweiht worden. In früheren Zeiten wurden bei der offiziellen Weihe eines Altares die vorgeschriebenen Reliquien nämlich stets hinter dem Antipendium (der vorderen Verzierungsplatte des gemauerten Altartisches) in eine kleine Öffnung eingemauert.[400] Unser Bründlaltar hat aber gar kein Antipendium; diese Tatsache allein spricht schon für die Annahme, dass es sich bei diesem Reliquienstein nur um ein Portatile handelt. Ein Portatile wird für sich geweiht und ist an verschiedenen Orten verwendbar. Dass der Altar in der Bründlkapelle vorher in der Burgkapelle zu Saldenburg gestanden haben soll, ist nicht belegt. Interessanterweise lesen wir aber um die gleiche Zeit, als ein neuer Altar nach Saldenburg kam (1680), auch einiges über den heutigen Bründlaltar![401]

Seit seinem Bestehen wurde unser Bründl-Kirchlein immer wieder renoviert. Einige u. a. im Bistumsarchiv zu Passau aufgefundene Daten, welche bis dato noch nicht veröffentlicht sind, seien im Folgenden angeführt. Vorweg sei noch erwähnt, dass die Bründl-Kapelle, obwohl sie in der Gemarkung Saldenburg steht, früher zur Herrschaft Fürstenstein zählte und nicht zu Saldenburg.

1675: Zur Kapelle gehört kein Grund und Boden. Verschiedene Bauern aus der Umgebung leisten Natural- und Geldabgaben. Eine Außentürverriegelung mit Schlüssel wird angefertigt.[402]
1676: Die Ein- und Ausgaben der „würdigen Unser lieben Frauen Capellen bey dem heylsamen Prunnen negst Goben" verwalten als „Zöchpröbste" (Verwaltung des Kirchengutes bestellte Laien) Peter Sigl zu Egnreith (Eggenreuth) und Bartolomo Holzpaur zu Thurmanspang, „beed Fürstenstainsche Untertan". „In diesem Jahr kein Gottesdienst - also keine Ausgaben hierfür". Dachreparatur und Einlegen von Schindeln.

1679: Die Kapelle ist sehr baufällig und droht einzustürzen. Vorschlag: „Völlige Niederprechung und Neubau". Es wurde jedoch repariert und 300 Mauerziegeln, 6000 Schindeln und 5000 Nägel angekauft; z. T. vom Oischinger Bauern. Die „an etlichen Orthen zerklobenen und voneinander weichenden Mauern und Gewölben" wurden mit Schleudern gesichert.

1683: Der Schreiner von Tittling hat den Altar, welcher von der „Mauern herdangewichen mit aller Notturft ausgebessert".

1684: Von den Zöchpröbsten wurde die fällige Türkensteuer (Geldmittel zur Bekämpfung der immer wieder bis Wien und Passau einfallenden Türken und somit auch des Islams) eingehoben.

1691: „So hat die Notturft erfordert, damit der Altar sicher sauber erhalten werde, uf dem Altar ein Neues Prödt [Altarblatt] machen zelassen" … vom Schreiner zu Perlesreuth. Der „Maller [Maler] zu Säldenburg hat solches [Altarblatt] praun angestrichen".

1692: „Nitwegen ist Johann Surspaur, Maller zu Säldenburg, von mahlung der Urlaubnemung Christi [Darstellung der Figurengruppe des Hauptaltares: Christus nimmt Abschied von seiner Mutter] so in zwischen die … Saulln [Säulen] gemacht" mit 1 Gulden und 30 Kreuzern „evicirdt" (bezahlt) worden. Der Ort Saldenburg hatte zu dieser Zeit bestimmt keinen gelernten Kirchenmaler; dieser wurde vermutlich durch Graf v. Preysing im Zuge der gleichzeitigen Altaraufstellung in der Saldenburg hierher gebracht und dann wohl auch in der Kapelle Maria Bründl eingesetzt. (Lässt sich hierin doch ein Zusammenhang mit dem ehemaligen Standort des Bründl-Altares in der Saldenburg sehen?) Auch der Hufschmied Hieronimus Gultman zu Entschenreuth wird noch in diesem Jahr „vor machung eines neuen Gotsbeetstohles" (Gebetsstuhl) mit einem Gulden und dreißig Kreuzer entlohnt.

1809: In der Zeit der Säkularisation, in der vor allem viele Klosterkirchen demoliert bzw. zweckentfremdet verwendet wurden, ist unsere Bründl Kapelle eine von den drei Kirchen im Bistum Passau, die diesem Zeitgeist zum Opfer fielen: „Im Jahre 1809 legte man die Wallfahrtskirche Maria Bründl zu Thurmansbang nieder".[403]

1819: Die Kapelle wird erneut renoviert.

1934: Anlässlich der Kapellenrenovierung in Saldenburg werden auch in Bründl die Altäre neu bemalt. Der Pfarrer von Thurmansbang lebt mit dem Restaurator, dem Kunstmaler Marchand aus München, wegen dessen sittenwidrigem Lebenswandel auf Kriegsfuß; er nennt Marchand einen „besseren Anstreicher"(!).[404]

Doch jetzt noch zu der oben schon erwähnten Bründl-Kirta. Dieser Kirchtag war und ist ein alter bodenständiger Brauch und wurde jährlich am Fest Maria Namen, also am 12. September gefeiert. Anlässlich der Renovierung von 1934 notiert der Pfarrer: „Die Bründl-Kirchweih ist eingeschlafen. Die Renovierung ist Anlass sie wieder zu beleben. Passauer Jugend ist gekommen, um mit Gesang und Instrumenten mitzuwirken. Die Agnes [Köchin?] wird Lebzelten verkaufen."[405]

Der Heimatforscher Max Peinkofer schreibt 1954 über diesen Festtag: „An diesem Fest strömten viele Leute zusammen und es ging recht festlich zu. Die kirchliche Feier war mit allerhand weltlicher Lustbarkeit verbunden. So gehörten dazu Krämerstände, Bierausschank und Blasmusik."

Dass das lustige Treiben am Bründl - selbst außerhalb des offiziellen Kirta - ausarten konnte, fand ich rein zufällig in bislang nicht bekannten Unterlagen im Staatsarchiv zu Landshut. In der Übersicht der anlässlich einer Extradition (Amtseinführung) des Patrimonialgerichtes Saldenburg vom 29. November 1825 vorhandenen Akten, die leider alle beim großen Brand im Staatsarchiv verbrannten, ist 1820 unter „Criminalia" vermerkt[406]: „Den zwischen Lanzenreuth und Saldenburg todt gefunden Georg Kirschner". Da der dazugehörige Akt verbrannt ist, konnten mit etwas Glück nur noch alte Sterberegister vor Ort weiterhelfen. In der Gemeinde Saldenburg beginnen diese jedoch erst im Jahre 1876, im Sterberegister der Pfarrei Thurmansbang - heute im Bistumsarchiv Passau verwahrt - wurde ich aber fündig. Und siehe da: Am 10. Februar 1820 ist der verheiratete Schuhmacher, kath., wohnhaft in Hundsruck, Nr. 16, Landgericht Passau, verstorben. „Im Wasser und Koth erstickt", Alter 74 Jahre. Bemerkung: „Ging von der Filialkirche Bründl berauscht nach Lanzerreith [Lanzenreuth], wo er vermutlich im Wasser fiel". Dieser Vorfall könnte mit der im Jahre 1819 begonnenen und belegten Wiederinstandsetzung der 1809 demolierten Bründl Kapelle zusammenhängen. Vielleicht war an diesem Tag die Abschlussfeier der Renovierung. Einen Kirta hielt man mitten im Winter bestimmt nicht ab. Alkohol muss aber dort reichlich geflossen sein.

Nach so vielen geschichtlichen Daten und Chroniken zwei letzte Beiträge zu unserer engeren Heimat, die sich im Unterschied zu den vorhergehenden nicht auf Archivalien, sondern auf überlieferte, wunderbare Begebenheiten stützen.

Tuschl-Sagen

Eingangs berichtete ich im Zusammenhang mit dem Burgenbau in Dießenstein und Saldenburg von der Familie Tuschl, insbesondere von Heinrich Tuschl. Wenn im Lebenslauf bekannter Persönlichkeiten geschichtliche Lücken auftreten, werden diese im Laufe der Zeit gerne mit reichhaltigen Sagen ausgekleidet und geschlossen. So erging es auch dem unseres Heinrich Tuschl. Die meisten drehen sich um seine zweite Frau, der Aheimerin. Immer wieder wurden weitere Geschichten in die bereits bekannten mit eingebaut, bis endlich ein Werk freier Dichtkunst entsteht, das aber gleichwohl zu ernster Beschäftigung einladen kann. So hat der Heimatforscher Karl Wild 1960 versucht, die Grundelemente der Tuschl-Sagen zu ergründen.[407]

Schon 1518 ist die erste Tuschl-Sage auf dem Markt, verfasst von Marius, dem Abt des Klosters Aldersbach. Marius lässt in seinen „Aldersbacher Annalen" Heinrich Tuschl, den Wohltäter seines Klosters,[408] eine Pilgerfahrt in das Heilige Land unternehmen. Tuschl geht dabei eine enge Freundschaft mit dem Sultan von Syrien ein, nimmt den Sohn des Sultans zu sich nach Hause, um ihn anschließend „wohlbehalten" wieder zurück nach Syrien zu bringen.[409] Aufbauend auf diese erste Sage erscheint wenige Jahre später, zwischen 1522 und 1533, bereits die nächste Variante, und zwar vom dem altbekannten Geschichtsschreiber Johannes Thurmaier, genannt Aventinus. Er erweitert die Sage nun um das Element, dass Tuschls Frau, während seiner Abwesenheit beim Sultan in Ägypten, mit einem Schuster nach Rom floh. Tuschl kehrt heim und ist allein. Um diese Zeit erscheint erstmals das „Alain",[410] das wir als Eintrag auf seinem Schild kennen. 1533 greift der Literat Kaspar Bruschius die von Marius und von Aventinus verfassten Sagen wieder auf und schwärmt in einem in lateinischer Sprache verfassten Gedicht über die erotische Stärke jenes

Schusters, welcher Tuschls Gattin zum Ehebruch verleitete.[411] In seiner „Topographie von Bayern" berichtet Philipp Apian 1563 ebenfalls von einer Pilgerreise Tuschls nach Palästina und lässt ihn den Sohn des Sultans nach Vilshofen bringen.[412]

Aus den nächsten beiden Jahrhunderten wissen wir von keiner neuen Tuschl-Sage. 1817 aber bringt K. H. v. Lang eine neue Variante. Tuschls Frau schwärmt bei offenem Fenster den Mond an. Tuschl hört das Geflüster aus dem Nebenraum und vermutet eine Liebeserklärung an einen Nebenbuhler. Aus Eifersucht verstößt er seine Gattin und lässt sie in ein Burgverlies einmauern. Jahre später ergreift ihn Reue und er tut Buße auf einer ausgedehnten Wallfahrt. Auf dem Weg nach Rom erkennt er als Frau eines Schusters (siehe bei Aventin) seine Gemahlin Annerl. In der Langschen Version finden wir erstmals das Gedicht vom „Gamserl auf einem Stein": „Ein Gamserls auf dem Stein lockt mich nimmer in Wald hinein, zwei Hund' an einem Bein, ich Tuschl blieb allein."[413]

Nur wenige Jahre später, 1833, erscheint bei Adalbert Müller das Gedicht „Heinrich Tuschl und sein Röslein" in 20 Strophen. Hiernach zog Tuschl in den Kampf hinaus und ließ zum Schutz seiner Gattin einen Knappen zu Hause. Nach seiner Rückkehr ist sein „Röslein" samt dem Knappen verschwunden. Auf ruheloser Suche findet Tuschl endlich südlich der Alpen seinen Knappen als Schuster und „Röslein" als dessen Weib.[414] 1927 bringt M. Waltinger in seinen Niederbayerischen Sagen die Geschichte vom „Röslein" in Prosa und lässt zu guter Letzt unseren Tuschl, nachdem er genug getrunken, gejagt, gefochten und geflucht hatte, als Mönch in das Chorherrenstift zu Vilshofen eintreten.[415] Gleich mehrere neue Tuschl-Sagen erscheinen 1932. Der Lehrer Franz Schönecker aus Saldenburg veröffentlicht in den Heimatglocken eine zu „Ritter Allein",[416] und der bekannte Heimatforscher Hans Watzlik bringt eine in echter Jugendstil-Romantik verfasste Variante zum Besten. Tuschl verliebt sich nach ihr in die erst 16 Jahre alte Tochter seines Kuhhirten, die „Geiselmut" und heiratet sie. Dann zieht er nach Jerusalem. Bei seiner Rückkehr war seine Frau selbstverständlich verschwunden. Jetzt erscheinen erstmals die beiden Hunde „Harraxdax und Packs bei der Hax", mit denen er seine Frau suchte. In dieser Sage findet Tuschl sein Weib mit dem bereits legendären Schuster in der Lombardei und gibt sich zu erkennen.[417]

In „1200 Jahre Vilshofen"[418] bringt Karl Wild eine ausführliche Variante der Tuschl-Sage, in der wieder völlig neue Elemente aufgenommen sind, die Vorbereitung der Ehe mit der Aheimerin (dem Nannerl), das Einmauern seiner vermutlich untreuen Frau und der schwarzen Katze, eine Wallfahrt nach Aachen, und ähnliches mehr; Wild geht auch auf Tuschls Gründung eines Kollegialstiftes für zwölf betrogene Ehemänner ein. Auch in einer Zulassungsarbeit an der Pädagogischen Hochschule in Regensburg mit dem Titel „Sagen im Raum von Passau" wird die Tuschl-Sage mit vielen Varianten wiedergegeben.[419] Selbst 1995 werden noch neue, mit den verschiedensten, vorher erwähnten Begebenheiten ausgefüllte Sagen publiziert. Sie erschienen sogar in verkürzter Form für Unterrichtszwecke.

Grabstein des Heinrich Tuschl, früher in der Pfarr- und ehemaligen Stiftskirche in Vilshofen

Doch damit genug von den Tuschl-Sagen. Würde ich alle von mir gesammelten Tuschl-Sagen zusammen veröffentlichen wollen - vielleicht geschieht dies später einmal -, so füllen sie sicherlich ein eigenes Buch. Für uns ist wohl besonders erwähnenswert, dass die Bezeichnung „Ritter Alain" erst durch die vielen Sagen entstand; das auf dem Wappen des Tuschl im Querbalken verzeichnete „Alain" erklärt sich hieraus. Auf dem Original-Wappen der Tuschl von Söldenau finden wir dieses Wort nicht.

Über Heinrich Tuschl sind wir nun glücklich bei der Sagenwelt angekommen. Das Gebiet um Saldenburg und Dießenstein war ein echter Nährboden für bodenständige Sagen. Zarte Prinzessinnen, grobe Waldgeister, versteckte Schätze und sogar der Teufel persönlich treten auf. All die in unserem Gemeindegebiet bekannten Sagen anzuführen, sprengte den Umfang dieses Buches. Lediglich die Sage vom Diebstein möchte ich noch einarbeiten; neben der Tuschl-Sage ist sie die einzige, die das Hauptthema dieses Buches, nämlich die Heimatgeschichte, berührt.

Der Diebstein und die Diebsteinhöhle

Südwestlich von Saldenburg, in der Nähe der Ortsteile Lanzenreuth, Hirschreuth und Goben, erhebt sich in landschaftlich äußerst reizvoller Lage der Diebstein. Mit seinen 589,8 m über Meereshöhe ist er der zentrale Punkt zwischen Dreiburgensee, Saldenburger See und Buchwiesweiher.

Etwas unterhalb des Gipfelfelsens, auf welchem sich vorgeschichtliche Opferkessel, sogenannte Druidensteine, befinden sollen - aber dies sind diese Felsformationen mit Sicherheit nicht, denn sie verdanken ihre Gestalt Verwitterungserscheinungen -, versteckt sich unter einem mächtigen Granitblock die „Diebsteinhöhle".

Auch diese Höhle ist (wie so viele weitere Naturerscheinungen in unserem Gebiet, - wie etwa der Wackelstein, das Steinerne Kirchlein oder der Sesselstein) im Laufe von Jahrmillionen durch die Natur, ohne menschliches Zutun, geschaffen worden. Durch seine Klüftung in zwei Ebenen, also sowohl senkrecht als auch waagrecht, konnte im Granit, etwa seit dem Tertiär (vor ca. 60.000.000 Jahren), die Verwitterung der einzelnen Felspartien entlang solcher Kluftrisse einsetzen. Die später folgenden Eiszeiten haben sie freigelegt. Je nach Widerstandskraft der einzelnen Felspartien bildeten sich bei diesem Vorgang z. T. bizarre Formen heraus (wie u. a. der Wackelstein), ehe das gesamte Felsmassiv in sich selbst zusammenfällt (siehe Lusengipfel). In der Zwischenzeit bescheren uns solche „halbfertige" Verwitterungen (wenn der Fels in tieferen Schichten etwas weniger widerstandsfähig ist) immer wieder imposante höhlenartige Hohlräume. So auch am Diebstein.

Der örtlichen Bevölkerung waren solche Höhlen unheimlich und sie wurden gern in den mystischen Bereich gerückt. Dass sich um sie fast zwangsläufig ein örtlicher Sagenkranz bildete, ist heute leicht nachvollziehbar.

Gar mancher Neugieriger, welcher durch das enge Einschlupfloch in die Diebsteinhöhle gekrochen ist, habe sich im Innern des hohlen Berges verirrt und sei nie wieder gesehen worden. Auch Diebe und Wilderer sollen in ihr ihr Unwesen getrieben haben. Das nachts aus Ställen der Bauern geraubte Vieh sei dort auf Nimmerwiedersehen verschwunden. Die Diebe hätten es zur Höhle gebracht, um es dort zu schlachten; ihr Fleisch sei im Innern der Höhle an Nägeln aufgehängt worden. Die angeblich um 1930 noch vorhandenen Nägel sind heute jedoch nicht mehr zu sehen. Das Fleisch sei von den Dieben nächtlicherweise zu den „Judenmetzgern" nach Deggendorf gebracht worden;[420] möglicherweise entstand hierdurch auch der Name „Diebstein". Eine weitere Verbindung zwischen Diebstein und Deggendorf wird wohl für immer ein Rätsel bleiben; Deggendorfer Juden sollen nach dem legendären Hostienfrevel im Jahre 1337 diese Hostien zum Diebstein gebracht und in der Höhle versteckt haben.[421] Diese Deggendorfer „Hostienschändung" war ja der angebliche Anlass für die Pogromnacht vom 30. September 1337 (?), in welcher Deggendorfer Bürger ihre jüdischen Mitbewohner erschlugen und ausraubten. Auch war diese Deggendorfer Hostienschändung schon im 15. Jahrhundert der Anlass zu einer der bekanntesten und einträglichsten Wallfahrten in Ostbayern, der „Deggendorfer Gnad".[422] Diese Wallfahrt wurde erst in unserer Zeit, weil ihr Anlass historisch nicht haltbar, offiziell abgeschafft.

Literaturhinweise

[1] Schreiben der Generaldirektion der staatlichen Archive Bayerns an die Gemeindeverwaltung vom 25. April 1968.

[2] Ebd.

[3] Vgl. Schwarzfischer, Karl, Neuentdeckter Erdstall in Lembach, in: Der Erdstall, Nr. 11, Roding 1985, S. 62-70; Stoll, Bettina, Ein Erdstall in Saldenburg, in: Der Erdstall, Nr. 14, Roding 1988, S. 62-69, 122-123; Schrüfer Norbert, Ein Erdstall in Loderhof, in: Der Erdstall, Nr. 16, S. 114-119; Schrüfer, Norbert, Neu entdeckter Erdstall mit vielen Fragezeichen, in: Der Erdstall, Nr. 22, 1996, S. 43-46.

[4] Bednarik, Edith, Das Rätsel „Erdstall" – gelöst?", in: Der Erdstall, Nr. 22, 1996, S. 20; vgl. zur Gesamtproblematik die Arbeit von Löffelmann, Monika, Erdställe und ihre Bedeutung in Kult, Religionsgeschichte, Überlieferung, Der Erdstall, Nr. 23, 1997.

[5] Weichenberger, Josef, Wurden die Erdställe als Zufluchtsanlage gebaut?, in: Der Erdstall, Nr. 11, 1985, S. 32.

[6] Ebd., S. 32.

[7] Ebd., S. 32.

[8] Vgl. Poitel, Max, „Zuflucht"-Souterrains und Rauchgase, in: Der Erdstall, Nr. 11, 1985, S. 59-61.

[9] Vgl. Endres, Werner, Keramik aus oberpfälzer Erdställen – eine kurze Übersicht, in: Der Erdstall, Nr. 11, 1985, S. 47-51, Endres, Werner, Die Keramikfunde aus dem Erdstall von Tasching/Lkr. Cham, in: Der Erdstall, Nr. 14, 1988, S. 105-107.

[10] Vgl. Schwarzfischer, Karl, Zur Bauweise der Erdställe – Zweckbauten oder Kultstätten?, in: Der Erdstall, Nr. 16, 1990, S. 5-94; Glatthaar, Regine, Die alte Kontroverse: Zufluchtstätte oder Kultanlage?, in: Der Erdstall, Nr. 22, 1996, S. 5-8; Kleinmann, Dorothée, Die Erdställe – Kultstätten oder Zufluchtsanlagen, ebd., S. 9-13.

[11] Schrüfer, Norbert, Neu entdeckter Erdstall mit vielen Fragezeichen, S. 46.

[12] Hauptstaatsarchiv München, Gericht Vilshofen, Urk. Fasc. 27, RB IX, 202.

[13] Vgl. OG, Bd. 4, 1960, S. 171/172.

[14] Vgl. Historischer Atlas von Bayern, Heft 45, Grafenau, S. 154.

[15] Historischer Atlas von Bayern, Heft 45, Grafenau, S. 154.

[16] Vgl. Wild, Karl, Schloß Söldenau, Vilshofen 1977, S. 5.

[17] Vgl. Wild, Karl, Das Testament des Heinrich Tuschl, in: OG, Bd. 3, 1959, S. 41.

[18] Vgl. Wild, Karl, Schloß Söldenau, Vilshofen 1977, S. 7.

[19] Ebd. S. 7.

[20] Vgl. Historischer Atlas von Bayern, Heft 35, Hochstift Passau, S. 214.

[21] Vgl. Wild, Karl, Schloß Söldenau, Vilshofen 1977, S. 7.

[22] Vgl. ebd. S. 7.

[23] Vgl. ebd. S. 7.

[24] Vgl. Wild, Karl, Das Testament des Heinrich Tuschl, in: OG, Bd. 3, 1959, S. 39-79.

[25] Vgl. Wild, Karl, Werden und Wandel der Tuschlsage, in: OG, Bd. 4, 1960, S. 171.

[26] Vgl. Wild, Karl, Das Testament des Heinrich Tuschl, in: OG, Bd. 3, 1959, S. 41.

[27] Historischer Atlas von Bayern, Heft 35, Hochstift Passau, S. 214.

[28] Vgl. Wild, Karl, Das Testament des Heinrich Tuschl, in OG, Bd. 3, S. 41, 59.

[29] Vgl. Ebd., S. 41.

[30] Vgl. den von K. Wild (Das Testament des Heinrich Tuschl, in OG, Bd. 3, 1959, S. 41) erstellten Stammbaum. Diese Stammtafel weicht in verschiedenen Punkten von der älteren, von Krick verfaßten Tafel ab.

[31] Vgl. Härtl, M., Der Quincingau, in: VHN, Bd. 3, 1853, S. 79; Wild, Karl, Das Testament des Heinrich Tuschl, in: OG, Bd. 3, 1959, S. 60.

[32] Vgl. Klämpfl, Josef, Der Schweinach- und Quinzingau, Passau 1855, S. 43.

[33] Vgl. Wild, Karl, Das Testament des Heinrich Tuschl, in: OG, Bd. 3, 1959, S. 71.

[34] Vgl. S. 72.

[35] Wild, Karl, Schloß Söldenau, Vilshofen 1977, S. 13.

[36] Vgl. Schrüfer, Norbert, Die Herrschaft Saldenburg im späten Mittelalter, Grafenau 1994, S. 106.

[37] Vgl. Piendl, Max, Die Ritterbünde der Böckler und Löwler, in: Burgen-Schlösser-Residenzen, München 1975, S. 72.

[38] Meine Zusammenfassung folgt der von Dorit-Maria Krenn im Programm zu „650 Jahre Herzogtum Straubing Holland".

[39] Vgl. u. a. Weber, Thomas, Die Ritterburg Weißenstein, Regen 1999, S. 187ff.

[40] Vgl. u. a. Piendl, Max, Die Ritterbünde der Böckler und Löwler, S. 72.

[41] Vgl. u. a. Geyer, Otto, Der Aufstand der Böckler und Löwler, in: Der Bayerwald, 3/1972, S. 125ff.

[42] Vgl. Ebd., S. 126.

[43] Vgl. Historischer Atlas von Bayern, Heft 29, Vilshofen, S. 198.

[44] Baierische Landtags-Handlungen in den Jahren 1429 bis 1513. 7ter Band, München 1804, S. 237 [Krenner].

[45] Vgl. ebd., S. 227-229.

[46] Vgl. u. a. Geyer, Otto, Die Böckler und Löwler, in: Der Bayerwald, 3/1972, S. 129.

[47] Vgl. Schrüfer, Norbert, Die Herrschaft Saldenburg, Grafenau 1994, S. 103/104.

[48] Vgl. Fendl, Josef, Degenberg und Kollnburg, in: Beiträge zur Heimatkunde von Niederbayern, Neue Veröffentlichungen des Instituts für Heimatforschung in Passau, Passau und Landshut 1970, S. 161.

[49] Vgl. Historischer Atlas von Bayern, Heft 34, Regen, S. 168; Fendl, Josef, Degenberg und Kollnburg, S. 161.

[50] Vgl. Bachmann Christoph, Öffnungsrecht und Herzogliche Burgenpolitik in Bayern im späten Mittelalter, München 1997, S. 195; Bayerisches Hauptstaatsarchiv München, Kurbayern, Äußeres Archiv, 1132, fol. 79-80.

[51] Vgl. Piendl, Max, Die Ritterbünde der Böckler und Löwler, S. 72-80.

52 Mußinan, Josef, Ritter v., Geschichte des Löwlerbundes unter dem baierischen Herzog Albrecht IV., 1488-1495, München 1817, S. 138, S. 143.

53 Ebd., S. 198.

54 Mündliche Mitteilung von Dr. Michael Henker, Landeskonservator, Haus der Geschichte, Augsburg.

55 Vgl. Schrüfer, Norbert, Der „Saldenburger Kelch" aus dem Jahr 1606, in: Heimatglocken, 3/1991, S. 2.

56 Wild, Karl, Das Testament des Heinrich Tuschl, in: OG, Bd. 3, 1959, S. 47f.

57 Vgl. Erhard, Alexander, Umgebung von Passau, in: VHN, Bd. 36, 1900, S. 300.

58 Vgl. Historischer Atlas von Bayern, Heft 29, Vilshofen, S. 198; Huschberg, Johann Ferdinand, Geschichte des Gesammt-Hauses Ortenburg, Sulzbach 1828, S. 471.

59 Amtliches Inventar der Kulturdenkmäler von Bayern, Bd. 14, Vilshofen, S. 206.

60 Vgl. u. a. Sauter, Eberhard, Zur Geschichte des Schlosses Saldenburg, in: Der Bayerische Wald, 1. Quartal 1907, Straubing 1907, S. 58.

61 Vgl. Staatsarchiv Landshut, Rep. 131, Verz. 3, Fasc. 10, Nr. 22 (Scharwerksbuch).

62 Scharrer, Franz Ser., Neuere Geschichte des Schlosses Moos, in: VHN Bd. 29, 1893, S. 9.

63 Vgl. Hiedl, Hermann, Historie der drei Waldschlösser, Passau 1884, S. 70.

64 Goldner, Johannes, Bahnmüller, Wilfried, Bayerisches Bier, Freilassing 1983, S. 4.

65 Ebd., S. 4.

66 Vgl. ebd., S. 16.

67 Vgl. Gierl, Irmgard, Raritäten aus Schmellers's Bayerischen Wörterbuch, Rosenheim 1974, S. 24.

68 Vgl. Lütge, Friedrich, Die Bayerische Grundherrschaft, Stuttgart 1949, S. 56.

69 Staatsarchiv Landshut – Regierung Landshut – A 15788.

70 Staatsarchiv Landshut, Rep. 161, Dep. 703 I-III (Moos).

71 Vgl. Scharrer, Franz Ser., Neuere Geschichte des Schlosses Moos, in: VHN, Bd. 30, 1884, S. 79.

72 Vgl. Ebd., S. 96.

73 Bistumsarchiv Passau, ABP, OA, Pfarrei Thurmansbang II.

74 Handbuch des größeren Grundbesitzes in Bayern, 1907, S. 156.

75 Heininger, Josef, Schloßgut einst ein wichtiger Arbeitgeber, in: PNP vom 31.1.1990.

76 Vgl. Schrüfer, Norbert, Die Herrschaft Saldenburg, Grafenau 1994, S. 116ff.

77 Scharrer, Franz Ser., Neuere Geschichte des Schlosses Moos, in: VHN, Bd. 29, 1893, S. 9.

78 Vgl. Amtliches Inventar der Kulturdenkmäler von Bayern, S. 78.

79 Vgl. Ebd., S. 86.

80 Vgl. Scharrer, Franz Ser., Neuere Geschichte des Schlosses Moos, in: VHN Bd. 29, 1893, S. 32.

81 Vgl. Ebd. S. 32.

[82] Ebd., S. 33.

[83] Vgl. Scharrer, Frz., Ser., Neuere Geschichte des Schlosses Moos, in: VHN Bd. 30, S. 71.

[84] Peinkofer, Max, Ein alter Brief, in: Heimatglocken, 2/1932, S. 22.

[85] Vgl. Schrüfer, Norbert, Die Herrschaft Saldenburg, Grafenau 1994, S. 118.

[86] Vgl. Ebd., S. 118.

[87] Vgl. Historischer Atlas von Bayern, Heft 45, Grafenau, S. 231.

[88] Vgl. Historischer Atlas von Bayern, Heft 35, Passau, S. 520.

[89] Vgl. Lütge, Friedrich, Die Bayerische Grundherrschaft, München 1949, S. 53-58.

[90] Vgl. Historischer Atlas von Bayern, Heft 47, Deggendorf, S. 286.

[91] Vgl. Ebd., S. 421.

[92] Vgl. Historischer Atlas von Bayern, Heft 35, Passau, S. 520.

[93] Vgl. Historischer Atlas von Bayer, Heft 29, Vilshofen, S. 256.

[94] Vgl. Scharrer, Frz., Ser., Neuere Geschichte des Schlosses Moos, in: VHN, Bd. 30, 1894, S. 116.

[95] Vgl. Historischer Atlas von Bayern, Heft 35, Passau, S. 521.

[96] Vgl. u. a. Königlich Baierisches Intelligen-Blatt für den Unter-Donau-Kreis, 1833, Nr. 165, 1835, Nr. 330.

[97] Vgl. u. a. Präambel zur Abrechnung der Strafgelder des Jahres 1753, Staatsarchiv Landshut, Rep. 131, Verz. 3, Fasz. 5, Nr. 14.

[98] Die folgenden Daten sind entnommen aus Ingeborg Seyfert, Die bayerische Perlfischerei, in: Beiträge zur Heimatkunde von Niederbayern. Neue Veröffentlichungen des Institutes für Ostbairische Heimatforschung Passau, Nr. 34, Passau u. Landshut 1976, S. 223-245.

[99] Vgl. Seyfert, Ingeborg, Die Perlenfischerei, in: Grafenau, Das Bild eines Altbayerischen Landkreises, Grafenau 1972, S. 176.

[100] Vgl. hierzu und im Folgenden: Staatsarchiv Landshut, Rep. 131, Nr. 35.

[101] Vgl. hierzu und im Folgenden: Staatsarchiv Landshut, Rep. 131, Nr. 62.

[102] Vgl. Historischer Atlas von Bayern, Heft 29, Vilshofen, S. 198.

[103] Hausmann, Friedrich, Die Grafen zu Ortenburg und ihre Vorfahren, in: OG, 1994, S. 28ff.

[104] Riezler, Sigmund, Geschichte Baierns, Bd. 4, 1508-1597, Gotha 1899, S. 537.

[105] Dengler, Fritz, Bayerischer Wald und Donaugefilde in schwerer Kriegszeit, in: Der Bayerwald, Sonderheft 1961, S. 31.

[106] Vgl. u. a. Hiedl, Hermann, Historie der drei Waldschlösser, Passau 1884, S. 74.

[107] Aus bisher noch nicht erfassten Akten des ehemaligen Forstamts Schönberg.

[108] Bistumsarchiv Passau, ABP, OA, Pfarrei Thurmansbang II.

[109] Pfarrchronik Thurmansbang, S. 14a.

[110] Bistumsarchiv Passau, ABP, OA, Pfarrei Thurmansbang.

[111] Vgl. ebd.

[112] Nach einer Auskunft des Heimatpflegers von Passau, Herrn Franz Mader.

[113] Bistumsarchiv Passau, ABP, OA, Pfarrei Thurmansbang II.

[114] Vgl. Bistumsarchiv Passau, OA, 9187.

115 Staatsarchiv Landshut, Rep. 159, Verz. 23, Nr. 27 (FA Schönberg).

116 Ebd.

117 Ebd.

118 Max Peinkofer, Ein alter Brief, in: Heimatglocken, 2/1932, S. 22

119 Mündliche Auskunft von Heinrich Fredl, dem Sohn des damaligen Herbergsvaters, im Mai 1996.

120 Vgl. Akten des ehemaligen Forstamtes Schönberg.

121 Heininger, Josef, in: PNP v. 28/29.Mai 1988.

122 Vgl. das Schreiben des damaligen Herbergsvaters Fredl an das LRA Grafenau v. 26. 7. 1945, verwahrt im Kreisarchiv Freyung.

123 Nach einer mündlichen Auskunft von Heinrich Fredl, dem Sohn des damaligen Herbergsvaters, im Mai 1996.

124 Vgl. das Schreiben des vorgenannten damaligen Herbergsvaters.

125 Vgl. Heininger, Josef, 7teiliger Bericht in der PNP 1991, Nr. 27-127.

126 Vgl. Heininger, Josef, in PNP v. 28./29. 5. 1988.

127 Bericht von Frau Sauerwald aus Berlin vom 4. 11. 1988. Sie war eines der Mädchen. (Privatarchiv Schrüfer)

128 Vgl. ebd.

129 Vgl. Heininger, Josef, in: PNP v. 28./29. 5. 1988.

130 Nach der mündlichen Auskunft des Sohnes des damaligen Herbergsvaters im Mai 1996.

131 Vgl. ebd.

132 Vgl. Schrüfer, Norbert, Die turbulenten Jahre des Ranaissance-Kachelofens der Saldenburg, in: Ostbairische Grenzmarken, Jg. 41, 1999, S. 237-241.

133 Erhard, Alexander, Umgebung von Passau, S. 181.

134 Vgl. Heller, Horst P., Das ländliche Handwerk, Grafenau 1980, S. 102.

135 Vgl. Weinberger, Elisabeth, Waldnutzung und Waldgewerbe in Altbayern im 18. und beginnenden 19. Jahrhundert, München 1998, S. 34, S. 90.

136 Vgl. Veh, Frieda, Maria, Die Pechgewinnung (Pichl oder Pechschta genannt) im Fichtelgebirge, in: Bayerisches Jahrbuch für Volkskunde, 1969, S. 207-215; Ficker, Friedbert, Die Pechgewinnung des Vogtlandes und des Westerzgebirges, in: Ebd., S. 215-226.

137 Vgl. Amtliche Bekanntmachungen XLIX, Pechler, die nicht als Forstfrevler bekannt sind, in: Heimatglocken Nr. 11, 1988.

138 Vgl. Seyfert, Ingeborg, Über das Pecheln oder Harzreißen, in: Der Bayerwald, 1/1993, S. 21-36.

139 Vgl. Ebd., 22.

140 Leythäuser, K., in: Das Forstamt Zwiesel ältester Ordnung vom Jahre 1789, in: VHN, Bd. 44, 1908, S. 277.

141 Seyfert, Ingeborg, Über das Pecheln oder Harzreißen, in: Der Bayerwald, I/1993, S. 29.

142 Vgl. Kgl. Intelligenzblatt des Unterdonaukreises, 1829, Nr. 342.

143 Vgl. ebd.

144 Vgl. Kgl. Intelligenzblatt des Unterdonaukreises, 1843. Nr. 705.

[145] Vgl. Staatsarchiv Landshut, Rep. 161, Dep. 703, I-III.

[146] Vgl. Kgl. Intelligenzblatt des Unterdonaukreises, 1824. Nr. 864.

[147] Vgl. Eintrag im Ein- und Auslaufjournal der Gemeinde Lembach des Jahres 1890.

[148] Staatsarchiv Landshut, Forstamt Schönberg – 157, fol. 27.

[149] Nach Werner Endres von der Universität Regensburg.

[150] Der wahre Geistliche Schild, Reprint, St. Meinard Verlag für Theologie, Sinzing 1989, S. 215, auch in Handschriftliche Weitergabe des Textes von Herrn Ignatz Höcherl, Bruckmühl 1894 (verwahrt im Privatarchiv Schrüfer).

[151] Vgl. Oberbayerisches Archiv für vaterländische Geschichte, München 1880, S. 236f.

[152] Des Kupferstechers Michael Wening Leben und Werk, in: Heimatglocken 1977, Nr. 12, S. 1-2.

[153] Auszüge aus Band 3 und Band 4 der Wening Stiche; dann aus Paul Praxl in Landkreis FRG, Kreisarchiv 1988 und aus PNP Nr. 12/1977.

[154] Auszüge aus Band 3 und 4 der Wening-Stiche, auch bei Paul Praxl in Burgen und Schlösser im Landkreis Freyung, Kreisarchiv 1998, auch PNP Nr. 12/1977.

[155] Vgl. ebd.

[156] Scharrer, Frz., Ser., Neuere Geschichte des Schlosses Moos, in VHN, Bd. 29/1893, S. 32f.

[157] Vgl. Scharrer, Frz., Ser., Neuere Geschichte des Schlosses Moos, in: VHN Bd. 30/1894, S. 78.

[158] Reise-Tagebuch des Hofkammerrates Joseph v. Utzschneider in den Bayerischen Wald, 1788.

[159] Scharrer, Frz., Ser., Neuere Geschichte des Schlosses Moos, in: VHN Bd. 30/1894, S. 97, Fußnote 1.

[160] Hazzi, Joseph, Statistische Aufschlüsse über das Herzogthum Bayern, Gericht Vilshofen, in: Vilshofener Jahrbuch 2000, S. 42 (unter „Dittling").

[161] Ebd., S. 43.

[162] Ebd., S. 44.

[163] Ebd., S. 44.

[164] Ebd., S. 50/51.

[165] Ebd., S. 56.

[166] Handbuch des größeren Grundbesitzes in Bayern, 1907, S. 243.

[167] Vgl. Hellwig/Linne, Daten der Weltgeschichte, München 1991.

[168] Vgl. ebd.

[169] Vgl. Hubensteiner, Benno, Bayerische Geschichte, München 1980, S. 247 ff.

[170] Ebd.

[171] Maier, Alfons, Schönberger Heimatbuch, Grafenau 1996, S. 65.

[172] Pfarrchronik von Thurmansbang.

[173] Ebd.

[174] Vgl. u. a. Intelligenzblatt des Unterdonau-Kreises, Passau, v. 6. Mai 1817.

[175] Staatsarchiv Landshut, Grundsteuerkataster der Gemeinde Lembach von 1844.

[176] Soweit im Folgenden Äußerungen forstlicher Stellen angeführt werden, ist ihre Quelle das Staatsarchiv Landshut, Rep. 159, Verz. 23, Nr. 87, fol. 1-53.

[177] Vgl. Schrüfer, Norbert, Die Herrschaft Saldenburg, S. 106

[178] Vgl. Staatsarchiv Landshut, Rep. 159, Verz. 23.

[179] Ebd.

[180] Am Werk waren die Holzhauer Stockinger (Miesberg) und Maier (Ödhäuser), so 1965 die mündliche Auskunft ihrer Söhne.

[181] Vgl. Hauptstaatsarchiv München, Gerichtslit. Vilshofen, 22. (Mitteilung von Herrn Paul Praxl, Kreisarchivleiter von FRG.)

[182] Vgl. Rottmayr, Joseph, Statistische Beschreibung des Bisthums Paßau, Paßau 1867, S. 34.

[183] Vgl. Schrüfer, Norbert, Die Herrschaft Saldenburg, Grafenau 1994, S. 29.

[184] Brief von Kreisarchivleiter Praxl an Herrn Walberer vom 2.1.1986.

[185] Vgl. Zehentbuch, Staatsarchiv Landshut, Rep. 131, Verz. 3, Nr. 10.

[186] Ebd.

[187] Ebd.

[188] Vgl. Staatsarchiv Landshut, Einnahmemanual, aus „44 unverzeichneten Kartons" der Herrschaft Saldenburg, Rep. 131, Saal 23.

[189] Vgl. Wild, Karl, Das Schicksal der Grafschaft Windberg, in: OG, Bd. 2, 1958, S. 203ff.

[190] Vgl. Academia Scientiarum Boica (edidit), Monumenta Boica, Bd. 36, Teil II, S. 275f.

[191] Vgl. Grenz- und Güterbeschreibung des Landgerichts Vilshofen aus dem Jahre 1469, entnommen einer Familienforschung über den Namen Halser von H. Marchtaler (1944) aus Stuttgart, mit Abänderungen von Heinz Reise (1957) aus Göttingen.

[192] Auskunft von Herrn Michael Dannecker, Hundsruck, dem letzten Bewohner des Dannecker Anwesens in Hals.

[193] Vgl. Staatsarchiv Landshut, Rep. 159, Verz. 23.

[194] Staatsarchiv Landshut, Rep. 159, Verz. 23, Nr. 96.

[195] Ebd., fol. 118ff.

[196] Vgl. Lampl, Sixtus und Neu, Wilhelm, Denkmäler in Bayern, Band II, Niederbayern, München 1986, S. 137/138.

[197] Vgl. Lickleder, Hermann, Das Prämonstratenserstift Osterhofen.

[198] Rottmayr, Joseph, Statistische Beschreibung des Bisthums Paßau, Paßau 1867, S. 34.

[199] Vgl. Schreiben dem Schreiben der Pfarrei Thurmansbang v. 15.2.1869, verwahrt im Staatsarchiv Landshut, Rep. 1t59, Verz. 23, Nr. 96, fol. 143.

[200] Der Hof ist in sämtlichen folgenden Urbaren und Saalbüchern der Herrschaft Saldenburg erwähnt.

[201] Vgl. Heininger, Josef, Mehrteilige Abhandlung über Saldenburg, hier in: PNP v. 22. 02. 1991.

[202] So Zeitzeugen in den 60er Jahren des vorigen Jahrhunderts, insbesondere der ehemalige Posthalter Johann Götz.

[203] Ein- und Auslaufjournal der Gemeinde Lembach, begonnen am 4. 8. 1888.

[204] Auskunft von Albert Stockinger, früherer Bewohner von Miesberg.

[205] Historischer Atlas von Bayern, Heft 45, Grafenau, S. 267.

[206] Vgl. Staatsarchiv Landshut, Rep. 159, Verz. 23, Nr. 96, fol 153.

[207] Ebd., Rep. 161, Dep. 703 I-II (Privatarchiv der Grafen v. Preysing).

[208] Vgl. Pfarrchronik Thurmansbang.

[209] Vgl. ebd.

[210] So Franz Stern am 27. 11. 1984.

[211] Vgl. Neumann, Hermann, Der Landkreis Grafenau, in: Grafenau, S. 15.

[212] Vgl. ebd., S. 15.

[213] Vgl. Helm, Winfried, St. Nikola vor Passau und der bayerische Salzhandel, in: Weißes Gold, Passau 1995, S. 248, Spalte 2.

[214] Vgl. Helm, Winfried, St. Nikola vor Passau, S. 245, Spalte 2.

[215] Vgl. ebd., S. 246, Spalte 1.

[216] Vgl. Neumann, Hermann, Der Landkreis Grafenau, in: Grafenau, S. 22.

[217] Vgl. Wagner, Hermann, Grafenau, Deggendorf 1954, S. 50/51.

[218] Vgl. Neumann, Hermann, Der Landkreis Grafenau, S. 14/15.

[219] Vgl. Helm, Winfried, St. Nikola vor Passau, S. 248, Spalte 2. Maximilian Lanzinner (Wirtschaft und Gesellschaft der geistlichen Residenz- und Handelsstadt Passau, in: Weisses Gold, Passau 1995, S. 185, Spalte 2) nennt unter Bezug auf Otto Geyer das Jahr 1568, nach Helm ist das Baudatum bei Geyer falsch.

[220] Vgl. ebd. S. 18.

[221] Siehe u. a. die einschlägigen Beiträge in Weisses Gold, Passau 1995.

[222] Vgl. Helm, Winfried, St. Nikola vor Passau, S. 248, Spalte 2.

[223] ebd., S. 249, Spalte 1.

[224] Wagner, Hermann, Grafenau, Deggendorf 1954, S. 54.

[225] Vgl. ebd. S. 56.

[226] Vgl. Helm, Winfried, St. Nikola vor Passau, S. 249, Spalte 2, S. 250, Spalte 1.

[227] Vgl. Wagner, Hermann, Grafenau, S. 89; Neumann, Hermann, Der Landkreis Grafenau, in: Grafenau, S. 26.

[228] Vgl. Wagner, Hermann, Grafenau, S. 104/105.

[229] Vgl. Wild, Karl, Das Dreiburgenland, in: Ostbairische Grenzmarken, Bd. 6, 1962/63, S. 188-209; für Entschenreuth: Lickleder, Hermann, Das Prämonstratenserstift Osterhofen, in: Deggendorfer Geschichtsblätter 9/1988, S. 76.

[230] Hauptstaatsarchiv München, GU Vilshofen, Fasc. 27. RB IX 202; Schrüfer, Norbert, Die Herrschaft Saldenburg, S.106.

[231] Vgl. Neumann, Hermann, Burgen im Landkreis - Landkreisgeschichte, in: Grafenau, Grafenau 1972, S. 48; Fischl, Michael, Wie die Wallfahrt am Sesselstein bei Spitzingerreuth in der Gemeinde Saldenburg entstanden ist, in: Archiv für das Dreiburgenland, Heft 7, S. 28; Haller Reinhard, Eine frühe Straßenkarte für den Bayerischen Wald, in: Schöner Bayerischer Wald, Nr. 131, Nov./Dez. 1999, S. 22.

178

[232] Vgl. Fischl, Michael, Der Besitz der Hofmarksherrschaft im Markt Tittling, in: Archiv für das Dreiburgenland, Heft 9, S. 7.

[233] Forststraßen durch die Öd, welche auch heute noch diese Namen führen.

[234] Dieses Recht soll bis 1967 auf dem ehemaligen Meierhof des Gutes (heutiges Wohnhaus und Bierstüberl Becker) gelegen haben. Die Unterlagen hierzu befinden sich in den Akten des leider zu früh verstorbenen ehemaligen Gemeindesekretärs Heininger und sind derzeit nicht greifbar. Auch alte Saldenburger Bürger äußerten sich hinsichtlich dieses Rechts entsprechend.

[235] Hiedl, Hermann, in Historie der drei Waldschlösser, Passau 1884, S. 56.

[236] Vgl. Kerschberger, Karl, Die Geschichte des Postwesens, in: Grafenau, S. 266.

[237] Vgl. Bistumsarchiv Passau, ABP, OA, Pfarrarchiv Thurmansbang II.

[238] Vgl. Pfarrarchiv Thurmansbang, S. 14b.

[239] Vgl. Kerschberger, Karl, Die Geschichte des Postwesens, in: Grafenau, S. 266.

[240] Vgl. Pfarrarchiv Thurmansbang, S. 14b.

[241] Vgl. Staatsarchiv Landshut, Rep. 159, Verz. 23, Nr. 27 (FA Schönberg).

[242] Vgl. die entsprechenden Gemeinderatsprotokolle.

[243] Vgl. ebd.

[244] Vgl. Lickleder, Hermann, Das Prämonstratenserstift Osterhofen im Spätmittelalter (Urbach- und Kopialbuch 1440 – mit Auszügen des Kopialbuches von 1349); in: Deggendorfer Geschichtsblätter, 1988, S. 75/76, Nr. 16, Hofmark Zenting.

[245] Vgl. ebd., Urbarbuch des Klosters Osterhofen von 1349.

[246] Vgl. Wild, Karl, Das Schicksal der Grafschaft Windberg, in: OG Bd. 2, 1958, S. 210ff.

[247] Vgl. Lickleder, Hermann, Das Prämonstratenserstift, S. 75f.

[248] Vgl. Lütge, Friedrich, Die Bayerische Grundherrschaft, München 1949, S. 58.

[249] Vgl. Lickleder, Hermann, Das Prämonstratenserstift, S. 218ff.

[250] Vgl. Lütge, Friedrich, Die Bayerische Grundherrschaft, S. 53.

[251] Vgl. Lickleder, Hermann, Das Prämonstratenserstift, S. 218ff.

[252] Vgl. Schrüfer, Norbert, Die Herrschaft Saldenburg, S. 29/30.

[253] Vgl. Lickleder, Hermann, Das Prämonstratenserstift, S. 220.

[254] Vgl. Huschberg, Johann, Ferdinand, Die Geschichte des Gesamt-Hauses Ortenburg, Sulzbach 1828, S. 422.

[255] Staatsarchiv Landshut, Rep. 131, Verz. 3, Fasz. 1, No. 1, Saal 23.

[256] Scharrer, Frz., Ser., Neuere Geschichte des Schlosses Moos, in: VHN 29, 1893, S. 16.

[257] Vgl. Wild, Karl, Das Schicksal der Grafschaft Windberg, in: OG, Bd. 2, 1958, S. 203.

[258] Vgl. Historischer Atlas von Bayern, Heft 29, Vilshofen, S. 18ff.

[259] Vgl. Wild, Karl, Das Schicksal der Grafschaft Windberg, in: OG, Bd. 2, 1958 S. 203.

[260] Hauptstaatsarchiv München, Gerichtsliteralien Bärnstein, 65/35

[261] Vgl. Schrüfer, Norbert, Die Herrschaft Saldenburg, S. 28.

262 Vgl. Huschberg, Johann, Ferdinand, Geschichte des Gesammt-Hauses Ortenburg, S. 422.
263 Staatsarchiv Landshut, Rep. 131, Verz. 3, Saal 23.
264 Vgl. Historischer Atlas von Bayern, Heft 29, Vilshofen, S. 198.
265 Vgl. Staatsarchiv Landshut, Rep. 161, Dep. I-III.
266 Vgl. Vorbemerkungen zur Erstanlage des Grundsteuerkatasters, Staatsarchiv Landshut, 5/23, Bd. 1.
267 Vgl. Historischer Atlas von Bayern, Heft 35, Passau.
268 Vgl. Rottmayr, Joseph, Statistische Beschreibung des Bisthums Paßau, S. 34.
269 Neumann, Hermann, Geschichte des Grafenauer Landes, in: Der Landkreis Freyung-Grafenau, Freyung 1982, S. 112.
270 Vgl. ebd., S. 84-86.
271 Vgl. Heider, Joseph, Regesten des Passauer Abteilandes, München 1934, S. 177.
272 Vgl. Peinkofer, Max, Trautmannsdorf, einst Einkehr des fahrenden Volkes, in: Grafenauer Anzeiger v. 27. 8. 1955.
273 Vgl. Hiedl, Hermann, Historie der drei Waldschlösser, Passau 1884, S. 47.
274 Vgl. Neumann, Hermann, Der Landkreis Grafenau, in: Grafenau, S. 22.
275 Staatsarchiv Landshut, Rep. 131, Verz. 3, Fasz. 1, No. 1, Saal 23.
276 Scharrer, Frz., Ser., Neuere Geschichte des Schlosses Moos, in: VHN, Bd. 30, 1894, S. 78.
277 Vgl. Peinkofer, Max, in: Grafenauer Anzeiger v. 27. August 1955.
278 Neumann, Hermann, Die Geschichte des Grafenauer Landes, in Landkreisbuch Freyung/Grafenau, 1982, S. 88.
279 Vgl. Original Katasterauszug (Privatarchiv Schrüfer).
280 Ebd.
281 Ebd.
282 Gemeindeblatt Saldenburg 8/1980.
283 Vgl. Hazzi, Joseph, Die echten Ansichten der Waldungen und Förste, München 1805, S. 34ff.
284 Vgl. Historischer Atlas von Bayern, Heft 45, S. 158.
285 Vgl. Historischer Atlas von Bayern, Heft 45, S. 170.
286 Staatsarchiv Landshut, Moos, Rep. 161, Dep. 703
287 Historischer Atlas von Bayern, Heft 45, S. 170.
288 Seyfert, Ingeborg, Reisetagebuch des Hofkammerrates Josef v. Utzschneider, S. 36.
289 Vgl. Hazzi, Joseph, Die echten Ansichten der Waldungen und Förste, München 1805, S. 375.
290 Beschreibung sämmentlicher Waldungen des kurfürstl. Kastenamts und Landgerichts Dießenstein, 1800.
291 Vgl. Schrüfer, Norbert, Johann Georg Hueber, in: Der Bayerwald, 4/94, S. 31.
292 Vgl. Maier, Alfons, Schönberger Heimatbuch, 1996, S. 174/175.
293 Vgl. Staatsarchiv Landshut, FA Zwiesel, Nr. 1598.
294 Vgl. Staatsarchiv Landshut, Rep. 159, Verz. 23, Nr. 26, FA Schönberg.

[295] Vgl. Seyfert, Ingeborg, Die Geschichte der Forstverwaltung, in: Grafenau, S. 164.

[296] Vgl. Generelle Beschreibung des Forstrevieres Schönberg, 1856/57.

[297] Vgl. Staatsarchiv Landshut, Rep. 159, Verz. 23 – Ankauf der Spitzingerreuther Bauerngüter.

[298] Vgl. Staatsarchiv Landshut, (Ernests Unterschriften auf verschiedenen Originalschreiben).

[299] Vgl. Staatsarchiv Landshut, Rep. 159, Verz. 23, Nr. 26, FA Schönberg.

[300] Vgl. Ebd.

[301] Vgl. Schrüfer, Norbert, Das harte Leben des Revierförsters Michael Narholz, in: Heimatglocken, Nr. 4/5, 2000, S. 1-2.

[302] Aussagen des 2001 (mit 86 Jahren) verstorbenen Forstamtmannes. Franz Stern.

[303] Unterlagen des 1973 aufgelösten ehemaligen Forstamtes Schönberg.

[304] Historischer Atlas von Bayern, Heft 45, Grafenau, S. 154.

[305] Vgl. Historischer Atlas von Bayern, Heft 45, Grafenau, S. 166-169.

[306] Vgl. Hieret, Sebastian, Die bayerische Gerichts- und Verwaltungsorganisation vom 13. bis 19. Jahrhundert, in: Historischer Atlas von Bayern, München 1950, S. 6 ff.

[307] Vgl. Historischer Atlas von Bayern, Heft 45, Grafenau, S. 161ff.

[308] Ebd., S. 158.

[309] Vgl. Neumann, Hermann, Geschichte des Grafenauer Landes, in: Der Landkreis Freyung-Grafenau, S. 94/95.

[310] Weishäupl, Josef, Justizpflege im kurfürstlich-bayerischen Pfleggericht Hals bei Passau, in: OG, Bd. 10, 1968, S. 137.

[311] Vgl. Hauptstaatsarchiv München, Kurbayern, Geh. Hofkammer, Hofanlagebuch 157.

[312] Vgl. Hauptstaatsarchiv München, GL Dießenstein 3.

[313] Vgl. Schrüfer, Norbert, Johann Georg Hueber, in: Der Bayerwald, Nr. 4/1994, S. 31ff.

[314] Vgl. Historischer Atlas von Bayern, Heft 45, S. 321.

[315] Vgl. Neumann, Hermann, 600 Jahre Stadt Grafenau, Grafenau 1976, S. 161.

[316] Vgl. ebd., S. 159.

[317] Vgl. ebd., S. 159.

[318] Vgl. Regierungsblatt von Niederbayern, 1806, S. 159-161.

[319] Vgl. Weber, Thomas, Die Ritterburg Weißenstein, Wieshof-Regen 1999, S. 301.

[320] Vgl. Wild, Karl, Das Testament, in: OG Bd. 3, 1959, S. 62; Historischer Atlas von Bayern, Heft 45, Grafenau, S. 153.

[321] Vgl. Historischer Atlas von Bayern, Heft 45, S. 162.

[322] Vgl. ebd., S. 163.

[323] Vgl. Staatsarchiv Landshut, Dießenstein: Loseblattverzeichnis, Reg. XCII, S. 68.

[324] Vgl. Hopfner, Wilhelm, Diessenstein, in: Heimatglocken, Februar 1927, S. 27.

[325] Vgl. Staatsarchiv Landshut, Gründt und Salbuch im Bayerischen Pfleggericht und Herrschaft Dießenstein.

[326] Neumann, Hermann, Geschichte des Grafenauer Landes, in: Der Landkreis Freyung-Grafenau, S. 92.

[327] Ebd., S. 92.

[328] Vgl. Staatsarchiv Landshut, Pfleggericht Dießenstein, A 22.

[329] Historischer Atlas von Bayern, Heft 45, S. 168.

[330] Vgl. Fischl, Michael, in: Gemeindeblatt Tittling Nr. 1/1995.

[331] Vgl. Historischer Atlas von Bayern, Heft 45, Grafenau, S. 181.

[332] Vgl. Staatsarchiv Landshut, Pfleggericht Dießenstein, Verhörprotokolle P 55 und P 56.

[333] Vgl. ebd., Verhörprotokolle P 57 und P 58.

[334] Vgl. Seyfert, Ingeborg, Reisetagebuch, S. 36.

[335] Aus Originalakten des ehemaligen Forstamtes Schönberg, verwahrt auf den Dachboden des Forstamtes Freyung.

[336] Ebd.

[337] Ebd.

[338] Ebd.

[339] Ebd.

[340] Ebd.

[341] Ein- und Auslauf-Journal der Gemeinde Lembach.

[342] Auskunft von Herr Breinbauer, Schneidermühle (Nachbarmühle) am 9. 7. 2003.

[343] Vgl. ebd.

[344] Auskunft von Herrn Maier, dem derzeitigen Besitzer der Dießenstein-Mühle am 12. 5. 2001.

[345] Ein- und Auslauf-Journal der Gemeinde Lembach.

[346] Vgl. Wagner, Hermann, Die Einnahme von Dießenstein im Jahre 1742, in: OG, Bd. 5, 1961, S. 281 bis 288. – Wagner erörtert hier so ziemlich alle einschlägigen Veröffentlichungen, u. a. die von Trenck, Brunner, Teichmann, Owen, Schubart, Aretin, Müller, Carlyle, Graf Khevenhüller, Laudon und Kaxer. Auch geht Wagner noch auf die Beiträge in OG, Bd. 13, 1924 und in VGO, Bd. 51/1899 ein.

[347] Vgl. Schrüfer, Norbert, Johann Georg Hueber, in: Der Bayerwald, 4/1994, S. 31.

[348] Vgl. ebd., S. 34; vgl. die Rechnungslegung des auf das Schloss zurückgekehrten Pflegers Schrenck aus dem Jahre 1745 (siehe bei Hermann Wagner, Die Einnahme von Dießenstein im Jahre 1742, in OG 5, 1961, S. 287).

[349] Vgl. „ed", Patriotischer Preyinger Vikar Michael Ligglederer, in: Heimatglocken 1966, Nr. 16.

[350] Vgl. Dengler, Fritz, Bayerischer Wald und Donaugefilde in schwerer Kriegszeit, in: Der Bayerwald, Sonderheft 1961, S. 3-13.

[351] ebd., S. 14-58.

[352] Trenck, von der, Merckwürdiges Leben und Thaten, zitiert nach: Sonntag, Kurt, Trenck der Pandur und die Brandschatzung Bayerns, München 1976, S. 40. – Ebenso die folgenden Zitate aus der Biographie.

[353] Ebd., S. 15f.

[354] In meiner Darstellung beziehe ich mich u. a. auf Donaubauer, Erich, Burg Dießenstein; Dengler, Fritz, Bayerischer Wald und Donaugefilde in schwerer Kriegszeit, S. 14-58 (Die Aufzeichnungen des Abtes Marian Pusch).

[355] Schröpfer, Karlheinz, Am Pandurensteig, Grafenau 1987, S. 123; vgl. Sonntag, Kurt, Trenck der Pandur, S. 29.

[356] Vgl. Schröpfer, Karlheinz, Am Pandurensteig, S. 65.

[357] Vgl. Ebd., S. 126.

[358] Vgl. Ebd., S. 124.

[359] Vgl. den Kirchenführer Preying St. Brigida.

[360] Vgl. Lickleder, Hermann, Das Prämonstratenserstift Osterhofen im Spätmittelalter (Urbar und Kopialbuch 1440), Deggendorfer Geschichtsblätter, 9/1988, vgl. auch: Historischer Atlas v. Bayern, Bd.45, Grafenau, S.154f.

[361] Vgl. Erhard, Alexander, Umgebung von Passau, S. 288, S. 300.

[362] Neumann, Hermann, Geschichte des Grafenauer Landes, in: Der Landkreis Freyung-Grafenau, S. 112.

[363] Vgl. Lickleder, Hermann, Das Prämonstratenserstift, S. 58, 93 bis 95.

[364] Vgl. Kirchenführer St. Brigida; Historischer Atlas von Bayern, Heft 45, Grafenau, S. 15.

[365] Vgl. Krick, Heinrich, Ludwig, Chronologische Reihenfolgen der Seelsorgevorstände und Benefiziaten des Bistums Passau, Passau 1911, S. 100.

[366] Vgl. ebd.

[367] Vgl. Historischer Atlas von Bayern, Heft 45, S. 15.

[368] Apian, Philipp, Topographie von Bayern, in: Oberbayerisches Archiv für vaterländische Geschichte, München 1880, S. 359.

[369] Vgl. Donaubauer, Erich, Burg Dießenstein, Passau 1980, S. 30.

[370] Vgl. Gründt Und Salbuch der Chur Fürstlichen Durchlaucht: in Bayrn Pflge: und Herrschaft Diessenstein aufgericht den 16. Monats Tag Augusti, Anno Domini 1628, Staatsarchiv Landshut, Pflegg. Diessenstein, B 7.

[371] Vgl. Kirchenführer St. Brigida.

[372] Vgl. Historischer Atlas von Bayern, Heft 45, S. 15.

[373] Vgl. Krick, Ludwig, Heinrich, Chronologische Reihenfolgen; Donaubauer, Erich, Burg Dießenstein, S. 31/32.

[374] Vgl. Historischer Atlas von Bayern, Heft 45, S. 180.

[375] Vgl. Ebd., S. 15.

[376] Vgl. Klämpfl, Joseph, Der ehemalige Schweinach- und Quinzinggau, Passau 1855, 2. Aufl., S. 154f.

[377] Rottmayr, Joseph, Statistische Beschreibung des Bisthums Paßau, S. 30.

[378] Vgl. Erhard, Alexander, Die Umgebung von Passau, S. 300.

[379] Ein- und Auslaufjournal der Gemeinde Lembach, 1891.

[380] Mitteilung der Familie Biebel im Jahre 1990.

[381] Vgl. Beschlußbuch der damaligen Gemeinde Lembach und die Äußerungen von Zeitzeugen.

[382] Vgl. Erhard, Alexander, Die Umgebung von Passau, S. 300.

[383] Vgl. Neumann, Hermann, Das Schulwesen bis 1945, in: Grafenau, S. 240.

[384] Ebd., S. 241.

[385] Vgl. Ebd., S. 241.

[386] Vgl. Ebd., S. 241ff.

[387] Ebd., S. 243.

[388] Ebd., S. 243.

[389] Vgl. Statistik der deutschen Volksschulen im Regierungsbezirke Niederbayern, Landshut 1878, S. 128.

[390] Vgl. ebd., S. 128.

[391] Vgl. ebd., S. 128.

[392] Ein- und Auslaufjournal der damaligen Gemeinde Lembach.

[393] Auszüge aus dem Beschlußbuch der damaligen Gemeinde Lembach.

[394] Vgl. Statistik der Volksschulen im Regierungsbezirke Niederbayern, Landshut 1906, S. 142; Auskunft des verstorbenen Walter Klessinger im Jahre 1999.

[395] Ebd., S. 141/142.

[396] Neumann, Hermann, Vom Schulwesen bis 1945, S. 244.

[397] Vgl. Auszüge aus dem Beschlußbuch der damaligen Gemeinde Lembach.

[398] Die Quelle unter dem kleinen vorgelagerten Barockkapellchen.

[399] Vgl. Behringer, Norbert, Die Bründlkapelle bei Thurmansbang, in: Heimatglocken, 9/1974, S. 1; Schrifttafel im Vorraum der Kapelle.

[400] Vgl. Witte, Robert, Das katholische Gotteshaus, Mainz 1951; Auskunft des Kulturreferenten des Bistums Passau, Herrn Brunner.

[401] Vgl. Staatsarchiv Landshut, Rep. 34 d, Verz. 1, Fasz. 1, Nr. 49, fol. 10.

[402] Diese und alle anderen Angaben, soweit nicht anders verwiesen, stammen aus dem Bistumsarchiv Passau, Pfarrei Thurmansbang, ohne Registerzeichen, Aktenbund: Ein- und Ausgaben 1675-1734.

[403] Ammerich, Hans, Das Bayerische Konkordat 1817, Weißenhorn 2000, S. 161.

[404] Vgl. Pfarrchronik Thurmansbang, S. 41-44.

[405] Ebd. S. 44.

[406] Staatsarchiv Landshut, LG ä.O., Grafenau A 64.

[407] Vgl. Wild, Karl, Werden und Wandel der Tuschlsage, in: OG, Bd. 4, 1960, S. 171-182.

[408] Tuschl hat in seinem Testament dem Kloster Aldersbach einen größeren Geldbetrag vermacht (vgl. Wild, Karl, Das Testament des Heinrich Tuschl, S. 52).

[409] Vgl. Wild, Karl, Werden und Wandel der Tuschlsage, S. 173.

[410] Ebd. S. 174.

[411] Vgl. Peinkofer, Max, in: Der Brunnkorb, Passau 1977, S. 235ff.

[412] Apian, Philipp, Topographie von Bayern, in: Oberbayerisches Archiv für vaterländische Geschichte, Bd. 39, München 1880, S. 231.

[413] Vgl. Wild, Karl, Werden und Wandel der Tuschlsage, S. 178.

[414] Vgl. Härtl, M., Der Quincingau, in: VHN, Bd. III, 1853, S. 75 ff.

[415] Vgl. Waltinger, M., Niederbayerische Sagen, Straubing 1927, S. 127.

[416] Vgl. Schönecker, Franz, Sagen um Saldenburg, in: Heimatglocken, 2/1932, S. 20.

417 Vgl. Waltinger, M., Niederbayerische Sagen, S.127.
418 Vgl. Wild, Karl, Die letzte Fassung der Tuschlsage, in: Festschrift zur
     Zwölfhundert-Jahrfeier von Vilshofen 776-1796, Vilshofen 1976, S. 96-109.
419 Vgl. Bock, Waltraud, Sagen im Raum von Passau, Regensburg 1969, S. 79 ff.
420 Vgl. Schönecker, Franz, Sagen um Saldenburg, in: Heimatglocken, 2/1932, S.
     20; vgl. Sagen aus dem Dreiburgenland, Hrsg. Heimatarchiv Tittling, 1990, S.
     40.
421 Vgl. ebd.
422 Molitor, Johannes, Deggendorfer Geschichte (16) - Das unrühmliche Kapitel ist
     heute aufgearbeitet; siehe PNP vom 20. April 2002 (Lokalteil Deggendorf).

Abkürzungsverzeichnis

OG	Ostbairische Grenzmarken
PNP	Passauer Neue Presse
VHN	Verhandlungen des Historischen Vereins von Niederbayern
VHO	Verhandlungen des Historischen Vereins für Oberpfalz und Regensburg

Archivalien

Bistumsarchiv Passau
Staatsarchiv Landshut
Hauptstaatsarchiv München
Kreisarchiv Freyung
Pfarrchronik Thurmansbang
Privatarchiv Heininger Josef, Stadl
Privatarchiv Schrüfer Norbert, Saldenburg

Literatur

Anonymus: Für 90 Gulden, ein Brot und zwei Maß Bier, Des Kupferstechers
     Michael Wening Leben und Werk, in: Heimatglocken, 1977, Nr. 12.
Apian, Philipp: Topographie von Bayern, in: Oberbayerisches Archiv für
     vaterländische Geschichte, 39. Band, München 1880.
Ammerich, Hans: Das Bayerische Konkordat 1817, Weißenhorn 2000.
Bachmann, Christoph: Öffnungsrecht und Herzogl. Burgenpolitik im späten
     Mittelalter, München 1997.
Baierische Landtags-Handlungen in den Jahren 1429 bis 1513. 7ter Band, München
     1804.

Bednarik, Edith: Das Rätsel „Erdstall" – gelöst?", in: Der Erdstall, Nr. 22, 1996.

Behringer, Norbert: Die Bründlkapelle bei Thurmansbang, in: Heimatglocken 9/1974.

Bergmeier, Georg: Vorbemerkung zu Statistische Aufschlüsse …, in: Vilshofener Jahrbuch 2000.

Beschreibung sämmentlicher Waldungen des kurfürstl. Kastenamts und Landgerichts Dießenstein, 1800.

Bleibrunner, Hans: Beiträge zur Heimatkunde von Niederbayern, Passau/Landshut 1970.

Bosl, Karl: Bayerische Geschichte, München 1974.

Dengler, Fritz: Bayerischer Wald und Donaugefilde in schwerer Kriegszeit, in: Der Bayerwald, Sonderheft 1961.

Donaubauer, Erich: Burg Dießenstein, Passau 1980.

-: Die Einnahme von Dießenstein im Jahre 1742, in OG, Bd. 9/1967, S. 253-255.

Eberl, E.: Die Bayerischen. Ortsnamen - Als Grundlage der Siedlungsgeschichte, München 1925.

„ed": Patriotischer Preyinger Vikar Michael Ligglederer, in: Heimatglocken, 16/1966.

Endres, Werner: Keramik aus oberpfälzer Erdställen – eine kurze Übersicht, in: Der Erdstall, Nr. 11, 1985.

-: Die Keramikfunde aus dem Erdstall von Tasching/Lkr. Cham, in: Der Erdstall, Nr. 14, 1988.

Erhard, Alexander: Geschichte und Topographie der Umgebung von Passau, in: VHN, Bd. 35, 1899, S. 7-225; Geschichte und Topographie …, 1. Fortsetzung, in: VHN, Bd. 36, S. 45-302.

-: Geschichte der Stadt Passau", erster Band, Passau 1862.

Ficker, Friedbert: Pechgewinnung des Vogtlandes u. des Wesergebirges, in: Bayerisches Jahrbuch für Volkskunde, 1970.

Fischl, Michael: Der Besitz der Hofmarksherrschaft im Markt Tittling, in: Archiv für das Dreiburgenland, Heft 9, S. 2-12.

-: Wie die Wallfahrt am Sesselstein bei Spitzingerreuth in der Gemeinde Saldenburg entstanden ist, in: Archiv für das Dreiburgenland, Heft 7, Tittling 1995, S. 27-35.

-: Heimatkunde für das Dreiburgenland, in: Heimatkundliche Blätter, herausgegeben von M. Fischl, Nr. 2/1995.

Geyer, Otto: Der Aufstand der Böckler und Löwler, in „Der Bayerwald" Nr. 2/1972.

Gierl, Irmgard: Raritäten aus Schmeller's Bayrischem Wörterbuch, Rosenheim 1974.

Glatthaar, Regine: Die alte Kontroverse: Zufluchtstätte oder Kultanlage?, in: Der Erdstall, Nr. 22, 1996.

Goldner, Johannes, Bahnmüller, Wilfried: Bayerisches Bier, Freilassing 1983.

Haller, Reinhard: Eine frühe Straßenkarte für den Bayerischen Wald, in: Schöner Bayerischer Wald, Nr. 131, Nov./Dez. 1999, S. 22-23.

Härtl, M.: Der Quincingau, in: VHN, Bd. III, 1853, S. 33-119.

Hazzi, Joseph: Die echten Ansichten der Waldungen und Förste, München 1805.

186

Hazzi, Joseph: Statistische Aufschlüsse über das Herzogthum Bayern, Gericht Vilshofen, in: Vilshofener Jahrbuch 2000, S. 39-58.

Heider, Joseph: Regesten des Passauer Abteilandes, München 1934.

Heimatarchiv Tittling: Sagen aus dem Dreiburgenland, Tittling (o. J.).

Heller, Horst P.: Das ländliche Handwerk, Grafenau 1980.

Helm, Winfried: St. Nikola vor Passau und der bayerische Salzhandel, in: Weißes Gold, hrsg. v. H. W. Wurster u. a., Passau 1995, S. 245-256.

Hiedl, Hermann: Historie der drei Waldschlösser, Passau 1884.

Hieret, Sebastian: Die bayerische Gerichts- und Verwaltungsorganisation vom 13. bis 19. Jh., in: Historischer Atlas von Bayern, München 1950.

Hopfner, Wilhelm: Diessenstein, in: Heimatglocken, 7/1927.

Hubensteiner, Benno: Bayerische Geschichte, Jubiläumsausgabe 1980, München.

Huschberg, Johann, Ferdinand: Geschichte des Gesamt-Hauses Ortenburg, Sulzbach 1828.

Kerschberger, Karl: Die Geschichte des Postwesens, in: Grafenau

Kirchenführer Preying - St. Brigida, PEDA-Kunstführer Nr. 395/1997.

Klämpfl, Joseph: Der ehemalige Schweinach- und Quinzingau", Zweite Auflage, Passau 1855.

Kleinmann, Dorothée: Die Erdställe – Kultstätten oder Zufluchtsanlagen, in: Der Erdstall, Nr. 22, 1996.

Königl. Bayerische Intelligenzblätter für den Unterdonaukreis - verschiedene Jahrgänge.

Kommission für Bayerische Landesgeschichte (Hrsg.): Historischer Atlas von Bayern, Heft 27, Deggendorf.

-: Historischer Atlas von Bayern, Heft 29, Vilshofen.

-: Historischer Atlas von Bayern, Heft 34, Regen.

-: Historischer Atlas von Bayern, Heft 35, Passau.

-: Historischer Atlas von Bayern, Heft 45, Grafenau.

Kreistag des Landkreises Grafenau (Hrsg.): Grafenau, Das Bild eines Altbayerischen Kreises, Grafenau 1972.

Krick, Heinrich: Chronologische Reihenfolge der Seelsorgevorstände und Benefiziaten des Bistums Passau, Passau 1911.

Landkreis Freyung-Grafenau: Der Landkreis Freyung-Grafenau, Freyung 1982.

Lanzinner, Maximilian: Wirtschaft und Gesellschaft der geistlichen Residenz- u. Handelsstadt Passau, in: Weisses Gold, hrsg. v. H. W. Wurster u. a., Passau 1995, S. 175-190.

Leythäuser, K.: Das Forstamt Zwiesel ältester Ordnung vom Jahre 1789, in: VHN, Bd. 44, 1908, S. 259-281.

Licklederer, Hermann: Das Prämonstratenserstift Osterhofen im Spätmittelalter, in: Deggendorfer Geschichtsblätter 9/1988.

Löffelmann, Monika: Erdställe und ihre Bedeutung in Kult, Religionsgeschichte, Überlieferung, Der Erdstall, Nr. 23, 1997.

Lütge, Friedrich: Die Bayer. Grundherrschaft, München 1949.

Maier, Alfons: Schönberger Heimatbuch, 1996.

Molitor, Johannes: Der Judenmord und die Gnad, in: PNP v. 20.04.2002 (Lokalteil Deggendorf).

Musinam, Josef, Ritter v.: Geschichte des Löwlerbundes unter dem Bayer. Herzog Albrecht IV., 1488-1495, München 1817.

Neumann, Hermann: Der Landkreis Grafenau, in: Grafenau, Grafenau 1972, S. 9-27.

-: Burgen im Landkreis – Landkreisgeschichte, in: Grafenau, Grafenau 1972, S. 32-80.

-: Vom Schulwesen bis 1945, in: Grafenau, Grafenau 1972, S. 240-246.

-: Geschichte des Grafenauer Landes, in: Der Landkreis Freyung-Grafenau, Freyung 1982, S. 71-136.

-: 600 Jahre Stadt Grafenau, Grafenau 1976.

Peinkofer, Max: Ein alter Brief, in: Heimatglocken, 1932, Heft 2.

-: Trautmannsdorf, einst Einkehr des fahrenden Volkes, in: Grafenauer Anzeiger v. 27. 8. 1955.

Piendl, Max: Burgen Schlösser-Residenzen, München 1975.

Poitel, Max: Zuflucths"-Souterrains und Rauchgase, in: Der Erdstall, Nr. 11, 1985.

Praxl, Paul: Der Goldene Steig, Grafenau, 1976

-: Zur Geschichte des Goldenen Steiges, in: VHN, Bd. 97/1971.

Riezler, Sigmund: Geschichte Baierns, Bd. 4, 1508-1597, Gotha 1899.

Rottmayr, Joseph: Statistische Beschreibung des Bisthums Paßau, Paßau 1867.

Sauter, Eberhard: Zur Geschichte der Saldenburg, in: Der Bayerwald, 5. Jg., Heft 1, 1907.

Scharrer, Franz, Ser.: Neuere Geschichte des Schlosses Moos, in: VHN 25, 26, 27, 28, 29.

-: Heinrich Tuschl von Söldenau und sein Testament, in VHN, Bd. 36, 1900, S. 29-44.

Schmidt, Martha: Wie die Panduren im Bayerischen Wald hausten, in: Heimatglocken 5/1933.

Schober, Ludwig: Die Geschichte des Klosters St. Oswald, Grafenau 1997.

Schönecker, Franz: Sagen um Saldenburg, in: Heimatglocken, 2/1932.

Schröpfer, Karlheinz: Am Pandurensteig, Grafenau 1987.

Schrüfer, Norbert: Die Herrschaft Saldenburg im späten Mittelalter, Grafenau 1994.

-: Der „Saldenburger Kelch" aus dem Jahr 1606, in: Heimatglocken, 3/1991, S. 2.

-: Das harte Leben des Revierförsters Michael Narholz, in: Heimatglocken, 4/5/2000.

-: Originaltext des bislang als „Gründungsurkunde" der Saldenburg bezeichneten Schriftstückes aus dem Jahre 1368, in: Der Bayerwald, 4/2001, S. 43-46.

-: Johann Georg Hueber, in: Der Bayerwald,4/1994, S. 31-37.

-: Ein Erdstall in Loderhof, in: Der Erdstall, Nr. 16, S. 114-119.

-: Neu entdeckter Erdstall in Hundsruck bei Saldenburg, in: Der Bayerische Wald, 17. Jahrgang, Heft 2, Dez. 2003, S. 24.

-: Neu entdeckter Erdstall mit vielen Fragezeichen, in: Der Erdstall, Nr. 22, 1996.

-: Die turbulenten Jahre des Renaissance Kachelofens der Saldenburg vor seinem Umzug in das Oberhausmuseum zu Passau, in: OG, 41, 1999, S. 237-241.

Schwarzfischer, Karl: Neuentdeckter Erdstall in Lembach, in: Der Erdstall, Nr. 11, 1985.

-: Zur Bauweise der Erdställe – Zweckbauten oder Kultstätten?, in: Der Erdstall, Nr. 16, 1990.

Setzer, Ludwig: Chronik des Marktes Tittling, Tittling 1979.

Seyfert, Ingeborg: Über das Pecheln oder Harzreißen, in Der Bayerwald, 1/1993, S. 21-36.

-: Reisetagebuch des Herrn Hofkammerrates Joseph v. Utzschneider, Eigenverlag 1978.

-: Die bayerische Perlfischerei, in: Beiträge zur Heimatkunde von Niederbayern. Neue Veröffentlichungen des Institutes für Ostbairische Heimatforschung Passau, Nr. 34, Passau u. Landshut 1976, S. 223-245.

Sonntag, Kurt: Trenck der Pandur u. die Brandschatzungen Bayerns, München 1976.

Spindler, Max: Handbuch der Bayer. Geschichte II, München, 1974.

Statistik der deutschen Volksschulen im Regierungsbezirke Niederbayern, Landshut, 1878.

Statistik der Volksschulen im Regierungsbezirke Niederbayern, Landshut 1906.

Stoll, Bettina: „Ein Erdstall" in Saldenburg, in: Der Erdstall, Nr. 14, Roding 1988, S. 62-69, S. 122-123.

„the": Pechler, die nicht als Forstfrevler bekannt sind …, in: Heimatglocken 11/1988.

Trenck Francesci, Freih. v.: Merkwürdiges Leben und Thaten, Frankf. / Leipz. 1748.

Veh, Frieda Maria: „Pechgewinnung im Fichtelgebirge", Bayerisches Jahrbuch für Volkskunde, 1970.

Wagner, Hermann: Grafenau, Deggendorf 1954.

-: Die Einnahme von Dießenstein im Jahre 1742, in: OG, 5/1961, S. 281-288.

Waltinger, M.: Niederbayerische Sagen, Straubing 1927.

Watzlik, Hans: Ritter Allein, in: Heimatglocken, 1932, Heft 2.

Weber, Thomas: Die Ritterburg Weißenstein, Regen 1999.

Weichenberger, Josef: Wurden die Erdställe als Zufluchtsanlage gebaut?, in: Der Erdstall, Nr. 11, 1985.

Weinberger, Elisabeth: Waldnutzung und Waldgewerbe in Altbayern im 18. und beginnenden 19. Jahrhundert, München 1998 (Dissertation).

Wild, Karl: Das Schicksal der Grafschaft Windberg, in: OG, Bd. 2, 1958, S. 193-224.

-: Das Testament des H. Tuschl, in: OG, Bd. 3, 1959, S. 39-79.

-: Werden und Wandel der Tuschlsage, in: OG, Bd. 4, 1960, S. 170-182.

-: Das Dreiburgenland", in: OG, Bd. 6, 1962/63, S. 188-209.

-: Schloß Söldenau", Vilshofen 4/1977.

-: Die letzte Fassung der Tuschlsage, in: Festschrift zur Zwölfhundert-Jahrfeier von Vilshofen 776-1796, Vilshofen 1976, S. 96-109.

Witte, Robert: Das kath. Gotteshaus, Mainz 1951.

Nicht veröffentlichte Quellen

Akten des 1973 aufgelösten Forstamtes Schönberg, bisher verwahrt auf dem
Dachboden des heutigen Forstamtes Freyung (inzwischen teilweise weitergeleitet an
das Staatsarchiv Landshut, dort aber noch nicht registriert).
Auszüge aus Gemeinderatssitzungen
Bock, Waltraud: Sagen im Raum von Passau, Zulassungsarbeit an der Pädagogischen
Hochschule Regensburg, 1969.
„Ein- und Auslaufjournale der Gemeinde Lembach", begonnen am 04. 08. 1888.